Hans-Burkhard Sumowski

»Jetzt war ich ganz allein auf der Welt«

Hans-Burkhard Sumowski

»Jetzt war ich ganz allein auf der Welt«

Erinnerungen an eine Kindheit in Königsberg, 1944–1947

Mit Christiane Landgrebe

Deutsche Verlags-Anstalt

FSC
Mix
Produktgruppe aus vorbildlich bewirtschafteten Wäldern und anderen kontrollierten Herkünften
Zert.-Nr. SGS-COC-1940
www.fsc.org
© 1996 Forest Stewardship Council

Verlagsgruppe Random House FSC-DEU-0100
Das für dieses Buch verwendete FSC-zertifizierte Papier *Munken Premium* liefert Arctic Paper Munkedals AB, Schweden.

1. Auflage

Typografie und Satz: DVA/Brigitte Müller
Gesetzt aus der Aldus
Druck und Bindung: GGP Media GmbH, Pößneck
Printed in Germany
ISBN 978-3-421-04227-9

www.dva.de

Dieses Buch ist meinem Sohn Alexander gewidmet

Vorwort

Nach fast sechzig Jahren habe ich den Mut gefunden, meine Erlebnisse in meiner Geburtsstadt Königsberg in den letzten Kriegsmonaten und den Jahren danach niederzuschreiben. Vorher war ich nicht in der Lage dazu. Doch selbst nach so langer Zeit musste ich die Arbeit immer wieder für Tage unterbrechen, da mich die Erinnerung an die furchtbaren Ereignisse überwältigte.

Damals war ich ein Kind. Der Zweite Weltkrieg hat Millionen Menschen den Tod gebracht, viele ins Elend gestürzt. Die Überlebenden haben alle, jeder auf seine Weise, versucht, mit ihrem Schicksal fertigzuwerden. Ich war in den Nachkriegswirren auf mich allein gestellt und habe es geschafft, am Leben zu bleiben. Dafür bin ich bis heute dankbar. Wir Kinder wussten nur wenig über die Hintergründe des Krieges. Wir waren unschuldig daran und mussten die Folgen tragen. Jahrelang kämpften wir darum, dem Tod durch Hunger, Schwäche, Krankheiten zu entkommen. Dieser Kampf hatte manchmal etwas von einem Abenteuer. Dabei gab es auf allen Seiten der damaligen Fronten Menschen, deren Herz für Kinder schlug und deren Beistand uns geholfen hat, die schwierigen Zeiten zu überstehen. Ihnen allen gilt mein Dank.

Ich habe meine Geschichte aufgeschrieben, damit sie nicht vergessen wird, damit man sich erinnert, was in meiner Heimatstadt Königsberg am Ende des Krieges und in den Jahren danach geschehen ist. Nur ein Drittel der Bevölkerung war nach Kriegsende noch am Leben, und ich kann mich glücklich schätzen, dazuzugehören.

Und ich habe meine Geschichte in der Hoffnung aufgeschrieben, dass die Generation nach mir, die unbeschwert und im Frieden aufwachsen durfte, erkennt, dass dies nicht selbstverständlich ist. Ich wünsche mir sehr, dass den Menschen mehr als bisher bewusst wird, dass nichts, aber auch gar nichts einen Krieg rechtfertigt, denn Krieg richtet sich immer gegen die ganze Menschheit.

Noch heute sehe ich alles, was ich erlebte, mit den Augen von damals. Ich bin immer noch der Junge, der versucht, am Leben zu bleiben, ganz auf sich allein gestellt, ohne Familie. Überall auf der Welt gibt es auch heute solche Kinder, die sich in Kriegswirren allein durchschlagen müssen. Was dies für sie bedeutet, weiß ich aus eigener Erfahrung, und so wünschte ich, mein Bericht könnte auch dazu dienen, solche Schicksale in Zukunft zu verhindern.

Berlin, im Juni 2007 Hans-Burkhard Sumowski

»Jetzt war ich ganz allein auf der Welt«

Der letzte Sommer

Es war ein prächtiger ostpreußischer Sommer, der Sommer 1944, ebenso schön wie die anderen Sommer meiner Kindheit. Der Himmel war von dem besonderen strahlenden Blau, wie ich es nur dort erlebt habe. Ein weißer Wolkenkranz lag über dem Ostseehorizont, ab und zu brach ein erfrischendes Gewitter los, auf das schnell wieder warmer Sonnenschein folgte. Dampf stieg vom Boden auf, es roch intensiv nach Erde, und im Nu war alles wieder trocken. Dieses herrliche Wetter hielt an bis zum Herbst. Die Sommerferien waren lang.

Wenige Wochen vor meinem achten Geburtstag verbrachte ich mit meiner Mutter vierzehn Tage im Ostseebad Cranz, mit dem Zug in einer knappen halben Stunde zu erreichen, lag es doch nur rund dreißig Kilometer von Königsberg entfernt. Eine Reise, bei der mein Vater uns nicht begleiten konnte, aber daran waren wir längst gewöhnt: Seit Jahren herrschte Krieg, und Vater war wie die meisten anderen Väter bei der Wehrmacht. Er war in Norwegen stationiert. Drei Jahre alt war ich gewesen, als er ins Feld musste, und so kannte ich meinen Vater nur wenig. Er war mir dennoch vertraut durch die Geschichten, die mir meine Mutter und meine Großeltern von ihm erzählten. Außerdem hatte ich ihn vor kurzem für ein paar Tage gesehen, denn sein letzter Besuch zu Hause lag erst wenige Wochen zurück. In Narvik hatten Unbekannte die Wehrmachtsunterkünfte abgefackelt, wobei Vater eine Rauchvergiftung erlitt. Nach einem Kuraufenthalt in Bad Nauheim war er nach Hause gekommen. Doch er musste zurück nach Norwegen.

Immer wenn Vater auf Urlaub kam, stellte ich ihm Hunderte von Fragen, denn in meinen Augen führte er ein reizvolles Abenteuerleben. Er erzählte mir jede Menge Soldaten-Geschichten, die ich ungeheuer spannend fand. Er war Obergefreiter bei der Luftwaffe, und je mehr ich über die Soldaten der Wehrmacht wusste, desto mehr wünschte ich mir, dass Vater in einen höheren Rang befördert würde. Auf den roten Kragenspiegeln seiner Uniform sah ich immer nur die beiden einfachen Schwingen, während die Väter meiner Freunde meistens Offiziere waren. Deswegen habe ich Vater eines Tages vorsichtig gefragt, ob er nicht auch mal ein bisschen aufsteigen könne. Das sei ganz ausgeschlossen, antwortete er mir.

»Weißt du, ich habe eine ganz wichtige Aufgabe bei der Truppe. Wenn ich befördert würde, dann wäre ich diesen schönen Posten los.«

Vater war Fourier, das heißt, er versorgte seine Einheit in Narvik mit Lebensmitteln. Er fuhr mit einem Opel Blitz durchs Land und kaufte für die Truppe ein. Auf den Wagen hatten seine Kameraden geschrieben: »Erich Sumowski – Eier – Butter – Käse – Speck«. Durch diese Arbeit hatte er auch die Möglichkeit, hin und wieder etwas Essbares nach Hause zu schicken, und da er sich das nicht nehmen lassen wollte, blieb er beharrlich Obergefreiter und lehnte jede Beförderung ab. Es wäre doch schön dumm, erklärte er mir, wenn er keine Überraschungen für uns und die Familien von Kriegskameraden schicken könnte. Ich war erleichtert über dieses Argument und musste Vater Recht geben. Es war nämlich immer zu schön, wenn per Luftkurier Sendungen mit Sprottenkisten, Holzeimern mit gesalzener norwegischer Butter und Spielsachen ankamen. Dann herrschte zu Hause eitel Freude.

Mutter und ich machten uns nicht allzu große Sorgen um Vater, denn es ging ihm, wie es schien, einigermaßen gut. Es gab in Norwegen auch keine kämpfende Front. Wie man mir erzählte, hatten es andere Soldaten im Krieg sehr viel schlechter getroffen, vor allem die, die in Russland waren. Russland und die Russen, das waren zwei Wörter, hinter denen sich nichts Gutes zu verbergen schien. Im Lauf der dann kommenden Wochen und Monate hörten sie sich immer bedrohlicher an. Die Russen waren unsere Feinde, so viel wurde mir als Kind klargemacht, so viel wusste ich.

Die Frauen und Kinder in Königsberg hatten sich längst daran gewöhnt, ohne die Väter zu leben. Das war nicht immer einfach, aber es erschien uns allen ganz normal. Meine Mutter war lebensfroh und liebevoll, sie und meine Großeltern behüteten mich, wir hatten genug zu essen, und der Krieg hatte in Königsberg bisher kaum Spuren hinterlassen.

Meine Mutter war eine adrette und stattliche Frau von vierunddreißig Jahren, sie trug gern elegante Sachen, wenn wir in der Stadt bummelten oder in die Konditorei gingen. Bis zu meiner Geburt war sie Direktrice bei Defaka (Deutsches Familienkaufhaus) gewesen.

Jetzt in den Ferien in Cranz trug sie beim Spazierengehen auf der Uferpromenade Sommerkleider und einen Strohhut. Wir beide genossen die Ferien am Meer. Wir spielten am Strand, wir suchten nach Bernstein, und ich hoffte, dass meine Zigarrenkiste zu Hause bald voll sein würde. Auch wollte ich einen großen Klumpen finden, noch größer als das tischtennisballgroße Stück, das ich in meinem Kinderzimmer liegen hatte. Meine Mutter hegte den Wunsch, dass ich schwimmen lerne, aber all ihre Versuche, es mir beizubringen, scheiterten. Ich fürchtete mich vor dem tiefen Wasser. »Also dann eben im nächsten Sommer, wenn du größer bist«, sagte sie, nachdem ich mich schreiend und um mich schlagend gegen ihren Schwimmunterricht gewehrt hatte. Sie hatte mich ein wenig zu schnell ins tiefe Wasser getragen und erwartet, dass ich freudig zu schwimmen begann. Doch noch fehlte mir der Mut.

Meine Mutter würde mir nie das Schwimmen beibringen, aber das wussten wir beide nicht. Ich war nur froh, dass mir die Tortur erspart blieb und ich die Ferien am Strand forthin als Nichtschwimmer genießen konnte. Das tat ich auch bis zu dem Tag, an dem ich beim Spielen mit den anderen Kindern von der Strandpromenade nach unten auf den Sand sprang. Ich hatte dabei die Zunge zwischen den Zähnen, wie immer, wenn ich mich anstrengte, und beim Aufkommen schlug mir das Knie gegen das Kinn. Ich biss mir kräftig auf die Zunge und schrie laut auf vor Schmerz.

Meine Mutter erschrak, legte ihr Buch weg und kam angerannt. »Bullerchen! Was ist dir passiert?«, rief sie. Bullerchen – das war von Anfang an in der Familie mein Kosename. Meine verletzte Zunge blutete heftig. Sie nahm mich tröstend in die Arme und brachte mich schnell zum Arzt. Der erklärte ihr, dass meine Zunge schon bald wieder zusammenwachsen würde und sie sich keine Sorgen zu machen brauche. Die Wärme und Zuneigung meiner Mutter halfen mir schnell über das Unglück hinweg. Dieser Spielunfall war nur ein kleines Wehwehchen im Vergleich zu allem, was mich in den nächsten Monaten und Jahren erwartete. Und bald würde keine Mutter mehr da sein, um mich zu trösten.

Auf dem Land

Die Feriensommer waren lang, und deshalb verbrachten wir nach den Tagen am Meer noch zwei Wochen auf einem Bauernhof. Wir verdankten diese Ferien auf dem Land, die uns die Entbehrungen des Krieges eine Weile vergessen ließen, ausgerechnet dem Krieg, denn der Hof gehörte den

Eltern eines Kriegskameraden von Vater. Das Gut lag bei Lyck im östlichsten Masuren. Schon der Weg dorthin war ein Abenteuer: erst der Zug nach Lyck, dann die Kleinbahn, zwei Holzsitzwaggons und ein Güterwagen, die fast im Schritttempo über holperige Schienen fuhren. Wir befanden uns im tiefsten Ostpreußen, wo die Uhren ganz anders gingen als im umtriebigen, modernen Königsberg, einer Großstadt mit rund 350 000 Einwohnern. Unterwegs hielt der Zug immer wieder an, um frischgemolkene Milch aufzuladen. Das letzte Stück legten wir mit dem Leiterwagen des alten Bauern zurück.

Ich kam in eine unbekannte Welt, denn ich war noch nie auf dem Land gewesen. Ich spielte mit den Bauernkindern, Burkhard, der Junge aus der Stadt, der keine Ahnung von Heumachen, Pflügen, Eggen, Tierzucht und Milchkühen hatte. Die Kinder dort hatten mir vieles zu zeigen und erklärten mir das Leben auf dem Hof. Wenn wir nach wilden Geländespielen im Gras saßen und uns ausruhten, erzählte ich ihnen vom Leben in Königsberg.

Ich erlebte zum ersten Mal eine richtige Ernte. Mutter und ich fuhren morgens mit aufs Feld, wir sahen zu, wie das Korn gemäht, wie es in Garben gebunden und zu Hocken aufgerichtet wurde, und natürlich durften und sollten wir mithelfen. Mittags gab es Suppe und Brot, die wir zu meinem Erstaunen und zu meiner Freude draußen, im Schatten einer Baumgruppe, aßen. Auf dem Land konnte man sich noch richtig satt essen, es war ein Hochgenuss. In der Stadt waren die Mahlzeiten in letzter Zeit immer eintöniger geworden, nur selten fanden sich noch Speck, Wurst oder Fleisch in der Suppe wie dort auf dem Bauernhof, wo man eigene Tiere hatte und von der Mangelwirtschaft des Krieges weitgehend unbehelligt blieb. Von unserem Rastplatz aus hatte man einen Blick über die weiten Felder, die bis zur russischen Grenze reichten. Von Grenzbefestigungen war nichts mehr zu sehen,

Weißrussland war von den Deutschen erobert worden, und man konnte ganz unbehelligt hinüber. Dazu hatte allerdings während der Ernte niemand Zeit. Der Altbauer meinte, er hätte ohne weiteres die Felder in Weißrussland bearbeiten können, aber das sei ihm zu viel gewesen.

Nach dem Essen wurden die Garben auf den Leiterwagen geladen und auf den Hof gefahren. Der hochbeladene, von zwei Pferden gezogene Wagen schwankte beängstigend, während er über die Feldwege ratterte. Wir Kinder liefen zu Fuß nebenher durch die Stoppelfelder und spielten Fangen.

Auf dem Land war das Leben sehr einfach, das fiel uns Stadtmenschen besonders auf. Im Hof gab es eine Schwengelwasserpumpe, in der Küche ebenfalls, darunter ein brauner Keramikspülstein, ein einziges Handtuch zum Händewaschen, Tischabwischen und Geschirrabtrocknen. Dazu kamen mindestens hunderttausend Fliegen. Bis heute habe ich eine tiefe Abneigung gegen dieses Insekt.

Zum Abendbrot saßen wir alle, der Bauer und seine Frau, die polnischen Mägde und Knechte, um den langen Holztisch in der Küche und löffelten die Abendsuppe aus zwei großen Schüsseln. Alle waren guter Dinge, und es gab viel Gelächter. Ich verstand nicht alles, denn man sprach den Polen zuliebe Masurisch, ein Gemisch aus Deutsch und Polnisch. Großvater hatte mir erzählt, dass in seinem Geburtsort Packerau bei Tharau Polen und Deutsche friedlich zusammengelebt hätten und dass beide Sprachen ohne Arg und falschen Nationalstolz verwendet worden seien. Auch er mischte manchmal die Sprachen, zum Beispiel sagte er oft »Na sowasjer«, wenn er sich über etwas wunderte. Die Silbe »jer« war eine Verballhornung des im Polnischen oft gebrauchten und ähnlich wie »sier« ausgesprochenen Reflexivpronomens »się«.

Die Toilette war in dem berühmten Häuschen mit dem Herzen untergebracht. Sie befand sich am Ende des Hofes. Man saß auf einer Art Bank über einem rund ausgesägten

Loch, auf einem gebogenen Draht war Zeitungspapier aufgespießt. Ich gewöhnte mich schnell daran, obwohl wir es in der Stadt viel bequemer hatten.

Auf dem Hof redeten wir kaum über den Krieg, die idyllische Landschaft mit rauschenden Bäumen, rieselnden Bächen, der warmen Sonne, dem Geruch des frischgeernteten Korns ließ uns alles vergessen: die Frontberichte, die Wochenschauen und die Gespräche mit den Nachbarn über das Thema Nummer eins: Was wird geschehen, »wenn der Russe kommt«? Dafür nahmen wir gerne in Kauf, dass man auf manchen Komfort verzichten musste, der in der Stadt selbstverständlich war.

Es gab keine Elektrizität. Der Jungbauer, Vaters Kamerad, hatte ein Radio angeschafft, das mit gläsernen Blei-Akkumulatoren betrieben wurde. Die mussten ständig in Lyck geladen werden, was der Altbauer als lästig empfand, zumal während der Ernte kaum Zeit war. So blieb das Radio, das ich, technikbegeistert, mit gierigen Augen umschlich, leider stumm.

Ich saß zum ersten Mal auf einem Pferd, ich fütterte Hühner und Gänse, beobachtete den Hofhund an der Kette. Wir lernten auch die polnischen Mägde und Landarbeiter kennen, die sich seit jeher bei deutschen Bauern verdingten. Die meisten von ihnen waren nicht als Zwangsarbeiter dort, sondern infolge einer langen Tradition, ähnlich den Erntehelfern beim Spargelstechen oder bei der Gurkenernte im Spreewald fünfzig Jahre später. Das Zusammenleben zwischen Deutschen und Polen machte auch jenseits des Esstisches einen friedlichen Eindruck auf uns. Die Knechte und Mägde waren freundlich zu uns Kindern. Schöner, abwechslungsreicher und harmonischer hätten diese Ferien für uns Kleinen, aber auch für meine Mutter gar nicht sein können.

Meine Schule wird geschlossen

Als Mutter und ich nach den zwei Wochen in der ländlichen Idylle ausgeruht und gutgenährt nach Hause kamen, fing für mich ein neuer Ferienabschnitt an. Ich spielte mit den Freunden aus der Nachbarschaft, und wir genossen die Freiheit, die uns die Abwesenheit unserer Väter schenkte. In den Familien ging es ohne die väterliche Strenge lockerer zu. Wir verbrachten viele Stunden draußen, ohne ständige Kontrolle. Noch waren unsere Spiele harmlos und ungefährlich. Wir fuhren mit dem Tretroller umher, liefen über die große, vor wenigen Jahren errichtete Schindekopfbrücke, eine moderne Stahlkonstruktion mit Bitumen-Fahrbahn und Fußweg, der über die Bahngleise führte, und versuchten in die Dampflokschornsteine zu spucken. Wir holten den hitzeweichen Teer aus den Asphaltfugen, formten Kugeln daraus und hatten dann natürlich pechschwarze Hände.

Bald jedoch war unsere unbeschwerte Ferienzeit zu Ende. Durch die oft im Flüsterton geführten Gespräche zu Hause und bei den Nachbarn erfuhr ich, dass der Krieg immer bedrohlicher wurde. Bisher war Königsberg weitgehend verschont geblieben, doch nun, so hieß es, rücke die russische Front näher. Schon seit Beginn des Jahres hatte meine Mutter aufmerksam den Frontverlauf verfolgt. Sie hatte mich auch in die Wochenschau mitgenommen, in der noch immer von der siegreichen deutschen Wehrmacht, der Wunderwaffe und dem Endsieg die Rede war und die Verluste der Armee und ihre Niederlagen vertuscht und als »Frontbegradigung« bezeichnet wurden. Die Leute wollten es nur zu gern glauben, denn alles andere war unvorstellbar und bedrohlich. Meine Mutter verließ sich nicht auf diese Informationsquelle. Jeden Tag hörte sie heimlich den verbotenen Sender BBC. Das musste sie vor den Nachbarn natürlich verbergen, um nicht angezeigt zu werden. Denn immer wieder kam es vor, dass jemand, der »Feindsender« gehört hatte, von der Gestapo abgeholt wurde. Dabei wussten eigentlich alle, dass man der Nazi-Propaganda schon lange nicht mehr trauen konnte. Und doch hofften alle im Stillen, dass sich das Kriegsgeschick noch wendete. Eine sinnlose Hoffnung, aber die Menschen klammerten sich regelrecht daran. Auch meine Mutter, meine Tante und die Großeltern. Mich interessierten die Meldungen der BBC nicht besonders, meine Frage an Mutter war, wie die Stimmen wohl in dieses Radiogerät kamen, so klein könnten Menschen doch nicht sein. Erklären konnte sie es mir nicht.

Ich spürte, dass die Erwachsenen ernster wurden und sich fürchteten, doch ich war, wie Kinder eben sind, sorglos und unbefangen und mit Spielen beschäftigt. Ich erfuhr zwar von allen möglichen Dingen, der vorrückenden Front, der Grausamkeit der Russen. Aber was machte das schon, solange ich mich jeden Tag draußen mit meinen Freunden vergnügen konnte? Zu spielen ist offenbar ein existenzielles Bedürfnis von Kindern, es schafft Distanz zur Wirklichkeit und lenkt ab von allem, was bedrohlich werden könnte. Ich kann nur sagen, Gott sei Dank ist das so. Vielleicht haben manche von uns durch die Fähigkeit, die Realität auszuklammern, weniger unter dem Krieg gelitten als viele Erwachsene.

Unmerklich wandelten sich unsere Spiele von Tag zu Tag, sie wurden zunehmend martialischer. Wir spielten Krieg auf alle möglichen Weisen. Uns war nicht im Geringsten bewusst, dass die von uns mit Feuereifer veranstalteten Kämpfe zwischen russischen und deutschen Truppen im Kunststoff-Miniaturformat von Soldatenfiguren, Panzern und Geschossen in der Wirklichkeit bitterer Ernst waren und bald unser Leben in größte Gefahr bringen würden.

Als wir erfuhren, dass unsere Schule schließen müsse, weil sie von der Wehrmacht gebraucht wurde und weil immer häufiger feindliche Flugzeuge den Unterricht stören würden, begriffen wir noch nicht, was das bedeutete. Zunächst freuten wir uns über verlängerte Ferien. Ich verbrachte viel Zeit bei meinen Großeltern väterlicherseits, Emil und Caroline Sumowski, in Maraunenhof, einem Villenvorort im Nordosten der Stadt. Dort hatte mein Großvater nach seiner Pensionierung 1939 ein hübsches Haus gebaut, das von einem großen Garten umgeben war. Großvater Emil aus Masuren hatte am Ersten Weltkrieg teilgenommen und das Eiserne Kreuz Zweiter Klasse bekommen. Viele Jahre war er als Universitätslaborant am Königsberger Lehrstuhl für Forensische Medizin der Albertina tätig gewesen. Nun hatte man ihn als Pförtner im Mercedes-Reparaturwerk Königsberg, das in der Nähe unserer Wohnung lag, kriegsdienstverpflichtet. Dieser Arbeit ging er täglich und oft auch nachts nach, ohne sich zu beklagen. Für ihn galt wie für die meisten anderen, dass man seine Pflicht für das Vaterland erfüllen muss. Er war Preuße mit Leib und Seele. Caroline, seine Frau, stammte aus dem Sauerland und war ihm nach der Heirat in den Osten gefolgt. Solange er an der Universität arbeitete, betrieb sie in ihrer Dienstwohnung einen Mittagstisch für Professoren.

Bei den Großeltern fühlte ich mich zu Hause. Mein Großvater erzählte mir in der weinberankten Pergola Märchen und Fabeln, ich sehe den Fuchs, dem die Trauben zu hoch hängen, noch heute bildhaft vor mir. Schön war auch, dass ganz in der Nähe mein Freund Gerhard Masuch wohnte, den ich nur in den Ferien sah, weil er das Internat besuchte. Ob er auf eine Eliteeinrichtung wie die Napola ging? Ich weiß es nicht. Wenn er da war, waren wir jedenfalls die besten Freunde. Was haben wir nicht alles erlebt in dieser schönen Gegend: Erkundungstouren, Radeln auf dem Fahrrad meiner Cousine Brigitte, Feuer machen und Geländespiele. Als Gerhard wieder in die Schule musste, kam der Abschied. »Also, bis zu den nächsten Ferien!« Wir würden nie wieder voneinander hören.

Allmählich wurde mir die Zeit lang und ich fragte mich, wann ich endlich wieder in die Schule gehen könnte. Es kam mir seltsam vor, dass die Ferien so gar kein Ende nahmen. Die Erwachsenen machten sich Sorgen, dass ich nichts lernte, und gaben sich Mühe, mich zu beschäftigen. So übernahm ich einige ihrer Aufgaben und half in Haus und Garten. Emil und Caroline hatten wegen des Kriegs ein Gemüsebeet angelegt und züchteten Hühner und Kaninchen. Damit versorgten sie die ganze Familie, und auf dem Weg nach Hause in der Straßenbahn nahm ich immer Kartoffeln, Gemüse, Eier, Äpfel, Birnen, Pflaumen und manchmal etwas Hühnerfleisch mit, zur großen Freude meiner Mutter, denn es war immer schwieriger geworden, für die zugeteilten Lebensmittelkarten etwas Vernünftiges zu bekommen. Wir aßen fast nur noch Gerichte wie Brotsuppe, Kartoffeln, Grieß oder Plinsen, nur bei den Großeltern gab es manchmal sonntags noch Rouladen. Die durch den Krieg verursachte Not wurde immer deutlicher spürbar. Doch die Erwachsenen planten noch immer für die Zukunft. Emil, der mich und meine Cousine besonders ins Herz geschlossen hatte, wollte, dass später aus mir etwas Besonderes würde: »Wenn du mit der Schule fertigwirst, Bullerchen, dann wirst du an der Albertina studieren und ein feiner Mann werden, Doktor und Professor«, sagte er immer wieder zu mir. Er gab mir auch Unterricht in Schreiben und Lesen, damit ich nicht zu viel versäumte. Oft saß ich bei ihm in der Pförtnerloge mit einem Stift in der Hand und schrieb oder rechnete. Dieser Einzelunterricht war viel effizienter als der in der Klasse.

Gerne gingen wir am Oberteich spazieren, dem bedeutendsten Königsberger Gewässer, groß wie ein See, von herrlichen Parks mit schönen Promenaden umgeben. In der Nähe des Hauses meiner Großeltern stand nah am Wasser inmitten dichten Gebüschs ein Trafohaus im Stil eines Knusperhäuschens. Um Großmutter ein bisschen zu ärgern, sagte mein Großvater immer, dort wohne der Boshebaubau, der gern unartige Kinder schnappe. Boshe, in der Mitte mit extra weichem »sch« gesprochen, ist das slawische Wort für »Gott«, und scheinbar bedeutete Großvaters Wortschöpfung Boshebaubau so etwas wie »böser Gott«. Ich habe immer einen großen Bogen um das kleine Gebäude gemacht, nicht ahnend, dass diese Gegend bald für mich und mein Überleben in großer Not eine wichtige Rolle spielen würde. Da sollte ich erfahren, dass der Boshebaubau kein allzu böser Gott sein konnte, jedenfalls was mich betraf.

Langsam, aber unaufhaltsam wurden auch wir Kinder ins Kriegsgeschehen mit hineingezogen. Zunächst erschien uns das als spannendes Spektakel. Unsere Neugier und Abenteuerlust kam dabei ganz auf ihre Kosten. Die Stadt und unser Viertel veränderten sich jeden Tag mehr. Wenige Straßen von unserer Wohnung entfernt lag das große Mercedes-Reparaturwerk, in dem Unmengen von defekten, zerschossenen Wehrmachts-LKWs und Panzern zur Reparatur abgestellt waren. Wir Jungen mit unserem technischen Interesse hatten dort viel zu bestaunen. Oft ging ich auch zu Großvater in seine Pförtnerloge, saß stundenlang bei ihm und ließ mir Geschichten erzählen und erklären, was in dem Werk passierte. Dort wurden die Lastwagen und Panzer wieder kriegstüchtig gemacht. Für die schweren Arbeiten zog man russische Kriegsgefangene heran, als Techniker wurden freiwillig nach Deutschland gekommene belgische und französische Fremdarbeiter eingesetzt, die in Baracken am Bahndamm wohnten. Ihnen ging es besser als den Russen, sie hatten eigene Gemüsebeete, konnten über ihre Freizeit verfügen, wie sie wollten, und waren bei so manchen Königsberger Frauen sehr begehrt. Die Russen hatten es bei weitem nicht so gut. Keine Frau hätte sich freiwillig mit einem von ihnen eingelassen. Sie erledigten niedrige Arbeiten, auch in der Stadt, wo sie als Müllmänner tätig waren. Manchmal schickte meine Mutter mich heimlich mit einem Kanten Brot zu ihnen, wenn sie die Mülltonnen leerten. Dann sahen sie mich dankbar und ungläubig an. Meine Mutter musste mir erklären, warum sie den Russen Brot gab. »Sie sind Menschen wie du und ich, und sie haben fast nichts zu essen. Ich möchte nicht, dass sie verhungern.« Als mein Großvater in seinem Garten einen Bunker anlegen ließ, lieh er sich für eine Woche fünf russische Kriegsgefangene aus und zog mit ihnen mitsamt Marschbefehl quer durch die Stadt. Sie schliefen im Wohnkeller und wurden von meiner Großmutter und einer Nachbarin verpflegt. Sie waren froh, dass sie sich endlich mal satt essen konnten.

Der Nachbarin, einer Frau von F., hatte Großvater angeboten, bei Fliegeralarm mit in den Bunker zu kommen. Deswegen bestand sie darauf, sich an der schwierigen Verpflegung der Russen mit Lebensmittelmarken zu beteiligen. Frau von F. mochte mich. Wenn Großvater mich mit ein oder zwei Eiern zu ihr schickte, musste ich mich jedes Mal zu ihr setzen und bekam, wenn die Erdbeeren reif waren, eine Schüssel voll mit gezuckerten Früchten. »Du kannst mich jederzeit besuchen kommen; ich würde mich freuen«, sagte sie zum Abschied immer zu mir. Sie war allein, und es hieß, ihr Mann sei ein Freiherr und in hohem Rang bei der Wehrmacht. Ich sah ihn nie.

Die Großeltern hatten großen Respekt vor ihr. Dann kam der Tag des Attentats auf Hitler, und die Nachbarn und Großvater raunten sich hinter vorgehaltener Hand zu, der Freiherr sei beteiligt gewesen und verhaftet worden. Großmutter war sehr aufgeregt und hoffte, dass der Nachbarin nichts passieren würde. Man hatte schon so oft von plötzlich Verschwundenen gehört. Ich erzählte es Frau von F. bei meinem nächsten Besuch, sie erwiderte, das alles in Ordnung sei, dass ich aber zunächst nicht mehr zu ihr kommen solle. Ich verstand nicht, dass sie mich und die Großeltern vor verdächtigen Kontakten mit ihr bewahren wollte. Nicht lange darauf war sie plötzlich fort, ohne dass sie sich hätte verabschieden können. Es hieß, die Gestapo habe sie geholt, und es fiel das Wort Sippenhaft. Wir hörten nie wieder etwas von ihr, und ich konnte auch später, als Erwachsener, nicht die Hintergründe ihres Verschwindens aufklären, da ich den Namen nicht genau erinnerte.

Der Bunker wurde aus alten Bahnschwellen hergerichtet und ähnelte sehr dem Unterstand in Frankreich, in dem Großvater als Stabsfeldwebel mit EK II, also dem Eisernen Kreuz Zweiter Klasse, auf einem Foto zu sehen ist. Sehr stabil war diese Konstruktion nicht. Durch Regen und Grundwasser soff sie immer wieder ab. Der Bunker wurde auch nie gebraucht, denn vor der Erstürmung Königsbergs flohen meine Großeltern. Für den Bunker hatte Großvater drei seiner geliebten selbstgepfropften Obstbäume geopfert.

Ich spürte die heraufziehende Gefahr kaum, auch wenn in der Familie und unter den Nachbarn immer mehr davon die Rede war. Meine Großmutter mütterlicherseits, Bertha Will, wohnte im südlichen Teil der Stadt. Auch sie war kriegsdienstverpflichtet und musste aus Fallschirmseide Munitionssäcke nähen. Sie war Witwe, ihr Mann, ein Eisenbahner, war im Dienst von einem Zug überfahren worden, gleich nach der Geburt meiner Mutter, Erika. Die ältere Tochter, Christel, war Friseuse, deren Mann arbeitete als Ingenieur in Peenemünde, wo die V2-Raketen entwickelt wurden.

Auch diese Großmutter mochte ich sehr, und je näher die Front kam, desto enger rückten wir zusammen. Noch war es in Königsberg selbst ruhig. Wenn ich nicht bei den Großeltern war, zog ich mit meinen Freunden Peter, Georg und Fritz zum Mercedes-Reparaturwerk. Wir hatten Werkzeug dabei, um von den Fahrzeugen Teile abzumontieren, die uns interessant erschienen: Vielfachrücklichter mit Abdeckklappe, Winker in den unterschiedlichsten Formen und Abblendscheinwerfer. Zu Hause legten wir Sammlungen an. Wir wurden mit der Zeit zu richtigen Experten. So erwarb ich im Spiel Fähigkeiten, die ich bald zum Überleben bitter nötig haben würde.

Besonders interessant waren für uns die angeschossenen Panzer, in die wir auf der Suche nach Granaten hineinkletterten. Aus den Sehschlitzen im Turm bauten wir die Glasprismen aus und konstruierten zu Hause Periskope mit einer Zigarrenkiste und zwei Prismen, mit denen man hinter dem Fensterbrett versteckt unbemerkt auf die Straße schauen konnte. Es war halb Spiel, halb Ernst. Wir hatten vor, wenn die Russen kommen sollten, den Preyler Weg, unsere Straße, zu verteidigen. Und dazu schien es uns gut, wenn wir alles von oben sehen konnten, ohne bemerkt zu werden. Seit die Front näherrückte, war immer häufiger von »den Russen« die Rede, und in unserer kindlichen Art waren wir ganz mit den Erwachsenen solidarisch, die in ihnen ihre Feinde sahen, und wollten auch unseren Beitrag zur Verteidigung leisten.

Inspiriert hat uns dazu vor allem die Hitler-Jugend, deren Mitglieder wir glühend beneideten, weil sie Uniform trugen, weil sie Lagerfeuer machten, weil sie ein Messer besaßen und Geländeübungen machten. Manchmal beobachteten wir sie im nahegelegenen Park und dachten im Stillen: Wären wir doch schon groß genug!

»Haut bloß ab!«, riefen sie, wenn sie merkten, dass wir sie beobachteten, während sie im Kreis um das Feuer saßen und ihre Lieder sangen. Wir fanden es bitter, nicht dabei sein zu dürfen. Ungeduldig fieberten wir dem Tag entgegen, an dem wir endlich zu den Pimpfen durften, zur paramilitärischen Ausbildung und zum Kampf gegen die Russen. Letzterer erschien uns als herrliches Abenteuer.

Wir taten, was wir konnten, um auf unsere Art am Krieg teilzunehmen. In den halbwegs funktionsfähigen Panzern im Reparaturwerk spielten wir tagelang Panzerkampf. Einer von uns war im Turm Kommandant, ein anderer war Fahrer, der Dritte Richtschütze an der Kanone und der Vierte MG-Schütze. Wir kämpften gegen den gefährlichen Feind und hatten dabei den größten Spaß. Mit der Zeit lernten wir, Ziele anzuvisieren und die Kurbelräder, mit denen der Turm gedreht und die Kanone geschwenkt wurde, ebenso schnell zu bedienen wie eine echte Panzerbesatzung.

Die Kanonen luden wir mit den abgeschossenen leeren Kartuschen, die beim Öffnen des Schlosses wieder ausgeworfen werden konnten. Gefunden hatten wir sie in den Panzerwannen und zwar in großer Menge. Ehrfürchtig nahmen wir sie in die Hand, überzeugt, dass sie russische Panzer abgeschossen hatten.

Im Laufe der Zeit legte ich mein eigenes Waffenarsenal an und zwar zu Hause in der Schublade der großen Kredenz. Es hatte eine Weile gedauert, bis ich meine Mutter davon überzeugen konnte, dass dies eine wichtige Sache war, die sie mir nicht verbieten durfte. Ich versprach ihr, nicht mehr als eine Schublade für meine Sammlung zu verwenden. Mein Vater bewahrte an diesem Ort immer seine private Pistole, eine Walther 7,65, mit 25 Schuss Munition auf. Das war sozusagen mein Grundstock. Ich ergänzte ihn durch MG-Gurtabschnitte, die ich selbst bestückte durch zwei Gewehrgranaten, aber ohne Gewehr, eine Leuchtkugelpistole ohne Munition und Großvaters Beute-Seitengewehr aus dem Ersten Weltkrieg. Die Gewehrgranaten stammten aus Kisten, die im Glacis, einem Park in unserer Nähe, aufgestapelt waren. Überall in unserer Umgebung ließen sich solche Dinge finden, in immer größerer Zahl.

Meine Faszination für Waffen kannte keine Grenzen. Wenn Vater auf Urlaub kam, trug er immer seine Neun-Millimeter-Dienstpistole am Koppel und den Karabiner über der Schulter. Schon auf dem Bahnhof, wo wir ihn abholten, durfte ich den Karabiner einmal kurz umhängen, ein Moment, auf den ich immer sehnsüchtig gewartet hatte. Kaum vorstellbar für ein Kind der pazifistischen Bundesrepublik.

Zu Hause zerlegte mein Vater seine Pistole. Ich durfte sie putzen, ölen und danach wieder zusammenbauen, was mir keinerlei Schwierigkeiten bereitete. Dann wurde der Schwierigkeitsgrad erhöht: Vater zerlegte alle drei Waffen, die Walther, die Dienstpistole und den Karabiner, und verstreute die Teile auf einer Decke. Ich baute sie mühelos richtig wieder zusammen. Nur das Spannen der Rückholfeder der Neun-Millimeter ging zunächst über meine kindlichen Kräfte.

In was für einer Welt lebten wir? Wie zwiespältig war das Leben auch für uns Kinder geworden: einerseits das Interesse an Waffen, andererseits morgens, wenn Mutter aufgestanden war, das Toben und Spielen mit Vater im Bett, das Schreien und Juchzen, wenn er immer wieder seine Arme um mich schloss und ich mich daraus zu befreien versuchte. »Fangarme« nannten wir das Spiel und gaben erst auf, wenn wir völlig erschöpft waren und Mutter uns zum Frühstück rief. Das waren kurze Momente von Familienglück. Wie selten sind wir alle drei zusammen gewesen.

Im Radio ertönten ständig »Sondermeldungen« über besiegte und vernichtete Gegner, gewonnene Schlachten mit tausenden feindlicher Toten, versenkten Schiffen, abgeschossenen Flugzeugen, zerstörten gegnerischen Panzern. Dann folgten immer wieder Durchhalteparolen, der Aufruf, alle Anstrengungen zur Verteidigung aufzubieten, der Appell an den Siegeswillen. Wir Kinder waren mittendrin.

Allmählich sehnten wir uns alle richtig danach, wieder in die Schule zu gehen. Wenn wir fragten, wann sie endlich wieder anfangen würde, bekamen wir zu hören, dass es gleich nach dem »Endsieg« weiterginge, es also nur noch kurze Zeit dauern würde, bis wir wieder Unterricht hätten. Wir glaubten es und spielten weiter Krieg. Meine Großmutter allerdings war um meine Zukunft besorgt: »Was wird nur aus Bullerchen werden?«, sagte sie immer wieder. »Er muss doch lernen!« Ich stellte mir solche Fragen nicht. Um uns herum passierten viele aufregende Dinge, die meine Aufmerksamkeit voll in Anspruch nahmen.

Festung Königsberg

Immer mehr näherten sich die russischen Truppen der Stadt. Wir hörten Gefechtslärm in der Ferne, denn schon seit Wochen kämpften sich die Russen auf dem Weg nach Berlin durch Ostpreußen. Berlin zu erobern war Stalins wichtigstes Ziel, deshalb war Königsberg noch verschont geblieben und umgangen worden. Da Hitler die Stadt zur Festung erklärt hatte – einen so prächtigen traditionsreichen Ort darf man doch nicht einfach aufgeben, dem Feind überlassen und fliehen! –, war der Kampf um Königsberg zu einer Prestige-Angelegenheit geworden. Anstatt der Bevölkerung zu verstehen zu geben, dass sie wegen des Vormarschs der Russen dort keine Zukunft mehr hatte und gen Westen fliehen musste, um sich zu retten, forderte die NS-Regierung sie auf, sich zu bewaffnen, durchzuhalten und alles zu tun, um die Stadt zu verteidigen. Die Menschen waren folgsam, denn sie standen zu ihrer Stadt und wollten alles tun, um sie zu retten. Sie taten es in erster Linie nicht aus Gehorsam gegenüber der Partei, sondern ihrer Heimatstadt zuliebe. Angesichts der Überzahl russischer Truppen war es aus heutiger Sicht eine absolute Zumutung für die Menschen in Königsberg und die Soldaten, die sich dort konzentrieren mussten und kaum Aussicht hatten, etwas gegen die Russen auszurichten, geschweige denn zu überleben. Solche Gedanken sprach damals niemand aus, es gab nur einzelne Unwillensbekundungen.

In der »Adolf-Hitler-Schule«, in die ich früher zum Unterricht gegangen war, nur zehn Minuten von unserem

Haus entfernt am Ende des »Adolf-Hitler-Parks« gelegen, wohnten jetzt Soldaten. Viele andere Schulen Königsbergs wurden ebenfalls zu Kasernen oder kleinen Festungen ausgebaut, die Tore zugemauert, die Fenster in Schießscharten für MGs umgewandelt. Genauso, wie wir die Hitlerjungen bewundert hatten, himmelten wir die Soldaten an, die uns sehr freundlich behandelten. Wir besuchten sie jeden Tag und hielten uns stundenlang bei ihnen auf. Sie waren für uns wie Freunde. Es waren Soldaten sämtlicher Waffengattungen mit entsprechender Ausrüstung, und es dauerte nicht lange, bis wir uns bestens auskannten und genau wussten, woran man diesen oder jenen Rang erkannte, was die Soldaten trugen, welche Waffen sie benutzten und wie sie eingesetzt wurden. Wir stellten ständig Fragen, und die Männer beantworteten sie gern. Viele von ihnen waren selbst Väter und schon seit Jahren von ihren Kindern getrennt. Was gab es Schöneres für sie, als sich mit uns zu beschäftigen? Unsere unbefangene Neugier lenkte sie ab. Sie wussten im Gegensatz zu uns, was Krieg wirklich bedeutete, und sie müssen sich angesichts der aussichtslosen Lage der Stadt sehr gefürchtet haben. Davon ließen sie uns jedoch nichts spüren, waren immer freundlich zu uns und gutgelaunt.

Wie lange war es her, dass wir in der Sommerhitze, barfuß und nur mit Turnhosen bekleidet, durch das Regenwasser im Rinnstein gelaufen waren, dass wir am Strand nach Donnerkeilen – versteinerten Resten einer uralten, ausgestorbenen Tintenfischart – gesucht und Fangen gespielt hatten? Dass ich in Begleitung einer fröhlichen, sorgenfreien Mutter am Meer und auf dem Bauernhof gewesen war? Es waren nur wenige Wochen, und nun befanden wir uns in einer ganz anderen Welt, einer Welt der Bedrohung und bevorstehender Kämpfe.

Allmählich wurden wir Kinder zu Spezialisten in Sachen Krieg. Nicht nur, dass wir alle eigenen und feindlichen Flugzeuge in Modellbögen nachgebaut hatten, wir kannten inzwischen jedes ihrer Geräusche und selbstredend die Sirenen, die am helllichten Tag die britischen Flugzeuge ankündigten, die uns überflogen und beim Rückflug ihre überzähligen Bomben abwarfen.

Auch nachts erfolgten nun immer öfter Luftangriffe. Man wurde vom Heulen der Sirenen geweckt und musste schnell hinunter in den Luftschutzkeller. Wir hatten einen Koffer und eine Tasche, die jeden Abend fertiggepackt an der Wohnungstür standen. Bei Fliegeralarm nahm meine Mutter den Koffer, ich die Tasche, und wir rannten die zwei Stockwerke hinunter. Im Keller standen Pritschen mit Wolldecken, aber an Weiterschlafen war nicht zu denken. Uns ging es nicht anders als den vielen Nachbarn, mit denen wir den Luftschutzkeller teilten. Schon von fern hörte man das langsam immer lauter werdende, beängstigende Dröhnen der anfliegenden Bomber. Es klang wie ein riesiger Hornissenschwarm, der sich auf uns herabstürzen wollte. Alle saßen mit eingezogenen Köpfen da, manche jammerten leise vor sich hin und wurden von den anderen zur Ordnung gerufen. Allmählich wurde das Geräusch wieder leiser und verschwand. Die große Anspannung machte sich durch laute Gespräche Luft. Wir waren erleichtert, dass uns nichts geschehen war.

Im Bunker stand eine dicke Daimon-Batterie mit einer Klemme für eine Taschenlampenbirne auf dem Tisch. Wenn der Strom ausfiel, sollte dieses Gebilde den Luftschutzraum in einen beruhigenden Lichtschimmer tauchen. Ich interessierte mich für alles Technische, und Elektrizität war das Allerinteressanteste. Diese Batterie faszinierte mich. Deshalb fragte ich den Hausmeister und Luftschutzwart, ob er nicht vielleicht eine neue Batterie aus dem Reservepacken nehmen und mir die schon benutzte schenken könne. Leider sagte er nein.

Noch immer gingen lebensbedrohliche Situationen und die normalen Kinderspiele ineinander über, ohne dass mir das auffiel. So freute ich mich zum Beispiel sehr, als ich von

Onkel Emil ein Schaukelpferd geschenkt bekam und einen blauen Tretroller Marke Hudora, der noch in Friedenszeiten hergestellt worden war und ein zweites Trittbrett hatte, das über eine Zahnstange das Hinterrad antrieb und über eine Fußbremse verfügte. Damit war ich der König in unserer Straße, die anderen Kinder fuhren alle nur auf Holzrollern. Wenn wir auf der Straße spielten, vergaßen wir den Krieg völlig, jedenfalls vorübergehend.

Die Fliegeralarme häuften sich nämlich. Inzwischen ließen wir und die anderen Hausbewohner das Gepäck gleich im Keller. Unser Neubaublock, der von vier Straßen eingefasst war, im Innenhof Grünflächen und einen großen Sandkasten besaß und auch das zentrale Heizwerk beherbergte, wandelte sich immer mehr zu einem künftigen Kriegsschauplatz. Uns Kindern boten sich dauernd neue Spielmöglichkeiten. Allein die ausgebauten Luftschutzkeller mit der betonverstärkten Decke und der gasdichten Tür faszinierten uns sehr. An der gesamten Straßenfront waren anderthalb Meter hohe Wälle als Splitterschutz aufgeschüttet worden. Darauf lagen Rollrasenstücke, und nur an den Hauseingängen war der Wall unterbrochen. Dies war ein ideales Gelände für Versteck- und Verfolgungsspiele.

Später wurden im Keller die Brandmauern zwischen den Häusern aufgebrochen, es entstanden mannsbreite Löcher, die mit Decken zugehängt wurden – als Fluchtweg von einem Haus ins nächste. Wir verbrachten viele Stunden dort unten, tasteten uns mit klopfendem Herzen von einem dunklen Gang in den nächsten, bereit, uns zu verstecken oder wegzurennen, wenn wir Geräusche hörten. Wir rätselten auch, an welcher Stelle des Blocks wir wohl inzwischen angekommen waren. Manchmal gingen wir in zwei Gruppen in entgegengesetzter Richtung los, gespannt, wo wir uns wohl treffen würden. Dabei versuchten wir zu schleichen, um die entgegenkommende Gruppe zu überfallen.

Wir hatten auch wieder neue Sammelobjekte entdeckt: Die Schrapnellmunition, mit der die Flaks feindliche Flieger beschossen, fiel in Form von Eisensplittern zur Erde zurück. Diese hatten bizarre Formen, unterschiedliche Größen und waren in allen Regenbogenfarben angelaufen. Ideal zum Sammeln und Tauschen. Mit der Zeit lernten wir auch zu unterscheiden, von welcher Stelle des Geschosses die Splitter stammten, größere vom Geschossboden, feinere, besonders hübsch angelaufene von der Spitze. Am besten kam man an die Splitter heran, wenn man noch während des Angriffs nach oben ging und auf das scheppernde, platschende Geräusch des Aufschlagens achtete. Wir folgten dabei unserem Gehör und sammelten die Stücke auf. Ich mag gar nicht daran denken, welcher Gefahr wir uns damals aussetzten.

Besonders verlockend war es, nachts den Flakscheinwerfern zuzuschauen. Wie gleißende Lichtfinger bohrten sich ihre Strahlen in den dunklen Himmel. Dann plötzlich leuchtete ein erfasster Feindbomber auf, mehrere Scheinwerfer konzentrierten sich auf ihn, und er bot der Abwehrflak ein brillantes Ziel.

Luftangriff auf Königsberg

In der Nacht vom 26. auf den 27. August 1944 wurde der erste große Angriff auf Königsberg geflogen. Bisher waren die Bomber meist über die Stadt hinweggezogen. Jetzt heulten die Sirenen besonders heftig, und wir hörten im Drahtfunk des Reichssenders Königsberg, dass feindliche Bomber im Anflug seien. Gegen einen solchen Luftangriff waren wir nur miserabel geschützt. In den acht Wohnungen unseres Hauses lebten lediglich Frauen, abgesehen von mir und dem alten Mann, dem die Aufgabe des Hausmeisters und Luftschutzwarts übertragen worden war. Er hatte festzustellen, ob das Haus bei einem Angriff getroffen worden war, und musste im Fall des Falles löschen.

Sein Löschgerät war nichts als ein Eimer Wasser und ein Besenstiel mit daran festgebundenem Wischlappen, Feuerpatsche genannt, mit der er den Brandherd ausschlagen sollte. Ein nasser Wischlappen gegen ein brennendes Haus! Außerdem hatte er noch eine Wasserspritze mit der Wirkungskraft einer Wasserpistole, mit der Kinder spielen: ein luftpumpenähnliches Gebilde, das aus dem Wassereimer Wasser sog und am anderen Ende aus einem Schlauch rausspritzte, wenn man den Pumpenkolben mit einer Hand betätigte. Und es gab einen Eimer Sand und eine Schippe in jedem Stockwerk. Wenn es wirklich brennen würde, war diese Ausrüstung lächerlich.

An jenem Tag war die Zivilbevölkerung Ziel der angreifenden britischen Bomber. Es wurden weder die Werftanlagen von Schichau am Pregel im Südwesten der Stadt, noch die Zellulosefabrik, die Schießbaumwolle, also Sprengstoff herstellte, noch der Rundfunksender oder die Kasernen an der Peripherie der Stadt, noch der Flugplatz im Nordosten angegriffen. Im Visier waren die bewohnten Gebiete im Norden Königsbergs bis zur dichtbesiedelten Stadtmitte. Unsere Wohngegend, der Hufen, wurde nicht getroffen. Doch im Luftschutzkeller hörten wir das bei Angriffen übliche Grummeln, spürten die Erschütterung, vernahmen das furchterregende Dröhnen der vielen Bomber, die Detonationen hunderter einschlagender Bomben. Nach der Entwarnung liefen Mutter und ich zur Schindekopfbrücke, von der aus man einen freien Blick zur Stadtmitte hatte, und beobachteten von dort das riesige Feuer, das den Himmel über der Stadt einschließlich Maraunenhof, wo die Großeltern wohnten, hell erleuchtete. Es war ein faszinierender und zugleich schrecklicher Anblick, und Mutter und mir liefen die Tränen herunter.

Noch in der Nacht gingen wir beide zu Fuß – die Straßenbahn fuhr nicht mehr – den weiten Weg nach Maraunenhof, um herauszufinden, was mit den Großeltern geschehen war. Glücklicherweise war ihr Haus nicht getroffen worden, und sie waren unversehrt. Später erfuhr ich, dass in dem Viertel rund tausend Zivilisten, also alte Menschen, Frauen und Kinder, umgekommen waren.

Nachdem wir diesen ersten Fliegerangriff auf unsere Heimatstadt miterlebt hatten, begann auch ich, Angst zu bekommen. Noch heute denke ich, wenn ich Brandgeruch wahrnehme, an den Anblick des brennenden Königsbergs. Die Menschen damals waren zunächst erleichtert. »Jetzt wird es so schnell keine Bombardierungen mehr geben«, meinten sie. Doch da täuschten sie sich. Jener Großangriff war nur ein Vorgeschmack auf das, was noch kommen sollte.

Tatsächlich wurde unsere Stadt schon am 29. August, also nur zwei Tage später, erneut bombardiert. Diesmal mit der dreifachen Zahl von Flugzeugen und entsprechend stärkerer Wucht. Dabei wurden achtzig Prozent der Innenstadt zerstört, in dieser einzigen Nacht wurde sie zu einer riesigen Ruine. Wiederum liefen wir nach der Entwarnung zur Schindekopfbrücke und sahen den Himmel über der Stadt in grelles, flackerndes Rot getaucht. Manche Stellen loderten plötzlich hell auf, immer wenn ein Haus in sich zusammenfiel und ein gewaltiger Funkenregen emporstob. An unserem Platz war es unheimlich still. Wir hörten nicht das Prasseln des Feuers, nicht das Krachen der Einschläge, wir sahen nur eine gewaltige Feuerorgel, was umso beängstigender war.

Meine Großmutter Bertha und Tante Christel wohnten auf dem Haberberg, von uns aus gesehen in gerader Linie hinter dem Zentrum gelegen. Wie weit waren die Bomben wohl gefallen? Hatten sie ihr Haus erreicht? Wie stark hatte sich das Feuer ausgebreitet? Wir wussten es nicht. Uns war unheimlich zumute und wir sorgten uns um die beiden.

Bei ihnen hatten wir, als sich das Kriegsgeschehen in Königsberg noch nicht zugespitzt hatte, so manchen Sonntag verbracht. Ich spielte meist, während die drei Frauen in der Küche das Essen zubereiteten und sich angeregt unterhielten. Im Wohnzimmerradio lief das Wunschkonzert »Von der Heimat für die Front, von der Front in die Heimat«. Da wünschte zum Beispiel die Braut Frieda dem Obergefreiten Fritz im Kessel von Stalingrad alles Gute, darauf folgte eine Opernarie oder Lieder wie »Heimat, deine Sterne«, »Es steht ein Soldat am Wolgastrand« und manchmal das berühmte »Lili Marleen«. Ich hörte auch Nachrichten und markierte auf einem Atlas, den mir mein Vater bei einem Heimaturlaub mitgebracht hatte, die im Radio genannten Frontlinien. Unter uns Jungen war es Ehrensache, über den Frontverlauf immer bestens im Bilde zu sein, wir wetteiferten darin, wer am besten Bescheid wusste.

Ich war immer gern bei der Großmutter gewesen und machte mir große Sorgen um sie. Gleich am nächsten Tag gingen Mutter und ich zu Fuß zum Haberberg. Wir konnten die Innenstadt nicht durchqueren, das wäre zu gefährlich gewesen. Aber auch in den Randbezirken, durch die wir gingen, war der Anblick schrecklich genug. Überall roch es nach ausgebrannten Häusern und verkohltem Fleisch. Als wir Großmutters Haus erreichten, waren wir sehr erleichtert. Glücklicherweise hatte es nichts abbekommen. Als wir Großmutter und Tante Christel lebend antrafen, fiel uns ein Stein vom Herzen. Ich spürte, dass ich anfing, mich für meine Familie verantwortlich zu fühlen, und fragte mich, wie man sie vor weiteren Angriffen schützen könnte. Im August war ich acht Jahre alt geworden, und da mein Vater fort war, war ich der einzige »Mann« in der Familie.

Nach den beiden schweren Angriffen beschloss Mutter, Königsberg mit mir zu verlassen und zu Verwandten von Großmutter Caroline ins Sauerland zu fahren, nach Stemel bei Neheim-Hüsten nahe der Sorpetalsperre. Wir nahmen einige Kisten mit den wertvollsten Gegenständen von uns und den Großeltern mit. Diese Reise war zunächst eine schöne Abwechslung für mich. Die riesige Talsperre war ein wichtiges Wasserreservoir. Um es vor Fliegerangriffen der Engländer zu schützen, ließ die Wehrmacht sogenannte Sperrballons darüber aufsteigen. Auf mich machten diese Fesselballone großen Eindruck. Jeder Flieger würde sich in den Seilen verheddern, und das wäre fatal für ihn. So wurde die Talsperre nicht bombardiert und tausende Zivilisten wurden vor dem Ertrinken gerettet.

Zwei Wochen blieben wir im idyllischen Sauerland. Nach ein paar Tagen langweilte ich mich jedoch. In dieser strengkatholischen und äußerst friedlichen Gegend durften wir Kinder bei weitem nicht das, was uns in Königsberg selbstverständlich erlaubt war. Ich fühlte mich eingeengt, musste ständig die Hände waschen, die Schuhe abputzen und durfte ja keinen Fleck auf der Hose haben. Dazu vermisste ich die Spielkameraden und unsere Abenteuer und wollte nach Hause. Als sich herausstellte, dass es in Königsberg ruhig geblieben war, kehrten wir zu meiner großen Freude nach Hause zurück. Mutter und Großmutter ahnten nicht, dass sie damit unser Leben aufs Spiel setzten. Vielleicht wollten sie es einfach nicht wissen. Die Kisten mit den Wertsachen ließen wir bei den Verwandten.

Neue Abenteuer und der Ernst des Lebens

In Königsberg erwartete uns eine Überraschung: eine Tonne mit Salzheringen, die Vater einer Ju 52-Maschine in Norwegen mitgegeben hatte und die uns für eine Weile vom eintönigen Kartoffel- und Graupenessen befreite. Er hatte auch mein Geschenk zum achten Geburtstag mitgeschickt: ein echtes chromglänzendes Fahrrad, das es im Kriegsdeutschland nirgendwo mehr gab. Ich war überglücklich über dieses prachtvolle Rad.

Es wurde ausgepackt, mit Großvater zusammengebaut und im Keller in Maraunenhof an die Wand gehängt. Fahren durfte ich es nicht, denn meine Sauerländer Großmutter war der festen Überzeugung, dass man im kalten Ostpreußen im August nicht mehr fahrradfahren konnte. Ich würde mir eine Lungenentzündung holen, meinte sie, die noch nie im Leben auf einem Fahrrad gesessen hatte. Und sie schenkte mir eine Winterjacke, in die ich erst noch hineinwachsen musste. Die Jacke, die mir später von größtem Nutzen sein sollte, war von einem Schneider aus einer dicken grauen Pferdedecke genäht und braun eingefärbt worden.

Fahrradfahren kam für »Bullerchen« nicht infrage, da half kein Protest. Ich musste selbst im herrlichsten Spätsommerwetter schon die langen kratzigen Wollstrümpfe tragen, die mit immer zu kurzen Strumpfhaltern an einem Leibchen befestigt waren und mich zu einer leicht servilen Haltung zwangen. Dazu gab es kurze Bleyle-Strickhosen, bis mich Großmutter im Herbst zwang, Skihosen mit breiten Beinen zu tragen, die unten mit einem Band zusammengebunden waren. Auf Knöchelhöhe hatte meine Mutter Lederflicken aufgenäht, damit sich der Stoff durch die Gehbewegungen nicht abschabte. Wenn ich im Herbst mit diesen Hosen draußen erschien, riefen meine Freunde, die noch mit kurzen Hosen herumrennen durften, regelmäßig: »Scheiße locker, Knickerbocker« und ähnliche Sprüche.

Warum ich mir solche Zwänge auferlegen ließ, weiß ich heute nicht mehr. Ganz offenbar übten die vielen Frauen in meiner Familie bei den Dingen, um die sie sich kümmerten, einigen Druck auf mich aus, ließen mir aber dafür bei allem, was »Männersache« war, relativ freie Hand.

Das Fahrrad bin ich nie gefahren. Es muss heute noch in dem Keller sein, aber völlig zerdrückt, denn bei einem späteren Angriff wurde das Haus von einer Sprengbombe getroffen, sank in sich zusammen und beerdigte mein Geburtstagsgeschenk.

Die Sendung aus Norwegen war vor allem ein eindeutiges Zeichen dafür, dass Vater lebte. Obwohl er so weit weg sein musste, war er doch für uns da. Die Väter von manchen Schulkameraden waren gefallen, und ich hatte erlebt, welches Unglück das für eine Familie bedeutete. Auch wenn ich Vater im Grunde nur wenig kannte und kaum sah, hing ich sehr an ihm und hatte großes Vertrauen in ihn.

Bei seinem letzten Besuch hatte sich etwas Besonderes ereignet, wovon ich erst jetzt erfuhr. Meine Mutter war schwanger, und im März sollte ich endlich ein Geschwisterchen bekommen. Darauf freute ich mich überschwänglich. Ich hatte mir schon lange eines gewünscht. Dass wir in Zeiten lebten, in denen eine Schwangerschaft und die Versorgung eines Babys sehr schwierig werden können, war mir dabei natürlich nicht klar. Ich war einfach nur glücklich und machte mich sofort mit Eifer daran, aus der Vornamensliste hinten im Familienstammbuch einen Namen für das Baby auszusuchen. Mutter und ich überlegten mehrere Tage gemeinsam, schließlich einigten wir uns auf Kriemhild für ein Mädchen und Siegbert für einen Jungen. Da mein Vater nicht da war, besprach meine Mutter viele Fragen mit mir und redete mit mir fast wie mit einem Erwachsenen. Mit wem hätte sie sich auch sonst unterhalten sollen? So erfuhr ich unter anderem, dass sie sich wegen der bevorstehenden Geburt Sorgen machte, dass schon meine Geburt nicht einfach gewesen war und sie wegen einer Venenentzündung so lange mit mir im Krankenhaus hatte bleiben müssen, dass man mich dort schon als »Opa« bezeichnet hatte. Im Krieg würde alles bestimmt noch schwieriger sein, meinte sie.

Obwohl mich solche Probleme beschäftigten, schob ich sie zwischendurch mühelos beiseite. Neue Abenteuer warteten auf mich. Mit den Freunden entdeckten wir jeden Tag neue militärische Niederlassungen in der Stadt. Inzwischen hatte sich in dem kleinen Park nahe meiner Schule und nicht weit von unserem Haus entfernt eine Panzereinheit eingerichtet. Mann und Gerät sollten vor ihrem Einsatz an der Verteidigungsfront wieder neu aus- und aufgerüstet werden. Im Winter hatten wir in diesem Park immer unseren Rodelberg und waren oft zu spät von der Schule nach Hause gekommen, weil wir noch auf dem Tornister rodeln wollten. Nachmittags gingen wir dann mit dem Schlitten dorthin. Jetzt war an solche Kinderspiele kaum zu denken, uns interessierten das Kriegsgerät und die Soldaten viel mehr. Wir sahen zu, wie sie versuchten, ihre Panzer haftminensicher zu machen und halfen ihnen dabei. Zu diesem Zweck wurde die Wanne von unten mit einer Isoliermasse eingestrichen, einem gelblichen, stark nach Marzipan duftenden Zeug. Dass eine solche Maßnahme kaum Wirkung haben würde, wenn ein Panzer im Einsatz war, wussten wir natürlich nicht. Die Soldaten waren nicht so richtig überzeugt von der gelben Masse. »Demnächst klebt der Iwan eben Nägel an seine Minen, die bleiben so richtig schön in der Pampe stecken, und dann Mahlzeit ...« Wir waren jedenfalls begeistert, als die Männer uns fragten, ob wir ihnen nicht helfen wollten. Der Bauch eines Panzers liegt dicht über dem Erdboden und für einen ausgewachsenen Mann ist es alles andere als einfach, unter dem Panzer zu liegen und die gelbliche Masse über Kopf aufzutragen. Da waren wir schon besser geeignet.

Abends kam ich nach Hause, grässlich beschmiert, und erzählte meiner Mutter voll Stolz von unserer kriegswichtigen Arbeit an den Panzern. Darüber, dass ich die Arme kaum noch heben konnte, kam sie schnell hinweg, dass ich aber meine Kleider eingesaut hatte, gefiel ihr gar nicht: »Ich weiß ja, dass du die Arbeit für unsere Soldaten sehr ernst nimmst, aber wie soll ich das je wieder sauberkriegen!« Dennoch durfte ich auch an den folgenden Tagen wieder in den Park gehen und den Soldaten helfen, diesmal in alten Klamotten, die mir schon etwas zu klein waren.

Inzwischen wurde auch unser Wohnblock Teil der Wehranlagen. Eines Tages kam eine Hanomag-Zugmaschine mit gewaltigem Motorlärm durch einen der vier Torbögen an den Seiten des Blocks in den Hof gefahren. Wir Jungen sahen gebannt zu. Sie brachte eine 8,8-Flak, das Rohr flachgelegt. Es folgte noch eine Vierlingsflak. Beide Luftabwehrgeschütze wurden im Schutz der Sträucher im Innenhof abgestellt und mit Tarnnetzen überzogen, damit sie vom Flugzeug aus nicht zu erkennen waren. Die Mannschaften belegten verlassene Wohnungen, von denen es genug gab, da schon viele Familien geflohen waren. Die Munition für beide Geschütze und die Austauschläufe der Vierlingsflak wurden in einem Keller verstaut. Die Bewohner waren äußerst besorgt. Das war verständlich, denn von nun an kam unser Wohnblock nicht mehr zur Ruhe. Das bellende Geräusch der Flak im Einsatz brach sich vielfach im großen freien Geviert des Innenhofs und machte einen Höllenlärm. Auch das war eine Folge der Wahnsinnsidee von der »Festung Königsberg«. Wir Kinder hielten uns im entscheidenden Moment die Ohren zu, wie es uns die Soldaten gezeigt hatten, und genossen es, so unmittelbar dabei sein zu können. Angst hatten wir nicht. Wir kletterten auf die hinteren Auslegerarme der Flak, niemand verbot es uns. Neugierig verfolgten wir die Spur der Geschosse. Trafen sie oder trafen sie nicht? Die vier Läufe der Vierlingsflak fuhren im Rhythmus eines langsamen Tack, Tack, Tack hin und her, sodass die ganze Lafette, obwohl auf vier Auslegern am Boden abgestützt, erzitterte, und wir uns nur mit Mühe auf den Auslegerarmen halten konnten. Damit hatten unsere Spielabenteuer eine neue Qualität erhalten. Splittersammeln war im Vergleich dazu uninteressant und wurde eingestellt.

Zum Schutz des Mercedeswerks war ein gepanzerter Eisenbahn-Flakzug hinter dem Werk aufgefahren, ganz nah bei der Schindekopfbrücke. Die Lok war gänzlich mit Stahlplatten verkleidet, die angehängten Waggons waren ebenfalls gepanzert, um Bedienung, Geschosse und Munition zu schützen. Auf dem einen Waggon stand eine Flak, in dem zweiten befand sich Munition. Natürlich inspizierten wir alles aus der Nähe, plauderten mit den Soldaten und kannten uns täglich besser mit dem Kriegsgerät aus. Der Gedanke, dass damit Menschen vernichtet werden könnten, beschäftigte uns nicht weiter. Es waren schließlich Feinde, und so sahen wir es als notwendig an. Auch wir waren ja längst, natürlich unbewusst, von der Kriegspropaganda beeinflusst.

Unterdessen hielten sich aber nicht alle Leute an die Durchhalteappelle der Wochenschauen. Viele hatten begriffen, dass die Flucht nach Westen das beste Mittel war, zu überleben. So hatten sich mehr und mehr Familien mit Sack und Pack auf den Weg gemacht, und deshalb waren auch kaum noch Freunde da. Wir Jungs waren jetzt nur noch zu zweit.

Peter und ich unternahmen Erkundungstouren in die verwüstete Innenstadt, zu Fuß nur etwa zehn Minuten von den Hufen entfernt. Wir krochen in Ruinen herum, obwohl das wegen der Einsturzgefahr streng verboten war. Es war aber einfach zu interessant, herauszufinden, wie es da drinnen aussah. Während wir uns einen Weg durch die Trümmer bahnten, stellten wir fest, dass vierstöckige Fassaden einfach so dastanden, obwohl sie aussahen, als könnte man sie mit einer Handbewegung zum Einsturz bringen. Wir probierten es lieber nicht. Erst Monate danach habe ich mich an solche Dinge herangewagt, zu Zeiten, als es lebensnotwendig war.

Mit Soldaten leben

Die Stadt Königsberg befand sich seit den Bombenangriffen in einem schlimmen Zustand. Viele Menschen waren obdachlos geworden, ihre Not war unsäglich. Doch hatte die Bevölkerung keine Hilfe zu erwarten. Sie wurde stattdessen mit Siegesparolen eingedeckt, mit Versprechungen, bald sei der verdiente »Endsieg« da. Die Menschen wurden zudem vor Spionen gewarnt: »Vorsicht, Feind hört mit!« Männer in schwarzen Mänteln waren auf Plakaten zu sehen. Spione, die den Russen verrieten, wo die Wehreinrichtungen in Königsberg waren. Zwar gab es solche Spione tatsächlich, aber die Russen würden es bei ihrem militärischen Übergewicht auch ohne sie schaffen. Die Leute hatten andere Sorgen, nämlich wie sie sich ernähren, wie sie sich kleiden sollten, wie sie den nächsten Luftangriff überleben könnten, ob ihre Männer im Feld überlebt hatten und was die Verwandten machten, zu denen man wegen des Krieges den Kontakt verloren hatte.

Inzwischen war es Herbst geworden. Draußen wurde es kühler. Bis zum Winter, bei dem es unter minus zwanzig Grad kalt werden würde, waren es nur noch wenige Wochen. Das Grollen des Krieges, ähnlich einem entfernten Gewitterdonnern, war nähergekommen, ein akustischer Teppich, der nicht mehr verschwand. Im Gegenteil, die Geschütze der Front waren immer deutlicher zu vernehmen. Man konnte sogar schon einzelne Abschüsse hören, und bald lernte ich auch den wichtigen Unterschied zwischen Abschuss und Einschlag erkennen. Dies alles wirkte sich sehr auf die Stimmung der Bevölkerung aus. Alle Siegeshoffnungen schwanden dahin, die Leute hatten immer mehr Angst vor dem unmittelbaren Angriff der Russen. Vielleicht waren sie gerade deshalb bereit, alles zu tun, um ihn vielleicht doch noch zu verhindern.

Wir Kinder verbrachten jeden Tag bei den Soldaten. Wir wurden dort auch mitverpflegt, und darüber waren unsere

Mütter sehr froh. Für die Lebensmittelkarten bekamen sie fast nichts mehr. Nur Weißbrot hatten wir genug, weil meine Mutter immer ihre Tabakzuteilungen gegen die Weißbrotmarken ihrer Schwester tauschte, die wie ein Schlot rauchte. Die Soldaten waren in einer Halle untergebracht und schliefen in Doppelstockbetten. Sie hatten in dieser Halle auch ihre Gewehre, MGs, Militärdecken und Sonstiges gelagert. Sie redeten viel mit uns, beantworteten alle unsere neugierigen Fragen. So brachten sie uns zum Beispiel bei, die deutschen von den russischen Kalibern zu unterscheiden. Wir lebten mit ihnen geradezu symbiotisch. Wir waren ihre Ersatzkinder, sie unsere Ersatzväter. Wir beteiligten uns am Waffenputzen, wir transportieren Gegenstände, bekamen ein bisschen Fliegerschokolade, Schokakola genannt, ein bei uns Kindern heißbegehrtes Genussmittel. Wie lange hatten wir keine normale Schokolade und Süßigkeiten mehr gesehen?

Ich empfand mich immer mehr als Mitglied einer verschworenen Gemeinschaft mit den Soldaten der Wehrmacht. Mit ihren Waffen und Fahrzeugen waren sie mittlerweile in Königsberg allgegenwärtig. Mit ihnen begann mein Tag, mit ihnen endete er. Abends kam ich nur noch zum Schlafen nach Hause, um gleich am nächsten Morgen wieder loszugehen. Echte Kinderspiele kannten wir kaum noch. Wir waren Teil der Festung Königsberg, die sich gegen den Feind verteidigen musste und dies auch nach Kräften tun würde.

Immer mehr Flüchtlingstrecks zogen durch die Stadt. Sie waren im östlichen Ostpreußen aufgebrochen und bewegten sich Richtung Westen vorwärts, einem ungewissen Schicksal entgegen. Es waren Bauern mit zweispännigen Pferdewagen, manchmal ein oder zwei Reservepferde und eine Kuh hinten angebunden. Wo jetzt wohl die Bauernfamilie aus Lyck ist, bei der ich in den Ferien war, fragte ich mich, als ich die vielen Pferdewagen sah.

Peter und ich standen staunend am Straßenrand, winkten den Kindern auf den Wagen zu und versuchten herauszubekommen, woher sie kamen und wo die Front war. Sie antworten uns nicht, deshalb nannten wir sie »Blödmänner«. Wir wussten nicht, welche Strapazen diese Kinder bereits hinter sich hatten und dass sie viel zu erschöpft waren, um mit uns zu sprechen. Sie waren schon tagelang mit Müttern und Großeltern unterwegs, hatten kaum geschlafen und saßen steif und apathisch da. Manche Familien hatten über dem Wagen ein Verdeck aus einer Plane, die Habseligkeiten waren hinten auf dem Wagen aufgestapelt. Dazwischen saßen die Kinder, dick eingepackt und manchmal mit dem Hofhund im Arm. Außen an den Wagen baumelten die verschiedensten Geräte und Gefäße wie Kochtöpfe, Milchkannen mit Trinkwasser, Zinkblechwannen, Eimer und Säcke mit Pferdefutter. Zwischen den Wagen und um sie herum gingen die Erwachsenen, meist um die Pferde zu schonen und sich warm zu halten, die Zügel in der Hand. An das Geräusch dieser Flüchtlingszüge kann ich mich bis heute erinnern: das Scheppern der Metallgefäße, das Rattern der Räder, das Klappern der Hufe.

All diese Menschen waren Deutsche wie wir und waren auf der Flucht. Das war kein gutes Zeichen. Wann wird es uns erwischen, fragten sich die Erwachsenen. Werden wir auch fliehen müssen? Die Königsberger erkannten, dass sie besser dran waren als diese armen Menschen, die ihr Zuhause verloren hatten, und hofften, dass es ihnen nicht so schlimm ergehen würde. Dies sagten sie auch uns Kindern. Der Gedanke, auf die Flucht zu müssen, als Städter ohne Vorräte und Pferdewagen, erschreckte uns sehr. Dennoch machten sich weiter viele auf den Weg nach Westen. Die Zivilbevölkerung nahm ab, das Militär zu.

Inzwischen hörten wir auch immer mehr über die Russen. Deutsche Soldaten hatten kürzlich das von Russen eroberte Metgethen, einen Villenvorort westlich von Königsberg, zurückerobert. Sie hatten berichtet, dass dort Hunderte getöteter Frauen und Kinder gelegen hatten und die Frauen vorher vergewaltigt worden waren. Solche Schreckensberichte versetzten die Menschen in Panik. Immer häufiger hörte man Aussprüche wie: »Mich kriegen die Russen nicht lebendig!«

Wir Kinder ertrugen die Stimmung zunehmender Resignation und Verzweiflung erstaunlich gut. Wir hatten genug interessante Dinge zu beobachten und zu tun.

In unserer Straße war eine Einheit mit Panzern und LKWs stationiert worden. Es wurden Telefonkabel gespannt, in Kellerräume, zum zweiten Stockwerk und von dort auf die gegenüberliegende Seite. An den Fensterkreuzen des ersten Stocks brachte man Tarnnetze an, die schräg abfallend auf der Straße befestigt oder in Straßenbäume geworfen wurden. Darunter wurden die Panzer und LKWs gestellt.

Im Souterrain unseres Blocks befand sich eine Tischlerei, die man in eine Waffenmeisterei umwandelte. Das war für uns Kinder natürlich viel spannender als das Holzlager. Die überdachten Regale im Innenhof wurden mit Karabinern 98k, mit russischen Beutegewehren, verschiedenen MG 42 und Leuchtsignalpistolen gefüllt. Der frühere Tischler, ein überzeugter Parteigenosse, hatte längst die Flucht nach Westen angetreten. Natürlich war er über alles viel besser informiert gewesen als andere.

Wir Jungen hatten unter den Soldaten jeweils einen Mann gefunden, der uns besonders nahestand. Das war »unser Soldat«. Mein Soldat war Fahrer und erklärte mir alles über seinen LKW mit Holzvergaser. Ich durfte ihn morgens mit speziellen langen Streichhölzern anzünden und am Gasrohr mit einem solchen Streichholz prüfen, ob genügend Gas entstanden war, um loszufahren.

Das Militär war über die ganze Stadt verteilt. Verbände, die zur Verteidigung Königsbergs vorgesehen waren, darunter auch zurückflutende aufgeriebene Resteinheiten von der Ostfront, die erzählen konnten, wie der Krieg wirklich aussah, besonders wenn man auf dem Rückzug ist. Inzwischen waren alle öffentlichen Gebäude, die Post, die Gerichte, die Schulen, die Polizeistationen von Soldaten belegt. Diese zivilen Einrichtungen wurden nicht mehr benötigt. Die meisten von ihnen waren im Keller, im Parterre und im ersten Stock zu wahren Verteidigungsbollwerken ausgebaut worden. Es wurde ernst. Die viel zu geringen Bestände an Munition deponierte man an den strategisch wichtigen Stellen.

Die meisten Wohnungen der Menschen, die geflohen waren, bewohnten Soldaten, deren unterschiedliche Fahrzeuge die Straßen säumten, vom Panzer bis zum Motorradgespann. Sie waren möglichst dicht im Schatten der Gebäude geparkt, um zusätzliche Deckung zu bekommen. Bei uns an der Straße standen unter anderem drei Panzer. Wir hatten viele Soldaten als Nachbarn, die Frauen übernahmen Küchen-, Putz- und Flickarbeiten. Manche freuten sich darüber, dass mal wieder ein Mann im Haus war.

Wie eng das Zusammenleben zwischen Zivilbevölkerung und Militär war, zeigte sich auch daran, dass die Versorgung mit Lebensmitteln vom Militär übernommen wurde. Der Kommandant hatte alle Vorratslager der Stadt unter eigene Verwaltung gestellt – eine sinnvolle Maßnahme, da es sowieso kaum noch Läden gab, in denen man etwas kaufen konnte, und die von ihren Besitzern verlassenen Geschäfte längst ausgeräumt worden waren. Jeder Anwohner konnte zur Gulaschkanone kommen, wo er Suppe, Brot und manchmal sogar Margarine bekam. Andere Dinge gab es nicht mehr, es sei denn, man hatte im Frühjahr und Sommer eingemacht wie meine Großeltern in Maraunenhof. Sie hatten Marmelade, Kompott, Äpfel und eine große Kartoffelkiste für den ganzen Winter.

Ein Festessen

Die Soldaten in unserem Haus hatten auf ihrem Rückzug aus den verlassenen Bauernhöfen Ostpreußens alles Essbare mitgenommen, darunter auch einen Schinken. Da sie keine Eier hatten, kam es bald zu einem regen Austausch mit meinem Großvater, der ja Hühner besaß. Als Transporteur fungierte ich. Für einen Abend war ein großes Essen geplant. Dazu war ich einen halben Tag unterwegs. Mit einem Stück Schinken in der Tasche machte ich mich auf den Weg zu den Großeltern. Von dort brachte ich Eier zurück, in einer Tüte sicher verpackt. Als ich zurück war, holte ich noch ein großes Glas Gurken aus dem Keller.

Gekocht werden konnte nur, wenn es Strom gab, nicht immer eine Selbstverständlichkeit. Als der Herd endlich funktionierte, bereitete meine Mutter in allen zur Verfügung stehenden Pfannen Bratkartoffelomelett mit Schinken zu. Im Esszimmer hörte man währenddessen erwartungsvolles Raunen. Keiner dieser Männer hatte in letzter Zeit an einem richtig gedeckten Tisch gesessen, sie waren fast ein wenig verlegen. Wir genossen das üppige gemeinsame Essen. Die Soldaten erzählten Erlebnisse aus Russland und machten Scherze. Schon lange hatten wir nicht mehr eine so unterhaltsame Mahlzeit erlebt. Nach dem Essen gab es echten Kaffeeverschnitt von Großmutter. Mein Soldat bedankte sich im Namen der Kameraden bei meiner Mutter. Und ich bekam diesmal eine ganze Schachtel von der begehrten Wachhalteschokolade. Dies war für lange Zeit mein letztes Festessen. Für meine Mutter war es das letzte überhaupt.

Ein paar Tage später wurden die drei Panzer an einen strategisch wichtigeren Ort verlegt. Die letzten Kanister Benzin wurden eingefüllt und auf einen LKW schwere Abschleppseile geladen. Peter und ich hatten die Erlaubnis, mitzufahren, und nachdem wir ein wenig gebettelt hatten, durften wir beide vor dem Turm auf dem Geschützrohr eines Panzers sitzen. »Wehe, ihr fliegt da runter!«, riefen die Soldaten lachend. Es war wieder ein wunderbares Abenteuer für uns.

Ziel des Transports war der Haberberg, das Viertel, in dem meine Großmutter Bertha und Tante Christel wohnten. Der Haberberg ist eine eiszeitliche Endmoräne, die sich in ostwestlicher Richtung hinzieht. Auf dem Kamm führte eine große Straße entlang, der Oberhaberberg. Die Fahrt ging durch die gesamte Innenstadt. In den Straßen war nur notdürftig eine schmale Fahrspur freigeräumt worden, aber wir fuhren mit dem Panzer mühelos über alles hinweg, was im Weg stand. Es war ein echtes Vergnügen für uns Jungen. In manchen Straßen sahen wir Sperren gegen russische Panzer. Kurz bevor unsere Panzer ihre letzte Stellung erreichten, zerrten und schoben die Soldaten mit deren Hilfe Straßenbahnwagen, bis sie quer über der Straße lagen. Danach kippten sie die Waggons um und legten alte Autos, Betonschwellen und Schienenstränge darüber. Wochen später sollte ich diese Panzersperren wiedersehen. Die Russen hatten sich mit ihren T-34-Panzern locker eine Schneise hindurchgebahnt.

Der Haberberg lag strategisch günstig. Von dort fiel das Gelände in südlicher Richtung zum Hauptbahnhof und zum Stadtteil Ponarth ab und nach Norden in Richtung Innenstadt. Von dort erwarteten unsere Soldaten den südlichen Angriffskeil der russischen Armee. Am Hang hatte der Volkssturm schräg ins Erdreich führende Gruben gegraben, in die unsere drei Panzer gefahren wurden und zwar so, dass gerade noch der Turm mit dem Geschütz herausragte. So waren aus den mobilen Panzern mangels Benzin gepanzerte Geschütze geworden. Nach ihrer Installation fuhren wir alle gemeinsam im Lastwagen nach Hause zurück.

Immer mehr Soldaten der Einheit in unserem Wohnblock wurden verlegt, um anderswo in der Stadt Verteidigungsnester aufzubauen. Die Waffenmeisterei aber blieb zu unserer großen Freude noch da. Jeden Tag hielten wir uns dort auf und durften Hilfsarbeiten übernehmen wie zum Beispiel Waffenteile putzen und ölen und die Waffen wieder zusammensetzen. Wir träumten davon, wenn es losging, an der Verteidigung der Stadt mitzuwirken, natürlich ohne die geringste Ahnung, was das bedeuten würde. Am interessantesten waren die Tage, an denen die MG 42 repariert wurden, sie mussten nämlich hinterher eingeschossen werden. Zu diesem Zweck luden wir die Maschinengewehre auf einen Handwagen, dazu ein oder zwei Kästen Munitionsgurte und zogen damit in die Nähe der Schindekopfbrücke. Dort lag ein kleiner Park mit einem dreieckigen Grundriss, in dem ich oft als kleiner Junge gespielt hatte, während meine Mutter gemütlich in der Sonne saß und strickte. Jetzt sah es da nicht mehr so idyllisch aus. Eine Panzerabwehrkanone war ins Erdreich eingelassen worden, außerdem hatte man mehrere Einmann-Schützenlöcher zur Verteidigung der Brücke gegraben. Am Rand eines solchen Lochs wurde jedes MG mit seinem kleinen Zweibein aufgebaut, und dann schoss einer der Soldaten eine oder zwei Salven hinein. Wir durften den Gurt in das nächste MG einlegen und durchladen und waren ungeheuer stolz. Hatte alles richtig funktioniert, wurden die MGs wieder auf den Handwagen geladen, zurückgefahren und im Lagerregal in die Abteilung »verwendungsfähig« gelegt.

Die Familie wird getrennt

Im Winter 1944, Weihnachten lag gerade hinter uns und wir hatten es mit der ganzen Familie gefeiert, so gut es mitten im Krieg möglich war, beschlossen meine Großeltern in Maraunenhof, Königsberg zu verlassen, und wir sollten mitkommen. Dass sie ihr schönes Haus aufgeben mussten, fiel ihnen schwer, doch sie fürchteten sich vor der Erstürmung der Stadt durch die Russen, und eine Fahrt ins Ungewisse war ihnen lieber als der sichere Tod bei einem Angriff. Mein Onkel Emil, Vaters Bruder, war Schirrmeister bei der Wehrmacht. Er hatte für die Flucht ein originelles Gespann zusammengestellt. Es bestand aus drei mit kurzen Schleppseilen verbundenen Autos, Marke DKW Reichsklasse, mit halb demontierten Motoren, damit möglichst viel Stauraum entstand, um Dieselöl mitzunehmen. Für jede Familie und ihr Gepäck war ein Wagen vorgesehen, einer für meine Großeltern, einer für Onkel Emils Frau und meine Cousine Brigitte, einer für Mutter und mich. Am Steuer saß jeweils ein Soldat. Der Clou bei diesem Lindwurm war ein Lanz-Bulldog-Trecker, der als Zugmaschine diente.

Offenbar hatte Onkel Emil eine Art Marschbefehl an Land gezogen. Wie das möglich war, ist mir bis heute ein Rätsel. Aber um zu überleben, musste man erfinderisch sein. Als Reiseproviant hatten sie Früchte aus dem Garten und eingemachte Hühner und Kaninchen dabei. Die Abreise begann. Abends fuhr das Gespann bei uns im dick verschneiten Preyler Weg vor, um Mutter und mich einzuladen. Doch Mutter lehnte das Angebot plötzlich ab. Sie hatte in ihrem hochschwangeren Zustand nicht mehr den Mut, sich auf eine so weite Fahrt über die zugefrorene Ostsee zu begeben. In diesem Gefährt und bei dieser Kälte hielt sie es für zu riskant. Außerdem wollte sie nicht ihre Mutter und Schwester zurücklassen. Sie hatte deshalb den Plan gefasst, mit ihrer Mutter, Christel und mir mit einem Rotkreuzzug nach Westen zu fahren, der ihr weniger unsicher erschien. So mussten wir uns von den lieben Großeltern, Onkel, Tante und Cousine trennen, die es sehr bedauerten, dass wir nicht mitkamen. Wir alle hofften, einander bald wiederzusehen. Doch unser aller Schicksal war ungewiss, das wussten wir auch. Deswegen nahmen wir sehr bewusst Abschied voneinander.

Einer der drei DKWs blieb also stehen, sein Fahrer fuhr auf dem Trecker weiter.

Königsberg war inzwischen von russischen Truppen umringt, der Sturm auf die Stadt nur noch eine Frage der Zeit. Gelegentlich brachen deutsche Truppen den Kessel auf, um den Menschen die Flucht Richtung Ostsee und der Halbinsel Hela zu ermöglichen. Auch unsere Verwandten nutzten eine solche Bresche, und tatsächlich gelangten sie nach Westen, im Unterschied zu vielen anderen, die durch Bombardements auf dem Eis umgekommen sind. Nach acht Wochen erreichten sie die Lüneburger Heide – wovon ich erst Jahre später erfahren sollte. Meine Großeltern ließen sich dort nieder, meine Tante und Brigitte gingen zu Verwandten nach Hamburg, und die vier Soldaten machten sich in Zivilkleidung aus dem Staub. Später, nach dem Krieg, zog Onkel Emil mit der Familie nach Backnang und arbeitete wieder als Drogist.

Auch Züge kamen noch hin und wieder durch die russischen Linien hindurch, manche allerdings sind den Russen direkt in die Arme gefahren und die Insassen haben ein schlimmes Schicksal erlitten.

Mutter und ich machten uns eines Tages auch auf den Weg zum Nordbahnhof. Ich hatte dabei ein komisches Gefühl. Es war gar nicht lange her, dass wir von dort aus in die Sommerferien an die Ostsee gefahren waren. Jetzt sah es da vollkommen anders aus. Es lag dicker Schnee, es war bitterkalt und eine Menge warm eingepackter Menschen, die hofften, mit dem Zug fliehen zu können, wartete in großen Trauben auf dem Bahnhofsvorplatz. Als wir ankamen, war unser Zug bereits fort. Es war eine der letzten Gelegenheiten gewesen, aus Königsberg herauszukommen.

Danach gab Mutter ihre Fluchtpläne auf, einmal wegen der Unzuverlässigkeit der Züge, zum anderen, weil sie sich eine weite Reise ins Ungewisse immer weniger zutraute.

Damit stand fest, dass wir den Sturm der Roten Armee auf Königsberg miterleben würden. Wir hatten das Schlimmste noch vor uns und hofften, dass wenigstens unsere Verwandten den Russen entkommen waren.

Die Gefahr wächst

Das Leben in der umzingelten Stadt wurde immer schwerer und gefährlicher. Strom floss nur noch zu ganz bestimmten Zeiten, und so gab es keinen Sirenenalarm mehr. Da die Luftwarnung nicht mehr funktionierte, existierte auch die Flugbeobachtung nicht mehr. Die Menschen waren in großer Gefahr, wenn sie nicht ständig achtsam waren. Die Russen flogen mit einmotorigen Flugzeugen, wegen ihres typischen Motorengeräuschs »Ratta« oder auch Nähmaschinen genannt, über das Stadtgebiet. Diese Rattas trugen nur eine einzelne, relativ kleine Bombe. Wenn man so ein Flugzeug näherkommen hörte, musste man sich schnell in der nächstbesten Ruine in Sicherheit bringen. Mit der Zeit lernte man das und tat es ganz automatisch. Wir Kinder waren dabei geschickter als mancher Erwachsene. Wenn man überleben wollte, musste man lernen, die Geräusche richtig zu deuten, um nichts falsch zu machen. Wir lernten es erstaunlich schnell. Es gab gefährliche und harmlose Geräusche. Gefährlich waren die heulenden und manchmal auch rauschenden Töne heranfliegender Artillerie- oder Stalinorgelgeschosse. Die kleinen Einzelbomben, welche die Rattas abwarfen, klangen ganz anders.

Die Russen flogen auch mit Maschinen, die sie von den Amerikanern bekommen hatten. Diese flogen höher und warfen mehr als nur eine Bombe ab. Wir spitzten ständig die Ohren. Schon ein Fluggeräusch ließ uns aufhorchen, wenn aber noch ein rauschendes Singen dazukam, wurde es höchste Zeit für den Sprung in die nächste Ruine. Mit der Zeit wurde man gelassener. Ich wusste bald, wie man das Ziel und die Entfernung einer Bombe ungefähr bestimmen konnte, und reagierte nicht mehr bei jedem Flugmotorlärm und singenden Rauschen.

Nur selten wurde ein Flugzeug über dem Stadtgebiet von der Flak abgeschossen. Das waren besonders aufregende Momente für uns Kinder, denn dann hatten wir neue interessante Untersuchungsobjekte. Stundenlang krochen wir in den Wracks herum, sahen uns alles genau an und bauten Fluginstrumente aus. Kein Mensch räumte die Wracks mehr beiseite, außer sie versperrten eine Straße. Bei einem Wrack demontierte ich eine eingenietete Herstellerplatte, damit meine Mutter mir endlich glaubte, dass die Russen auch mit amerikanischen Maschinen flogen. Sie las mir vor, was darauf stand. Ich war über solche Dinge wesentlich besser informiert als sie.

Überhaupt war meine Mutter schon durch die Schwangerschaft, dann aber auch durch die schwierige Lebenssituation, bei der jeder Tag ein kleiner Überlebenskampf war, stark in Mitleidenschaft gezogen. Sie brauchte mehr Unterstützung, als ich ihr geben konnte. So beschlossen wir, bis mein Geschwisterchen geboren wäre, zur Großmutter Bertha Will auf den Haberberg zu ziehen. Es fiel uns nicht leicht, unsere schöne moderne Wohnung zu verlassen. Leider musste ich auch meine Waffensammlung zurücklassen, und das behagte mir gar nicht. »Wir kommen doch bald wieder her, Bullerchen, und für mich und das Kleine ist es wirklich besser so«, sagt sie, und schon war ich getröstet.

Wir hatten auch bereits Pläne für die Rückkehr gemacht: Das Baby sollte in meinem Kinderbett schlafen und ich bei Mutter im Bett der Eltern, bis Vater zurückkam. Wir glaubten wirklich daran, dabei gab es täglich Angriffe und ein großer Teil der Stadt war bereits zerstört. Wir hofften es, obwohl die Front täglich näherrückte, man die Granateinschläge der russischen Artillerie deutlicher hörte als vorher und weitere Scharen von Flüchtlingen Richtung Westen unterwegs waren.

Grossmutters Puppen

Eine Weile bei Großmutter Bertha auf dem Haberberg zu wohnen hatte für mich allerdings auch schöne Seiten. Ich wusste schließlich, dass es dort genug zu sehen und zu spielen gab, ich war ja selbst dabei gewesen, als die Panzer dorthin verlegt wurden.

Unsere neue Bleibe lag in der kleinen abschüssigen Haberberger Neuen Gasse, die zum Unterhaberberg und in Richtung Stadtzentrum führte. Dort lernte ich wieder eine andere Umgebung kennen. Großmutter war auch kriegsdienstverpflichtet und nähte täglich Dutzende von Pulversäcken aus Fallschirmseide. Da es keinen Munitionsnachschub mehr aus dem Reich gab, versuchte man in Königsberg selbst so viele Granaten wie möglich für die Abwehr des russischen Sturms zu produzieren. Um Schießpulver zu gewinnen, wurden im Hafengebiet lagernde Seeminen und Torpedos ausgeschlachtet. Großmutter sah zwar durchaus ein, dass sie etwas für die Verteidigung unserer Stadt tun musste. Das hinderte sie jedoch nicht daran, sich noch einen kleinen Nebenverdienst in Form von zusätzlichen Lebensmittelmarken zu sichern. Sie hatte eine kleine Manufaktur aufgemacht und stellte aus Resten der Fallschirmseide Puppen her. Tante Christel konnte ihren Friseurberuf nicht mehr ausüben und arbeitete ebenfalls kriegsverpflichtet im Verwaltungsbüro eines zur Kaserne gewordenen rot-gelben preußischen Ziegelbaus, in dem deutsche Polizeieinheiten und Hilfstruppen aus dem Balkan stationiert waren. Abends allerdings war sie oft privat mit Kamm und Brennschere unterwegs, um Kundinnen die Haare zu frisieren.

Wenn ich im Haus war, sah ich meistens auf einem Stuhl knieend aus dem Fenster. Dort bot sich mir eine interessante Aussicht. Der Hof des Polizeigebäudes, in dem meine Tante arbeitete, war nämlich zum Materiallager für Kriegsgerät geworden. Da gab es Artilleriegeschütze der unterschiedlichsten Kaliber, Mannschaftswagen und Zugmaschinen, Kübelwagen und Motorräder mit Beiwagen und Schützenpanzerwagen. Auch eine 8,8-Flak zur Fliegerabwehr war aufgestellt worden. Meine Kenntnisse in Kriegsführung nahmen täglich weiter zu.

Ich half Großmutter auch bei ihrer Puppenproduktion. Jeden Sonntag nach dem Mittagessen – sie hatte ihr Pulversackpensum in der Munitionsfabrik bereits erfüllt –, stellte sie einen Wäschekorb mitten ins Zimmer. Darin waren alte Damenstrümpfe, die Reste der Fallschirmseide aus der Fabrik und eine große Tüte Sägemehl. Sie nähte drei verschiedene Schlauchtypen und ein kreisrundes Säckchen zusammen. So entstanden Arme, Beine, Körper und Kopf.

Jetzt kam mein Einsatz: Ich stopfte mit einem hölzernen Kochlöffelstiel die Schläuche mit Sägemehl voll, bis sie prall waren, und reichte sie Mutter. Sie wiederum nähte die Würste am anderen Ende zu. Bei Armen und Beinen machte sie jeweils einen Abnäher, so entstanden Hände und Füße. Schließlich wurden die Teile zusammengefügt, und dann kam Tante Christels Aufgabe: Sie malte den Figuren mit Tusche Augen, Mund und Ohren, Finger- und Zehennägel auf. Am Ende bekamen die Puppen Haare, die Großmutter aus den alten, in Streifen geschnittenen und zu Zöpfen geflochtenen Strümpfen hergestellt hatte.

Bis kurz vor Kriegsende konnte Großmutter die Puppen gut verkaufen. Es wurde ja kein Spielzeug mehr in Königsberg produziert, und viele Mädchen waren über eine solche

Puppe überglücklich. Schöner hätten in dieser Notlage nicht einmal Käthe-Kruse-Puppen sein können.

Während wir im Wohnzimmer arbeiteten, unterhielten wir uns oft. Dabei kamen wir natürlich auf die Kriegslage zu sprechen. Wenn die Frauen Zweifel äußerten, ob Königsberg wirklich gehalten werden könne, beruhigte ich sie und erzählte von den vielen Verteidigungsmaßnahmen, die ich fachmännisch zu schildern wusste. Ich glaube, das tat sogar seine Wirkung. Die letzte Hoffnung will eben niemand aufgeben. Und ich war sowieso fest davon überzeugt.

Als der Geburtstermin näherrückte, beschlossen die Frauen, Mutter schon vor dem Einsetzen der Wehen ins Krankenhaus zu bringen. Wer konnte wissen, was für Angriffe noch kamen und ob sie dann in der Lage wäre, den Weg zu gehen. Die Klinik lag am Rand der Innenstadt am nördlichen Schlossteich nahe beim Dohna-Turm und war von bisherigen Angriffen verschont geblieben. Man konnte davon ausgehen, dass Mutter und das Baby dort einigermaßen in Sicherheit wären.

Der Abschied von ihr fiel mir schwer. Wir beide waren, seit Vater im Krieg war, eine eingeschworene Gemeinschaft und hatten in den letzten Wochen so manche Schwierigkeit gemeinsam bewältigt. Obwohl ich bei Großmutter gut aufgehoben war, verspürte ich so etwas wie Heimweh: Ich war nicht in der vertrauten Wohnung, mein Vater war weg, die Mutter nicht da. Manchmal war ich schon sehr traurig und musste mich immer wieder aufmuntern: Bald kommt Vater zurück, bald wird Mutter das Brüderchen oder Schwesterchen haben, und dann ist sie wieder da. Ich erwartete sehnsüchtig ihre Rückkehr.

Von nun an war ich den halben Tag lang mir selbst überlassen, denn Großmutter arbeitete bis zum Mittag in der Fabrik und Tante Christel kam erst abends nach Hause. Die beste Ablenkung von meiner Lage fand ich wiederum bei den Soldaten. Der Haberberg war inzwischen mit den unterschiedlichsten Wehrmachteinheiten belegt. Ich verbrachte meine ganze Zeit bei ihnen, bis zum endgültigen Sturm der Russen auf Königsberg. Ich hatte eine Riesenauswahl, und es fiel mir oft schwer, mich zu entscheiden, wohin ich am jeweiligen Tag gehen sollte. Sicher war, dass sich die Soldaten freuten, wenn ich kam, und ich entschied mich schließlich für das, was mir am interessantesten erschien.

Auf dem Kamm des Haberbergs lag eine Einheit der SS-Panzerdivision Groß-Deutschland. Sie war in einer Art Schule und einem Feuerwehrkomplex untergebracht. Die Straßen drumherum standen voller Fahrzeuge. In der Turnhalle waren Feldbetten aufgestellt, in der Mitte ein paar Tische zum Essen. Auf dem Fußboden lagen Waffen. Zusammen mit ein paar andern Jungen aus der Nachbarschaft half ich, die Waffen zu putzen.

Drei Querstraßen von Großmutters Haus entfernt lag ein kleiner Platz, vollgestellt mit LKWs. Auf einem hohen Stativ stand ein MG 42, dessen Lauf gen Himmel zeigte. Die dazugehörige Mannschaft hielt sich in einem Lastwagen auf, einer der Soldaten stand ständig neben dem MG, beobachtete den Himmel und horchte in die Luft. Ich ließ mir von ihm erklären, was er genau machte und worauf er achten musste, wenn ein Flieger auftauchte. Bald erlebte ich das Geschehen selbst.

Wenn die russischen Rattas im Tiefflug nach Königsberg kamen, mussten sich die einzelnen Truppenteile selbst verteidigen, denn es gab ja keine organisierte Luftabwehr mehr. Wenn also eine Ratta einflog, gab der Wachtposten Alarm und die beiden anderen Soldaten stürzten zum MG. Dies schoss dann gleich los. Ich hockte währenddessen unter einem der LKWs und sah zu, wie die Leuchtspurgeschosse in Richtung Flugzeug flogen. Zu meinem Bedauern durfte ich nicht gleich neben dem MG stehen, das hatten mir die Soldaten strengstens verboten, und ich wollte es mir mit ihnen nicht verderben.

Einmal sah ich, wie sie eine russische Maschine trafen. Die leuchtende Garbe des MG landete mitten im Flugzeug. Dem Piloten gelang mit seiner Maschine die Flucht, zu meinem größten Bedauern. Wie schön wäre es gewesen, sagen zu können: »Den hat's erwischt!« In meinem kindlichen Gemüt hatten sich martialische Gefühle breitgemacht. Ich wünschte mir, dass der Feind zu Schaden kam. Wenn Krieg herrscht und man bedroht ist, stellt man sich ganz darauf ein, den Feind zu vernichten oder vernichtet zu sehen – in dieser Logik waren wir gefangen.

Zwischen dieser Art Schauplätzen und dem Krankenhaus, in dem ich fast täglich mit Großmutter meine Mutter besuchen ging, lagen Welten. Ich war entsprechend zwiegespalten: einmal der patriotische, kämpferische Junge, der den Feind besiegen will, zum anderen ein Kind, das sich nach Normalität und Geborgenheit sehnt und so gern mal wieder etwas Gutes zu essen bekäme.

Im Krankenhaus herrschten schlimme Zustände. Der Betrieb fand hauptsächlich in den Kellerräumen statt. Die Flure waren dicht mit Betten vollgestellt, in denen zumeist Verwundete lagen, die am äußeren Verteidigungsring gekämpft hatten. Zivilisten waren deutlich in der Minderzahl, es gab nicht mehr sehr viele in der Stadt. Mühsam bahnten sich die Krankenschwestern ihren Weg durch die enggestellten Betten. Mutter lag mit Wöchnerinnen und Schwangeren in einem separaten Raum, der von einer einzigen Glühbirne matt erleuchtet wurde. Sie strahlte immer vor Freude, wenn wir zu ihr kamen. Dann wusste sie, dass wir noch lebten und dass es uns gut ging. Meine Begeisterung hielt sich in Grenzen. Ich konnte die Luft da unten kaum atmen. Und überall hörte man stöhnende Frauen und schreiende Babys.

Mutter lag auf einer Art Trage auf Rollen. Wir standen daneben, Mutter hielt meine Hand und Großmutter streichelte ihr den Kopf. Sie sagte kein Wort und weinte leise vor sich hin. Das war für mich nahezu unerträglich. Deshalb sehnte ich den Moment herbei, an dem wir endlich dort wegkonnten. Zwar freute ich mich jedes Mal, Mutter wiederzusehen, aber ich hoffte doch, dass sie bald das Baby bekommen würde und ich nie mehr in diese Hölle müsste. Draußen auf den Fluren bewegten sich zwischen den Krankenschwestern Feldjäger hin und her, sogenannte »Kettenhunde«, die nach halbwegs kampffähigen Soldaten suchten und fast jeden verdächtigten, sich im Krankenhaus zu verstecken und vor dem Einsatz zu drücken. Es waren harte Männer, und ihre Gegenwart trug nicht dazu bei, die Atmosphäre angenehmer zu machen.

Trotzdem kam ich immer wieder, manchmal auch ohne Großmutter, wenn sie länger in der Fabrik aufgehalten wurde. Dann ging ich den Weg, der etwa eine Stunde dauerte, allein durch tiefen Schnee und bittere Kälte. Ich überquerte die beiden Pregelbrücken, den Kaiser-Wilhelm-Platz, ging um den Schlossberg herum am Schlossteich entlang. In der Stadt sah ich immer noch Flüchtlingstrecks. Sie hatten es nicht geschafft, den Ring um Königsberg zu durchbrechen und mussten nun dableiben. Sie zogen ziellos durch die Straßen, niemand kümmerte sich um ihr Elend.

Ich konnte mit eigenen Augen sehen, wie dramatisch sich die Lage Königsbergs zuspitzte. Dabei bekam ich schreckliche Dinge mit. Eines Tages nach dem traurigen Krankenhausbesuch bei Mutter ging ich hinter einer Reihe Pferdewagen mit Flüchtlingen die Vorstädtische Langgasse entlang, eine der Hauptadern der Stadt. Da sah ich, wie ein russischer Tiefflieger genau über diese Straße flog und den vor mir ziehenden Treck mit der Bordkanone unter Beschuss nahm. Furchtbares Geschrei ertönte. Ich rettete mich mit einem Sprung hinter die Brandmauer einer Ruine. Die Geschosssalven schlugen Sekunden später wie Perlen einer Kette genau vor mir in der Straßenmitte ein. Ein trockenes, platschendes Geräusch. Als ich wieder ins Freie kam, blieb mir nichts anderes übrig, als an dem Treck vorbeizugehen. Da lagen angeschossene oder tote Pferde in den Sielen, andere hatten sich losgerissen und galoppierten in wilder Panik durch die Straßen. Menschen versuchten, sich um die Verletzten zu kümmern. Sie schleppten sie von der Straße weg, denn der Tiefflieger hatte nur gewendet und kam schon zurück. Das wiederholte er mehrere Male.

Ich eilte nach Hause so schnell ich konnte, dabei richtete ich immer wieder den Blick zum Himmel, um mich beim nächsten Angriff schnell in Sicherheit zu bringen. Ich weiß nicht warum, aber ich behielt dieses Erlebnis für mich. Weder Großmutter noch Tante Christel erzählte ich davon und Mutter sowieso nicht. Der Grund ist wohl, dass ich sie nicht noch mehr beängstigen wollte. Vielleicht aber wollte ich es auch einfach nur schnell vergessen.

Wenige Tage später, als ich am frühen Nachmittag eines eiskalten, wolkenlosen, strahlend blauen Sonnentags mit Großmutter ins Krankenhaus gehen wollte, hörten wir in der Luft ein heulendes Rauschen, dessen Ton beim Näherkommen immer höher wurde. Ich wusste, was das war: eine herunterstürzende Bombe. Wir hatten gerade das Vorderhaus verlassen und waren die Haberberger Neue Gasse etwa zweihundert Meter Richtung Stadt gegangen. Ich zerrte Großmutter eiligst in das nächstbeste Haus, als auch schon mit berstendem Knall die Detonation erfolgte. Als es wieder ruhig geworden und kein weiteres verdächtiges Geräusch zu hören war, schlug ich vor, wieder auf die Straße zu gehen, um zu sehen, was geschehen war. Ich erinnere mich bis heute genau, wie ich in aller Ruhe zu Großmutter sagte: »Der große Staubpilz da oben steht genau über unserem Haus!« Wir hatten es nur wenige Minuten vorher verlassen und konnten von Glück sagen, dass uns die Bombe nicht erwischt hatte. Es war eine Sprengbombe, die das Dach und die Wohnung über der unseren regelrecht abgeräumt hatte. Der Innenhof lag voll Schutt, alle Frauen schrien wild durcheinander, voller Sorge, dass jemand verletzt oder getötet worden sein könnte. Als sie uns sahen, begrüßten sie uns freudig. Sie hatten schon befürchtet, dass uns etwas passiert sei. Unsere Nachbarn von oben, deren Wohnung nicht mehr existierte, waren glücklicherweise bereits vor Wochen geflohen. Großmutters Wohnzimmer hatte keine Decke mehr, es war im Raum plötzlich ungewohnt hell. Durch die Fenster war nämlich in den letzten Wochen nur noch spärlich Licht gedrungen, da die bei früheren Angriffen zersplitterten Fensterscheiben durch steife Gewebefolien ersetzt worden waren. In den Wänden der Wohnung waren tiefe Risse. Sehr lange würden wir dort nicht mehr hausen können. So beschlossen wir, uns eine neue Wohnung zu suchen.

Dies war unter den aktuellen Umständen kein großes Problem. Es gab mehr leer stehende Wohnungen als bewohnte, obwohl viele Häuser bereits zerstört waren. So viele Menschen hatten Königsberg verlassen, dass die Auswahl groß war. Wer seine Wohnung verließ, war angehalten, den Wohnungsschlüssel beim Block- oder Hauswart abzugeben. Dies war notwendig, um nach Bombenangriffen Brandherde schnell zu erkennen und zu löschen. Da es immer weniger Hauswarte gab, bekam meistens ein im Haus wohnender alter Mann die Schlüssel. Manche Leute vergaßen es oder weigerten sich, den Schlüssel abzugeben. Bei ihnen wurde die Tür vorsorglich gewaltsam geöffnet. Kam jemand auf die Idee, eine Wohnung zu plündern, musste er mit einer hohen Strafe rechnen. Normalerweise wurden Plünderer an der Laterne aufgehängt, um den Hals ein Schild mit der Aufschrift »Ich bin ein Plünderer«.

Dass alle leeren Wohnungen offen standen, kam uns zugute. Großmutter und ich zögerten nicht lange. Wir entschieden uns nach reiflicher Überlegung für eine Parterre-

Wohnung im Haus gegenüber. Im Erdgeschoss konnte keine Sprengbombe direkt einschlagen. Der Luftschutzkeller war in der Nähe, und sollte das Haus brennen, hatte man genügend Zeit zu entkommen. Wenn Mutter mit Kriemhild oder Siegbert zurückkam, musste sie keine Treppen steigen.

Der Umzug nahm nicht viel Zeit in Anspruch. In der neuen Wohnung gab es alles, was man brauchte. Bei uns war das meiste vernichtet, also gab es nicht viel zu transportieren. Ich war begeistert, dass wir einen Flügel in der neuen Wohnung stehen hatten und betrachtete ihn voller Respekt. Seit Weihnachten 1944 hatte ich bei einer alten Dame auf dem Oberhaberberg Klavierunterricht bekommen. Mutter wollte, dass ich wenigstens das lernen würde, wenn es schon keine Schule mehr gab. Ich ging jeden Sonntag zu der Klavierlehrerin, wenn wir bei Großmutter zu Besuch waren, und tat es nicht ungern, allerdings hatte ich manchmal die Sorge, bei meinen Soldaten zu viel zu verpassen. Als es anfing, mir richtig Spaß zu machen, verschwand die Klavierlehrerin plötzlich. Sie war offensichtlich nach Westen geflohen, heimlich, weil die Parteileitung Flüchtlinge als »Defätisten, Kriegsverräter und Verbrecher am Deutschen Volk« bezeichnete und ihnen Strafen angedroht hatte, wenn sie die »Festung Königsberg« verließen.

Dass wir umgezogen waren, weil eine Bombe Großmutters Haus getroffen hatte, erzählten wir Mutter nicht. Wir erklärten ihr nur, dass wir in der neuen Wohnung seien, weil das Leben im Parterre für uns alle viel einfacher sei.

Militär in der Kirche

Auch wenn ich mich um meine Restfamilie kümmern musste, fand ich zwischendurch doch immer wieder Zeit, mich meiner Technikbegeisterung hinzugeben. Der Oberhaberberg wurde zu einem strategischen Zentrum ausgebaut.

Oben auf der Anhöhe stand eine Kirche. Von dort hatte man einen weiten Blick nach Süden auf die näherkommenden russischen Truppen. Auf dem Kirchhof hatte deshalb eine Batterie Fünfzehn-Zentimeter-Artillerie Stellung bezogen. Die Geschütze standen unter den Bäumen und waren zusätzlich mit Tarnnetzen überzogen. Die Munition lag sinnigerweise in der Kirche.

Für die anderen Kinder und mich war der Artilleriebeobachter im Glockenstuhl nebst seiner Ausrüstung das Interessanteste an diesem Wehrmachtstützpunkt. Oben im Turm standen ein Scherenfernrohr sowie ein Feldtelefon. Wir durften nach oben klettern und durch das Fernrohr schauen. Ich war gespannt, wie die Russen aussahen. Genau erkennen konnte man sie von da oben noch nicht, dafür aber die aufblitzenden Abschüsse ihrer Artillerie und ihrer Stalinorgeln, wie die sowjetischen Mehrfachraketenwerfer von den Deutschen auch genannt wurden.

In den vorausgegangenen Wochen und Monaten hatte ich immer das Geschützgrollen gehört, erst nur in der Nacht, dann auch tagsüber. Es klang wie aus weiter Ferne, und so war ich deshalb nie wirklich beunruhigt. Aus dem allgemeinen Grollen heraus waren zwar immer mehr Einzelgeräusche zu hören, aber auch da hatte ich gedacht, das Kampfgeschehen spiele sich irgendwo weit weg ab. Ich begriff nun, wie nah die Russen schon an unsere Stadt herangekommen waren, und das erschreckte mich sehr. Ich ließ mir jedoch nichts anmerken, damit mich die Soldaten nicht für einen Feigling hielten. Was nützte es schon, Angst zu haben? Ich sagte mir, dass wir sehr wachsam sein und alles tun müssten, um die Russen aufzuhalten.

Am Südhang des Haberbergs gingen wir jeden Tag rodeln, seit der erste Schnee gefallen war. Das Schlittenfahren ließen wir Kinder uns nicht nehmen. Der Rodelhang lag etwa fünfhundert Meter von der Kirche entfernt. Eines Nachmittags entdeckten wir, dass ganz in der Nähe vier unter Tarnnetzen verdeckte Geschütze aufgestellt worden waren. Dies musste in der Nacht geschehen sein, denn tagsüber hätten wir es beim Rodeln gewiss bemerkt. Das Ganze sah aus wie eine Laube, unter der man aufrecht gehen konnte. Nur der vordere Teil der Geschützrohre schaute vorne heraus. Das Feuer dieser Batterie sollte ebenfalls vom Kirchturmbeobachter geleitet werden. Dies war aber über eine Entfernung von einem halben Kilometer schwierig, und eine Feldtelefonleitung konnte nicht installiert werden, weil zwischen Kirchturm und Rodelhang mehrere Straßen und Ruinen lagen. An dieser Stelle kamen wir Jungen zum Einsatz.

»Jungs, ihr könnt den Melder machen, da würdet ihr uns wirklich helfen«, sagte der Batterieführer auf dem Kirchhof zu uns. Der Mannschaft fehlten zwei Drittel ihrer Leute.

Man hätte uns keinen größeren Gefallen tun können. Der Soldat gab uns einen Zettel, auf dem er die Zielkoordinaten für die Batterie vermerkt hatte. Mehrere Male liefen wir hin und her. Der Soldat bat uns danach, jeden Vormittag wiederzukommen und zu helfen. Die Geschütze schossen momentan nur einmal am Tag, da Munition gespart werden musste. Sinn ihrer Aktion war es, die Russen bei ihren Angriffsvorbereitungen zu stören. Erst wenn der russische Sturmangriff erfolgte, wollte man die gesamte Munition verschießen.

In den darauffolgenden Tagen war unsere Mitarbeit noch mehr gefragt. Die Munition war in mehreren winzigen Verteidigungsbunkern untergebracht, die aus Sicherheitsgründen in einiger Entfernung lagen. Wir brachten mit unseren Schlitten die Granaten zu den Geschützen. Jetzt hatten wir so richtig das Gefühl, am Kampf gegen die Russen aktiv mitzuwirken. Und wir waren unendlich stolz.

Meine Großmutter machte abends, als ich ihr begeistert von meinen Aktivitäten berichtete, keinen Hehl daraus, dass sie solche Maßnahmen für sinnlos und meine Beteiligung daran für fragwürdig hielt. »Bullerchen, hoffentlich passiert dir dabei nichts.« Ich beruhigte sie und sagte ihr, dass ich schon aufpassen würde. Sie hatte mit ihren Bedenken bestimmt nicht Unrecht, aber im Grunde war die ganze Stadt doch sowieso das Ziel der Russen.

In den nächsten Tagen wurden in ganz Königsberg emsig weitere Vorbereitungen getroffen. Es war wie in einem Bienenschwarm. Ständig bewegten sich kleine Einheiten von einem Ort zum andern, unterwegs zu den jeweiligen Verteidigungspositionen. Es befanden sich nur wenige tausend Soldaten in der Festungsstadt. Sie wurden deshalb in winzige Kampfgruppen aufgeteilt. Alte Männer, die zum Volkssturm gehörten, gruben an Schützenlöchern und Deckungen. An Kreuzungen, Brücken und gutüberschaubaren Punkten wurden kleine primitive Bunker aus Bahnschwellen, angebrannten Holzbalken und herausgerissenen Bordsteinen gebaut.

In den kleinen Bunkern installierte man Panzerabwehrkanonen, von denen es aber nur wenige gab, oder MGs. In den meisten Minibunkern sollten Einzelkämpfer des Volkssturms und der Hitlerjugend, die mit der Panzerfaust kämpften, stehen. Die Bunker hatten nur halbe Mannshöhe, damit die Panzerfäuste eingesetzt werden konnten. Es war ein Himmelfahrtskommando, aber offenbar zweifelte niemand an der Richtigkeit dieser Maßnahmen.

Überall in der Stadt wurde der Ernstfall geprobt. An dem Abhang, in dem die drei Panzer eingegraben worden waren, die wir von unserer früheren Wohnung aus begleitet hatten, übten die Jungen von der HJ. Wir standen in einigem Abstand dabei und beneideten sie glühend. Sie waren doch nur wenige Jahre älter als wir und durften lernen, mit der Panzerfaust zu schießen, wir aber hatten das Nachsehen. Uns war nicht klar, dass viele von ihnen in dem bevorstehenden Kampf fallen würden und dass ihr Einsatz angesichts der Aussichtslosigkeit des Unterfangens, Königsberg zu verteidigen, ein einziger Wahnsinn war.

Tatsächlich ist es nicht einfach, eine Panzerfaust abzuschießen, da der Rückstoß weit nach hinten reicht. In der ersten Zeit gab es viele Unfälle beim Üben. Weit flogen die Gefechtsköpfe nicht, deshalb musste sich der Schütze immer nah an das Ziel heranwagen. Dafür waren Panzerfäuste allerdings ziemlich treffsicher.

Neben vielen anderen Spottversen, die in dieser Zeit aufkamen, gab es auch den: »Panzerfaust und Panzerschreck, Volkssturmmann, wirf weg den Dreck!« Uns beeinträchtigten solche Reime in unserer Begeisterung keineswegs. Wir hatten bei den Soldaten eine Panzerfaust gefunden, mit Gefechtskopf, aber ohne Treibsatz. Wir legten sie bei uns in den Hof ganz dicht an die Hausmauer, damit uns von oben niemand sehen konnte. Wir zerlegten sie und bauten sie mit Begeisterung wieder zusammen. Viele Male hintereinander. Auch wir wollten kampfbereit sein, wenn wir am Ende doch gebraucht würden. Man konnte nie wissen.

Schließlich versteckte ich die Panzerfaust im Keller. Meine Waffensammlung in der Kredenz der alten Wohnung hatte ich ja zu meinem Bedauern nicht mitnehmen können. Jetzt besaß ich wieder ein kostbares Sammelobjekt. Und meine Kenntnisse im Umgang mit Waffen und Munition aller Art hatten ihren letzten Schliff erhalten. Im Grunde war dieses tägliche Waffenputzen und -zerlegen so etwas wie eine Mechaniker- und Elektrikerlehre. Meine Spielkameraden und ich lernten mit unseren acht Jahren sehr schnell. Was nach dem Krieg vielen Kindern und auch Erwachsenen widerfuhr, als sie, oft in bester Absicht, unsachgemäß mit gefundenen Granaten und Geschossen aller Art umgingen, konnte uns nicht passieren.

Gefährliche Spiele

Es war Ende März und immer noch bitterkalt. Es konnte nur noch wenige Wochen dauern, bis die Russen genügend Armeen, Waffen und Munition zum Angriff auf Königsberg in Stellung gebracht hatten. Zur Verteidigung der Stadt wurde von der Wehrmacht der Plan gefasst, die Brücken über den Pregel zu sprengen. So sollte der russische Vormarsch gestoppt werden. An diesem Unternehmen waren wir aktiv beteiligt. Eines Morgens kam ein Lastwagen in unsere Straße und der Fahrer fragte hastig, ob es irgendwo einen trockenen Kellerraum gäbe. Inzwischen kannte ich jedes Haus genau und zeigte ihm einen geeigneten Keller. Dann bat er uns Kinder, ihm beim Ausladen zu helfen. Zunächst konnten wir uns nicht erklären, warum der Soldat so nervös war. Dies begriffen wir erst, nachdem wir die gesamte Lastwagenladung von würfelförmigen, schön und sauber gearbeiteten Holzkästchen mit Deckel, Scharnier und Verschlussriegel in den Keller gebracht hatten. In jedem von ihnen lagen vier quadratische Päckchen, die aussahen wie in Ölpapier eingepackte Seife. Es war Dynamit.

Ein zweiter Lastwagen traf ein, der große Drahttrommeln brachte, die wie Telefon-Kabeltrommeln aussahen. Auch Zündkästen waren dabei. Auch diese wurden in den Keller getragen, und hinterher blieben ein paar Soldaten bei dem Material zurück. Wir fragten die Männer so lange aus, bis sie uns erklärten, dass das Dynamit für die Sprengung der Brücken vorgesehen sei. Dass wir darauf mit zum Fluss fahren durften, war schon deshalb klar, weil wir unsere Hilfe beim Ausräumen des Kellers angeboten hatten.

In welcher Gefahr wir allein beim Ausladen des Dynamits gewesen waren, mag ich mir heute gar nicht vorstellen. Was wäre passiert, wenn ein russischer Flieger, von denen es inzwischen immer mehr gab, den Lastwagen mit der Dynamitladung erkannt und beschossen hätte? Im Grunde handelten die Soldaten uns Kindern gegenüber vollkommen unverantwortlich. Aber wer weiß, was sie im Krieg bisher schon erlebt hatten, man kann sich leicht vorstellen, dass sie dabei allmählich abgestumpft waren.

Schon am nächsten Tag kamen ein VW-Kübelwagen und ein Opel Blitz mit Benzinantrieb, was angesichts der Holzvergaser, die wir meistens zu Gesicht bekamen, eine echte Seltenheit war. Sechs Pioniere waren mitgekommen. Mit ihnen und einem Teil des Sprengstoffs machten wir uns auf den Weg zum Pregel. Was für ein Hochgefühl, mit echten Soldaten in einem Benzinlastwagen und so explosiver Fracht unterwegs zu sein!

Das Dynamit reichte für die ersten beiden Brücken. Wir stiegen aus und sahen den Pionieren interessiert bei der Arbeit zu. Sie kletterten in den Brückenpfeilern herum und banden ganze Packungen der Dynamitriegel ringsherum daran fest. Wir sollten die Riegel aus den Holzkästen holen und anreichen. Die meisten der schönen Kästchen warfen wir in den Fluss. Die Zündleitungen sollten erst später gelegt werden, wie wir erfuhren. Wir kehrten im Lastwagen wieder zu dem Keller zurück, zwei der Soldaten blieben bei den Brücken, um das Dynamit zu bewachen.

Als ich nach Hause kam und für Großmutter ein paar der Holzkästchen mitbrachte – »da drin kannst du deine Nähsachen aufbewahren«, sagte ich freudig –, war sie entsetzt. Ihr kleiner Enkel hatte doch tatsächlich den ganzen Tag in nächster Nähe von Dynamit verbracht!

»Bullerchen, dazu bist du aber wirklich viel zu jung, du bist doch erst acht!«

Sie hatte wieder Recht mit ihren Bedenken, aber eines stimmte nicht: Ich war, geprägt von den Erlebnissen der vergangenen Monate, ganz gewiss kein gewöhnlicher Achtjähriger mehr. »Versprich mir, dass du morgen da nicht mehr mit hinfährst«, sagte sie. Ich versprach es. Beim Aufladen half ich aber doch noch mit. Später habe ich erfahren, wie es weiterging. Fünf Tage brauchten die Pioniere, um den Sprengstoff zu verteilen. Alle Pregelbrücken waren nun sprengbereit. Monate später konnte ich mich davon überzeugen, dass die Pioniere gute Arbeit geleistet hatten. Wenn ich in der Stadt unterwegs war, meistens auf der Suche nach Nahrung, und den Pregel überqueren wollte, kletterte ich über die hinuntergestürzten Brückenreste, in heimlicher, für mich aber selbstverständlicher Freude darüber, dass wir den Russen, dem Feind, eins ausgewischt hatten.

Ein Kind wird geboren

Inmitten all diesen Trubels, der fliegenden Bomben, der hektischen Abwehrmaßnahmen, der immer knapperen Lebensmittel und des immer näherkommenden Sturmangriffs der Russen brachte meine Mutter im Keller des Krankenhauses meinen Bruder Siegbert zur Welt. Er war ein gesunder kleiner Junge, winzig, aber sehr niedlich. Und wie schön wäre es gewesen, wenn man Zeit und Ruhe gehabt hätte, sich dem Neugeborenen zu widmen ohne die ständige Sorge ums Überleben. Tante Christel organisierte bei ihrer Dienststelle ein Auto mit Fahrer, und so holte Großmutter ihre Tochter Erika und das neue Enkelkind ab. Zwar war ein Militärauto nicht gerade das ideale Transportmittel für Mütter und Neugeborene, aber alle waren froh, dass sie den einstündigen Weg durch die Kälte nicht zu Fuß machen musste. Ich freute mich sehr, dass Mutter wieder da war, aber viel Zeit hatte sie leider nicht für mich. Sie war sehr angestrengt von der Geburt, man kann fast sagen, sie war etwas durcheinander, denn sie merkte anfangs nicht einmal, dass wir in einer anderen Wohnung waren. Vielleicht war es gut so, denn sonst hätten wir ihr am Ende doch die Geschichte von der Sprengbombe erzählen müssen. Vielleicht war sie auch einfach zu müde, um sich zu orientieren. Und außerdem war sie ganz damit beschäftigt, Siegbert zu versorgen, und das war extrem schwierig. Es gab kaum etwas zu essen. Wie sollte sich da Muttermilch entwickeln? Um die beiden einigermaßen sattzubekommen, versuchten wir, die Sonder-Lebensmarken für stillende Mütter einzutauschen, ein illusorisches Unterfangen. Die Marken konnten nirgendwo mehr eingelöst werden. Ich machte mich also auf den Weg, ging zu meinen Soldaten und erzählte ihnen, dass ich ein Brüderchen bekommen hätte. Sie gaben mir daraufhin einen ganzen Karton Dosenmilch. Sie hätten sie extra für mich »besorgt«, erklärten sie mir. Ich kam stolz damit nach Hause, und meine Mutter freute sich sehr. Längst waren Soldaten und Zivilbevölkerung eine Art Schicksalsgemeinschaft geworden. Sonst kümmerte sich ja auch niemand mehr um die Menschen in der Stadt. Die Männer von der Gau- und Kreisleitung hatten sich längst nach Westen davongemacht.

Ein anderes Problem neben der knappen Nahrung war die Kälte. Der alte Mann, der bei uns als Hauswart fungierte, heizte sehr sparsam. Niemand wusste, woher er Brennmaterial nehmen sollte, und der Kokshaufen im Keller schrumpfte bedrohlich zusammen. Zum Glück hatten wir noch Wasser, manchmal war es sogar lauwarm. In anderen Stadtteilen war das Wasser ganz abgesperrt, weil wichtige Rohre bei Bombenangriffen getroffen worden waren. Verglichen damit ging es uns noch gut. Nur für Siegbert war es bei weitem nicht warm genug. Er lag unter mehreren Decken und fror immer sehr, wenn er gewickelt wurde. Ihn beim Füttern warm zu halten war nicht einfach, auch wurde er nie richtig satt und schrie sehr viel. Er bekam mit Wasser verdünnte Dosenmilch. Ich fand den Gedanken, dass mein kleiner Bruder nicht genug zu essen bekam, schrecklich, und manchmal fragte ich mich, wie er überleben sollte, wenn es so weiterging.

Nachts hatten wir es warm, denn da mussten wir nun immer in den Luftschutzkeller, und dort hatte unser »Hauswart« einen gutwärmenden Kanonenofen aufgestellt. Zwar war so etwas streng verboten, aber von der Straße aus konnte man es nicht sehen. Das Ofenrohr ging nämlich auf den Innenhof hinaus und wurde durch die vor den Kellerfenstern als Splitterschutz liegenden Betonriegel geführt. Ich musste ab und zu nach draußen gehen, um neugefallenen Schnee vor dem Rohr wegzufegen. Viel schlafen konnten wir in diesem Keller nicht, meistens hatten wir zu große Angst vor einem Angriff. Wir horchten nach Detonationen, und nur wenn sie weit genug entfernt waren, fanden wir ein wenig Schlaf. Ab und zu benutzten Soldaten unseren Keller als Wärmestube, das erschien uns ganz normal.

Noch heute habe ich das Gefühl, dass diese Zeit, so schwer sie auch war, der schönste und aufregendste Teil meiner Kindheit war. Den ganzen Tag war ich trotz eisiger Kälte mit dem Schlitten unterwegs, immer geschahen neue spannende Dinge. Ich hatte auch nicht die Spur von Angst. Dass die Stadt von den Russen eingekesselt war, wusste ich mehr als genau, aber ich hätte nie geglaubt, dass die Rote Armee meine Vaterstadt einnehmen und besiegen könnte.

Dieses Gefühl teilte ich mit vielen Erwachsenen. Gründe, optimistisch zu sein, gab es durchaus. Dass die Wehrmacht den Russen den von ihnen eroberten Villenvorort Metgethen wieder entrissen hatte, war ein solcher Grund. Warum sollte es nicht andernorts ebenso gehen? Außerdem hatte man die Zivilbevölkerung völlig im Unwissen darüber gelassen, wie gering die Zahl der Soldaten in der Stadt im Vergleich zu den russischen Armeen war, von der unendlich großen Überzahl russischer Kriegswerkzeuge und Munition ganz abgesehen. Es gab keine Zeitungen mehr, keinerlei Aufklärung, nur ab und zu wurden Zettel mit praktischen Hinweisen und der üblichen Durchhaltepropaganda verteilt.

Ich habe hin und wieder mitbekommen, wie einzelne Soldaten an der Standfestigkeit der Festung Königsberg zweifelten. Sogleich wurden sie von ihren Kameraden zur Ordnung gerufen, mit der Begründung, sie dürften uns Kindern, aber auch ihren Kameraden nicht den Mut nehmen. Ich vergaß solche Erlebnisse sehr schnell. Denn immer wieder gab es neue Dinge, die mich voll in ihren Bann schlugen. Die Waffen-SS-Einheit, die in der Schule stationiert war, übte in den verlassenen Häusern in der Nähe mit Flammenwerfern den Häuserkampf. Zuerst erschreckten uns die fauchenden Flammenstöße, dann aber schauten wir begeistert zu.

In den Kellern lagerte überall Munition jeglicher Art. In der großen roten Polizeikaserne aus Backstein, in der auch Tante Christel arbeitete, waren inzwischen die Fenster bis zum zweiten Stock in Schießscharten umgewandelt worden. In der breiten Durchfahrt des Eingangstors hatte man riesige Würfel aus gepressten Akten aufgestapelt. Mit ihnen sollte, wenn der Russe kam, die Durchfahrt versperrt werden, indem man die Würfel mit Benzin übergoss und anzündete. Als es so weit war, behinderte diese Feuerbarriere nicht den Einmarsch der Russen, sondern den Fluchtweg der Bevölkerung.

Ab und zu ging ich, aber nur wenn es meine »Verteidigungsaufgaben« erlaubten, auf Bitten meiner Mutter zu unserer alten Wohnung, um nachzusehen, ob noch alles in Ordnung war. Sie wollte so schnell wie möglich dorthin zurückkehren. Sie sagte sich, dass sich selbst nach einem Sieg der Russen das Leben der Einwohner bald wieder normalisieren würde. Sie hoffte sogar, dass die Großeltern wieder nach Maraunenhof zurückkehren würden. Auch zu deren Haus ging ich ab und zu in Mutters Auftrag, um nachzusehen, ob es noch stand. Auf dem Weg dahin bekam ich an den stehengebliebenen Brandmauern Propagandasprüche jeder Art zu lesen, manchmal auch mit Kommentaren versehen: Neben dem bekannten »Räder rollen für den Sieg« stand

»Naziköpfe nach dem Krieg«. Immer häufiger tauchte auch der »schwarze Mann mit Hut« auf, der vor Spionen warnen sollte, und das schon erwähnte »Panzerfaust und Panzerschreck, Volkssturmmann, wirf weg den Dreck.« Offenbar war tatsächlich im Untergrund eine Art Widerstand aktiv. Fest steht, dass es Überläufer gab, die für die Russen die Verteidigungsanlagen in Königsberg ausspioniert haben. Wir standen nicht auf der Seite der Widerständler, wir hielten auch nichts von Verrätern, die dem Feind berichteten, wie die Verteidigung der Stadt organisiert wurde. Mein Vater war Mitglied des von vielen als Alibi benutzten NSKK (Nationalsozialistisches Kraftfahrkorps, eine Art angebräunter ADAC), meine Mutter war weitgehend unpolitisch, wenngleich sie, wie gesagt, das Risiko einging, die BBC abzuhören und russischen Kriegsgefangenen Essen zusteckte. Die Soldaten, die alles tun wollten, um unsere Heimatstadt zu verteidigen, waren jedenfalls unsere Freunde, sie waren für uns da, und ganz selbstverständlich waren wir auf ihrer Seite. Was der Angriff auf Königsberg für uns, meine Familie und mich bedeuten würde, konnte sich keiner von uns vorstellen. Die Erstürmung der Stadt wurde für uns alle zum Alptraum.

Die letzte Schlacht um Königsberg

Der harte, eiskalte Winter 1945 neigte sich dem Ende zu. Dass nun die Nächte weniger frostig waren und wir tagsüber ein bisschen weniger froren, machte das Leben etwas einfacher. Wir wären erleichtert und froh gewesen, wäre da nicht der ständige Geschützdonner gewesen, der von Tag zu Tag näherrückte. Wir waren inzwischen an einigen Kriegslärm gewöhnt, doch am frühen Morgen des 6. April nahm er bisher unbekannte Ausmaße an. Alles vorher war ganz offensichtlich nichts anderes als die Ruhe vor dem Sturm gewesen. Von Stunde zu Stunde hörte man mehr einschlagende Bomben, mehr Geschützdonner, immer häufiger das Jaulen von Katjuscha-Raketen.

Für mich gab es nur eins. Jetzt, wo es ernst wurde, musste ich zu meinen Soldaten bei der Artilleriebatterie, jetzt brauchten sie mich doch besonders! Ich musste lange bitten, bis mich meine Mutter endlich gehen ließ, wenigstens bis zu der wehrhaften Kirche, um dort »nach dem Rechten« zu sehen.

Von dort aus konnte man das Kampfgeschehen erahnen. Die Russen waren so weit vorgedrungen, dass ihre Geschütze und Stalinorgeln bis südlich des Hauptbahnhofs reichten. Nur einen halben Tag hatte es gedauert, und schon waren sie fast in der Stadt. Unsere Artillerie und auch die Geschütze der eingegrabenen Panzer schossen noch nicht. Sie hatten Anweisung, so lange zu warten, bis die Russen im Direktbeschuss zu erreichen waren. Zu meiner großen Enttäuschung waren die Soldaten über meinen Besuch nicht sonderlich erfreut, sondern schickten mich nach Hause. Sie meinten es ernst. »Lauf!«, sagten sie. »Geh in euren Keller. Mehr kannst du jetzt nicht tun. Pass gut auf deine Mutter und dein Brüderchen auf! Vielleicht kommt ihr durch. Uns wird der Russe wohl erwischen.«

Ich war erschrocken und bekümmert. Es fiel mir schwer, mich von diesen Freunden zu trennen, mit denen ich fast täglich zusammen gewesen war, die mir ans Herz gewachsen waren. Außerdem klangen ihre Worte mutlos, sie verbreiteten keine Zuversicht wie sonst immer. »Kann man denn wirklich gar nichts mehr tun?«, fragte ich. »Schnell nach Hause mit dir!«, war ihre Antwort, und so machte ich mich widerwillig auf den Weg. Der Kampflärm wurde inzwischen immer lauter. Ich fürchtete mich ein wenig, aber zugleich war ich traurig über den plötzlichen Abschied. Als ich zu Hause ankam, gab ich der Familie die Befehle weiter. »Schnell in den Keller«, rief ich, »das haben die Soldaten gesagt!«

Meine Großmutter und Mutter gehorchten sofort. Merkwürdigerweise war ich jetzt, in der Stunde der Gefahr, mit meinen acht Jahren das Oberhaupt der Familie, auf das die anderen hörten, ohne zu zögern. Wir machten uns auf den Weg nach unten mit unserem längst vorbereiteten Gepäck: zwei Koffer von Großmutter, eine große Handtasche von Mutter mit Essvorräten sowie der Kinderwagen mit Siegbert. Gut versteckt hatten wir Großmutters selbstgenähten Brustbeutel, in dem sich alle Familiendokumente, Schmuck und einige kleine Goldbarren in sechskantiger Stangenform befanden. Großmutter trug ihn um den Hals, denn als alte Frau war sie vor den Russen sicherer als meine Mutter, so glaubte sie.

Dann ließen wir uns im Luftschutzkeller nieder. Dort saßen außer uns noch der Hauswart und ein paar Frauen aus dem Haus, insgesamt zehn Personen. Keiner wusste, wie lange wir dort bleiben würden und wie es draußen aussehen würde, wenn wir wieder herauskommen konnten. Glaubte man dem ständigen Gefechtslärm, so hatten wir nicht viel Gutes zu erwarten. Die Stunden unten im Keller zogen sich hin. Wir erlebten sie in einer Mischung aus Müdigkeit, Angst, Langeweile, einem Gefühl von Bedrohung und Ungewissheit.

Feuersbrunst und Flucht

Es war der Mittag des 7. April. Eineinhalb Tage waren wir schon in dem engen unbequemen Luftschutzbunker. Einschläge und Detonationslärm hatten, seit wir unten waren, ständig zugenommen. Immer wieder glaubten wir, der Höhepunkt sei erreicht und es könne unmöglich noch mehr Bomben geben – wir hatten uns mächtig getäuscht.

Als die ersten Artilleriegeschosse und die heulenden Raketen der Stalinorgeln unsere Straße erreichten, entwickelte sich ein Höllenlärm. Nun hörte man auch deutlich die Detonationen von Fliegerbomben. Unser Haus geriet in Bewegung, es ruckte, als wollte es einen Hüpfer machen. Plötzlich fiel der Strom aus. Es war stockdunkel. Unser Batterieblock mit der Taschenlampenbirne war längst leer, nur der schwache Schein einer einzigen Paraffinkerze war noch zu sehen.

Wegen seiner Nähe zum Hauptbahnhof war unser Viertel besonders schweren Angriffen ausgesetzt. Dass die Wehrmacht die Gegend um den Bahnhof speziell befestigt hatte, mussten die Russen von ihren Spionen erfahren haben. Noch heute denke ich voll Bitterkeit an diese Spione. Noch immer sind sie für mich Verräter, ganz unabhängig von der Tatsache, dass die russische Übermacht auch ohne sie meine Heimatstadt erobert hätte, wenn auch mit größeren Opfern in den eigenen Reihen. Sicherlich ist es gerechtfertigt, einen Diktator mitsamt seiner Clique, die ganze Völker in den Abgrund reißen wollen, der Macht zu berauben, wie auch immer. Aber für den einzelnen Spion, der gestern noch mit seinen Kameraden im Schützengraben lag und heute die genaue Position dem Gegner verrät, worauf dieser Väter, Söhne, Brüder, Frauen und Kinder, genauso unschuldig wie er selbst, gezielter töten kann, für den habe ich kein Verständnis.

Während wir im Dunkeln saßen, voller Angst und mit dem Gefühl immer größerer Ungewissheit, ob wir diesen Sturm überleben würden, kamen in regelmäßigen Abständen Feldjäger herein. Sie hatten Taschenlampen und leuchteten damit den ganzen Luftschutzkeller ab. So sahen wir wenigstens ab und zu ein bisschen Licht. Sie kamen allerdings nicht unseretwegen, sondern waren wie immer auf der Suche nach Fahnenflüchtigen, die sich dem Kampf entziehen wollten. Nachdem die Feldjäger lange gesucht und niemanden gefunden hatten, gaben sie endlich auf. Nun kam keiner mehr.

Es war früh am Abend. Wir hörten keine einzelnen Einschläge mehr, sondern nur noch zwei Melodien: die der

Artillerie und die der Katjuschas. Die Hauswände zitterten ununterbrochen. Es kam uns vor, als sei ein starkes Erdbeben ausgebrochen. Wir fühlten uns wehrlos und waren voller Angst. Mein kleiner Bruder hatte lange geschrien, doch jetzt war er verstummt.

Ich versuchte, mit dem Hauswart zu sprechen, mit ihm gemeinsam zu überlegen, was wir tun sollten. Doch der alte Mann kauerte in einer Ecke und reagierte nicht. Was ist besser, fragte ich mich, hier unten zu bleiben oder den Weg nach oben zu wagen? Die Frauen bedrängten mich, hinaufzugehen und nachzusehen, ob auch unser Haus schon getroffen war und vielleicht in Flammen stand. Nachdem meine Mutter mir nach einigem Zögern die Erlaubnis gegeben hatte, rannte ich nach oben.

Zuerst blickte ich vorsichtig auf die Straße. Obwohl die Sonne bereits untergegangen war, lag vor mir helles Licht, roter Feuerschein, der durch die Haustür den ganzen Flur erleuchtete. Auf dem Straßenpflaster lagen in wirrem Durcheinander ganze Dachstühle, die lichterloh brannten, dazu in Flammen stehende Fensterkreuze und rauchender Ziegelschutt. Außer dem Lärm der Geschosse hörte ich ein heulendes Rauschen. Man hatte mir oft von Großbränden erzählt, bei denen die Flammen allen Sauerstoff an sich reißen und dieses Heulgeräusch verursachen. Das war es also.

Ich wollte herausfinden, was mit unserem Haus passiert war, und lief die Treppen hinauf. Ich kam noch bis zum vierten Stock. Unser Haus war in Brand geschossen worden, der Dachboden stand in Flammen. Eilig rannte ich in den Keller und berichtete, was geschehen war. Wir überlegten, was wir tun könnten, wobei ich genauso ernst genommen wurde, als wäre ich erwachsen. Wir waren uns einig, dass wir nicht über die Straße fliehen konnten, weil wir dort sogleich Opfer der Flammen würden. Es schien sicherer, unten im Keller abzuwarten. Wie aber sollten wir uns gegen das Feuer schützen?

Wir sammelten Tücher, die wir in den Eimer mit dem Löschwasser tauchen wollten. Über Siegberts Kinderwagen sollte eine nasse Decke gelegt werden. Aber noch waren wir vor dem Feuer sicher. In der folgenden Stunde lief ich immer wieder nach oben, um nachzusehen, wie es sich ausbreitete. Es drang nur langsam nach unten vor. Wir saßen weiter da und warteten, in der Hoffnung, irgendwann auf die Straße gehen zu können. Plötzlich gab es einen irrsinnig lauten Knall, das Haus geriet regelrecht ins Wanken. Wir schrien laut auf. Die Tür des erkalteten Ofens sprang auf, scheppernd fiel das Ofenrohr zu Boden, die Kellertür stand plötzlich offen.

Ein starker Luftzug wehte, der unsere Kerze auslöschte. Wir hatten das Gefühl, als rieselten Unmengen Staub auf uns hernieder. Was war das? Erst als es uns gelungen war, die Kerze wieder anzuzünden, sahen war, dass der Raum voll Ruß war. Wir alle waren buchstäblich schwarz wie Schornsteinfeger. Schlagartig wurde uns klar, warum es verboten war, Öfen in Luftschutzkellern aufzustellen. Am meisten hatte Siegbert abbekommen. Sein Kinderwagen stand immer in der Nähe des Ofens, damit er möglichst viel Wärme abbekam. Niemand hatte daran gedacht, dass er dort in Gefahr sein könnte.

Als ich wieder nach oben rannte, stelle ich fest, dass gleich im ersten Stock, direkt über uns, eine Katjuscha-Rakete eingeschlagen war. Es musste eine Katjuscha gewesen sein, weil ein großes, aufgesprengtes Loch in der Flurwand zu sehen war. Artilleriegeschosse rissen nicht so große Löcher, weil ihr Durchmesser und ihre Sprengkraft geringer waren als die der Raketen. Das Feuer kam immer näher. Ich empfahl den anderen, noch eine Weile im Keller auszuharren und abzuwarten, wie sich der Brand entwickelte. Auch jetzt hörten alle wie selbstverständlich auf mich. Keiner verließ den Keller, aber alle bereiteten sich darauf vor, bald nach oben zu gehen, um nicht dort unten Opfer der Flammen zu werden.

Inzwischen hatte ich festgestellt, dass das Feuer auf der Straße ziemlich heruntergebrannt und nur noch Glut, allerdings wadentiefe, zu sehen war, über die man mehr oder weniger gefahrlos hinübersteigen konnte. Zugleich hatte sich das Feuer im Haus bis zum Treppenabsatz unterhalb des ersten Stocks ausgebreitet. Das Treppenhaus brannte lichterloh. Flurtüren, Holzgeländer und Linoleum gaben ihm reichlich Nahrung. So schlug ich vor, uns auf den Weg zu machen.

Was konnten wir auf der Flucht vor den Flammen mitnehmen? Um vorwärtszukommen, brauchten wir alle mindestens eine freie Hand, um uns ein nasses Tuch vor Mund und Nase zu halten, damit wir nicht erstickten. Wir mussten deshalb einen Koffer zurücklassen und auch Siegberts Kinderwagen, der allzu schnell Opfer der Flammen werden konnte. Mutter wendete ihren Silberfuchsmantel, um den Kleinen zu schützen. Sie trug Siegbert nun in einem Steckkissen. Großmutter nahm den Koffer und ich die Handtasche. Wir hasteten die Kellertreppe hinauf und warteten eine Weile vor der geschlossenen Haustür, blickten abwechselnd auf die noch wabernde Glut auf der Straße und auf das sich nähernde Feuer hinter uns. »Los, wir müssen gehen!«, rief ich, als der beißende Qualm in meinen Augen immer unerträglicher wurde. Nur ungern folgten die Frauen mir nach draußen auf die Straße. Mutter rief mir zu: »Renn los, pass auf dich selbst auf und achte nicht auf andere!« Sie und Großmutter liefen hinter mir her, Mutter mit Siegbert auf dem Arm. Schließlich kamen auch die anderen.

Auf der gegenüberliegenden Straßenseite, die wir alle in leicht angesengtem Zustand erreichten, betraten wir den Flur des gegenüberliegenden Hauses und durchquerten ihn eilig, denn auch dieses Haus brannte. Wir liefen durch den Innenhof und erreichten durch die eingeschlagene Hofmauer die Rückseite des dahinterliegenden backsteinroten Polizeigebäudes. Von Tante Christel wusste ich, dass es dort einen

Wanddurchbruch gab, der als Fluchtloch dienen sollte. Er war leicht zu finden, da es in der Umgebung lichterloh brannte und alles hell erleuchtet war. Über eine hölzerne Rampe kletterten wir in das Gebäude. Alle waren mitgekommen, nur unser alter Hauswart nicht. Offenbar hatte er es nicht geschafft, niemand hat ihn danach noch einmal gesehen.

Der Sturm

Nun waren wir also im Keller des unversehrt gebliebenen, von der Polizeitruppe besetzten Gebäudes und atmeten erleichtert auf. Erst einmal waren wir in Sicherheit. Wir gingen weiter durch den Kellerflur. An dessen Ende lag das Zimmer des Hausmeisters. Darin brannte zu meinem großen Erstaunen sogar Licht. Offenbar gab es dort einen Notstromgenerator. Ich kannte mich in solchen Dingen aus, weil ich lange genug die Vorbereitungen der Soldaten beobachtet hatte.

Im Zimmer des Hausmeisters waren etwa zwanzig Frauen, Siegbert und ich. Mutter saß mit meinem Brüderchen auf dem Arm hinten im Raum auf einer Pritsche, neben sich drei andere Frauen. Großmutter hatte sich am Boden vor ihr niedergelassen, vier weitere Frauen saßen an einem kleinen Holztisch und die übrigen standen oder saßen am Boden. Wir waren alle froh, dem Feuer entronnen zu sein. Der Gefechtslärm war hinter den dicken Mauern dieses Verwaltungsgebäudes weniger laut. Alles klang gedämpfter. Allerdings ließen die ständigen Treffer auch dort unten die Wände erzittern.

Endlich sahen wir Tante Christel wieder. Sie hatte ebenfalls dort Zuflucht gefunden, denn sie hatte einen Freund unter den slowenischen Polizisten, die mit im Einsatz waren. Sie besuchte ihn regelmäßig nach der Arbeit, und beide trösteten sich gegenseitig. Die Not des Krieges war für eine junge

Frau, die nie ihren eigenen Mann zu sehen bekam, schwer zu ertragen. Die Bedingungen in Peenemünde waren sehr restriktiv, er bekam kaum Urlaub. Die tägliche Angst vor dem Tod hatte Tante Christel wie viele andere in die Arme eines Mannes getrieben, der für sie da sein konnte und ihr Schutz und Hilfe bot – ein bisschen Glück vor dem sicheren Tod. Viele Menschen lebten jetzt so, um das alltägliche Elend besser zu überstehen.

Als Tante Christel in den Hausmeisterraum kam, war sie froh und erleichtert, uns lebend zu sehen. Wir umarmten uns. Sie erzählte, dass die Slowenen, die hinter den Schießscharten postiert waren, große Angst hätten und sich mit Alkohol vollllaufen ließen. »Die glauben, sie kommen hier nicht mehr lebend raus, und wenn, dann werden sie von den Russen sofort als Verräter erschossen«, erklärte sie.

Auch unsere Situation schien aussichtslos. »Was werden die Russen wohl mit uns machen?«, fragten sich die Frauen. Ich hatte keine Ahnung davon, was mit ihnen geschehen könnte. Manche der Frauen waren so aufgeregt und voller Angst vor dem, was passieren könnte, dass sie rittlings in das emaillierte gusseiserne Waschbecken an der Wand pinkelten. Ein seltsamer Anblick für mich. Während die Frauen ihre Sorgen austauschten, versuchte ich mich abzulenken. Ich sah mir den Raum genau an. Besonders bestaunte ich das ungefähr einen Quadratmeter große Schlüsselbrett, an dem unendlich viele Schlüssel hingen. Es erinnerte mich an die vielen Schlüssel in der Pförtnerloge meines Großvaters im Mercedeswerk, in der ich Lesen und Schreiben geübt hatte.

Das Getöse des Angriffs hatte uns viele Stunden in Atem gehalten. Was aber nun einsetzte, erschreckte uns viel mehr: Plötzlich nämlich herrschte Stille, eine dramatische Stille. Manche der Frauen brachen in Weinen und Schreien aus, andere jammerten leise vor sich hin. Meine Mutter wiegte Siegbert im Arm. Selbst in so einer Situation gab es noch groteske Momente. Meine Großmutter klapperte vor Aufregung mit ihrem Gebiss. Es hatte ihr nie richtig gepasst, und ich hatte sie immer damit aufgezogen. Selbst jetzt kam es mir komisch vor.

In die Stille hinein ertönte das Krachen von Maschinengewehrsalven. Die Russen waren offenbar in das Gebäude eingedrungen. Bestimmt lieferten sie sich in den Gängen und Fluren Gefechte mit den Verteidigern des Gebäudes. Jetzt hatte die Stunde der Sturmtruppen begonnen. Die Frauen aus unserem Haus wurden von den anderen neidisch beäugt. Die Berieselung mit Ruß durch das abgerissene Ofenrohr ließ sie aussehen wie hässliche Hexen. Die anderen hätten auch gern so ausgesehen, um die Russen abzuschrecken. Sie begannen deshalb, ihre Hände anzufeuchten, ihre Gesichter mit Staub und Schmutz vom Boden zu beschmieren und brachten ihr ordentlich frisiertes Haar in Unordnung. Darüber trugen sie alle Kopftücher, nach damaliger Mode mit einem dicken Knoten über der Stirn. Gekleidet waren sie mit dunkelblauen Skihosen, die unten mit einem Schnürsenkel zusammengebunden waren. Manche trugen noch einen Rock darüber.

Mir war klar, dass die Frauen hofften, mit ihrem Aussehen die Russen vergraulen zu können. Viel mehr begriff ich nicht. Letztlich war die Mühe der Frauen umsonst. Mit Einbruch der Dunkelheit und im schwachen Schein der Lampe konnte man sie sowieso kaum sehen, und ob ihre Gesichter schön und sauber waren oder verschmiert und hässlich, machte da keinen Unterschied.

Schließlich öffnete sich die Tür und ein junger Soldat mit einem am Koppel festgebundenen Trommelrevolver betrat den Raum. Er sah sich schnell um, stellte fest, dass keine deutschen Soldaten im Zimmer waren und sagte in erstaunlich gutem Deutsch: »Haben Sie keine Angst, alles wird gut«, und fügte auf Russisch hinzu: »otschin charascho«, sehr gut. Das waren die ersten beiden russischen Worte, die ich hörte.

Bis heute habe ich dieses *otschin charascho* jenes freundlichen Soldaten im Ohr.

Dann ging er wieder hinaus und schloss die Tür hinter sich. Ich blickte nach der Uhr, die darüberhing: Es war genau 18 Uhr. Nie zuvor war ich so klar und gespannt wie in diesem Moment. Das war der erste Russe, den ich zu Gesicht bekam. Ich hatte gewusst, dass dieser Augenblick kommen würde. Wie oft hatte ich von den Erwachsenen gehört, die Russen würden über uns hereinbrechen wie eine brutale Horde von Hunnen, lauter schlitzäugige Mongolen, die uns alle umbringen würden. Und dann kam dieser Mann herein, der so ganz anders war. Sein Bild steht so deutlich vor mir, als wäre es gestern gewesen. Die Achselklappen mit einem Stern, der Revolver am Band, das Koppel über der Uniformbluse, seine schwarzen Stiefel mit dem langen Schaft, offenbar aus weichem Leder, weil sie in Falten leicht nach unten gerutscht waren. Das konnten nur Beutestiefel sein. Alles das habe ich noch genau vor Augen, und ich höre sein gutes Deutsch und seine freundliche, unaufgeregte Stimme, die uns beruhigen will. Erst später, als ich mich genau in den russischen Militärrängen und den entsprechenden Uniformen auskannte, schloss ich, dass er ein Unterleutnant gewesen sein muss.

Vielleicht hatte sein Erscheinen die Frauen beruhigt; wenn, dann nur für kurze Zeit. Wenig später tauchte wieder ein russischer Soldat auf, diesmal ein Mongole, kaum älter als sechzehn oder siebzehn. Er stand im Raum und richtete den Revolver auf uns. »*Ruki werch dawai, dawai!*« (Hände hoch, los, los!), rief er und bedeutete uns unmissverständlich, dass wir alle mit erhobenen Händen das Kellerzimmer zu verlassen hätten. Jetzt kannte ich schon fünf russische Wörter.

Wir gingen alle hintereinander nach draußen, Mutter mit Siegbert auf dem Arm und ich waren die Letzten, gleich hinter uns ging der Russe. Um sicher zu sein, dass auch niemand lebend in dem Zimmer zurückblieb, schoss er zweimal unter die Pritsche. Eigentlich hätte ich danach eine Weile taub sein müssen, aber meine Ohren waren durch den wahnsinnigen Lärm der zurückliegenden Tage und Wochen offenbar einiges gewöhnt. Wir verließen den Keller über eine Treppe und fanden uns im Innenhof des großen Gebäudes wieder. Dort hatten die Russen ein MG aufgestellt, dessen Mündung genau auf uns zeigte. Sie werden nicht auf uns feuern, schoss es mir durch den Kopf, sonst hätten sie schon auf die Leute vor uns geschossen. Ich war dennoch erleichtert, als wir unversehrt an dem MG vorbeigekommen waren.

Unter ständigen *Dawai-dawai*-Rufen der Russen wurden wir quer über den Hof getrieben, und ich wusste auch schon wohin: nach draußen durch ausgerechnet jene Toreinfahrt, die die deutschen Verteidiger mit den großen Papierwürfeln zugestellt hatten, um sie anzuzünden und die Russen abzuwehren. Den Schaden hatten jetzt wir. Die Papierwürfel brannten, und ich sah glutwabernde Asche knöchelhoch in der fünfzehn Meter langen Einfahrt liegen. Die genaue Länge weiß ich deshalb, weil ich sie fünfzig Jahre später bei meinem ersten Besuch in Königsberg mit meinem Sohn nachgemessen habe. Die *Dawai-dawai*-Rufe, die uns antreiben sollten, ertönten unaufhörlich. *Dawai* sollte in der nächsten Zeit das meistgehörte russische Wort werden, denn immerzu wurden wir irgendwo hingetrieben, immer weiter, ins Ungewisse, hilflos und ohne Orientierung.

Trotz dieser Rufe blieben wir vor der Durchfahrt stehen, niemand traute sich, durch die Glut zu laufen. Dann aber schossen die Russen hinter uns in die Luft. Es klang so bedrohlich, dass wir die Angst vor der Glut ganz vergaßen und losrannten. Wir hatten Glück und kamen durch, ohne uns zu verbrennen.

Vor allem waren wir froh, dass die Russen nur in die Luft und nicht auf uns geschossen hatten. Ich hatte von unseren Soldaten Geschichten gehört, denen zufolge sowjetische Politoffiziere auf ihre Mannschaften schossen, wenn diese nicht schnell genug vorwärts stürmten. So hatte ich das Schlimmste vor Augen gehabt.

Nachdem wir die Durchfahrt passiert hatten, mussten wir uns alle auf der Kreuzung versammeln, gleich bei der Kirche, in deren Umgebung die Artilleriebatterie aufgebaut war. Aus allen Richtungen strömten Gruppen von Frauen und Kindern herbei. Die Russen durchkämmten offenbar alle Luftschutzkeller. Eine der Frauen kannten wir. Sie hatte früher in unserer Straße eine Heißmangel betrieben und besaß keine Angehörigen. Sie schloss sich uns an – nicht unbedingt zu meinem Glück, wie sich später herausstellen sollte.

Eines hätte mich in diesem Moment eigentlich überwältigen müssen: der Anblick Hunderter gefallener Russen, von denen die Straßen um uns herum geradezu übersät waren. Durch das Feuer war es taghell, und sie waren nicht zu übersehen. Es waren die ersten Toten, die ich in meinem Leben sah. Wäre es ein einzelner Toter gewesen, es hätte mich ganz sicher tief beeindruckt, aber diese Riesenmenge von Soldatenleichen gaukelte mir so etwas wie Normalität vor, sie wirkten fast banal. Die russischen Soldaten waren in Wellen nahezu ungeschützt in deutsches Abwehrfeuer gelaufen und gefallen. Bei der Kirche war ja eine der wichtigsten Verteidigungsstellungen gewesen.

So also sieht es hier nach dem großen Sturm aus, sagte ich mir. Ich kannte diese Gegend wie meine Westentasche, und dennoch war nichts mehr wiederzuerkennen. Überall um uns herum brannte es, alles wurde von der riesigen Feuersbrunst vernichtet, selbst russische Panzer. Diese hatten offenbar alle Straßensperren mühelos beiseitegeschoben. Was manche von ihnen aufgehalten hatte, waren die überall versteckten Panzerfaustschützen. Doch auch diese waren vermutlich längst dem Kampfgeschehen zum Opfer gefallen.

Der Himmel sah aus wie ein leuchtender Fächer, unablässig schossen Stalinorgeln, die im großen Halbkreis am südlichen Stadtrand standen, ihre Raketen auf die Innenstadt, dazu hörte man das wilde Rattern der Maschinengewehre, dazwischen Abschüsse von kleineren Geschützen und Panzerfäusten, ein unheimliches Stakkato, das kein Ende nahm. Es war ein faszinierender Anblick, auch wenn es den Untergang meiner Heimatstadt bedeutete.

Seltsamerweise hatte alles, was ich dort draußen erlebte, eine eher beruhigende Wirkung auf mich. Die vielen Stunden zermürbenden Wartens im Keller, das dumpfe Dröhnen, das Zittern der Gebäude und die Ungewissheit waren schlimmer gewesen. Hier war wenigstens klar, dass der Sturm bereits über uns hinweggegangen war. Die Kampflinie hatte sich um etwa fünfhundert Meter Richtung Innenstadt bis zum Unterhaberberg verschoben. In dem hellen Licht sah ich, dass der Kirchturm stark beschädigt worden war und an Höhe verloren hatte. Wie es wohl meinen Freunden ergangen war, den Soldaten, die dort Stellung gehalten hatten, fragte ich mich besorgt und dachte an ihre letzten Worte beim Abschied.

Ich konnte trotz der Helligkeit nicht viel erkennen, denn die Kirchhofsmauer war zu hoch. Vermutlich waren sie gefallen, wenn sie sich nicht rechtzeitig mit der Infanterie zurückgezogen hatten.

Inmitten all diesen Geschehens trieb man uns immer weiter. Allmählich bildete sich ein Treck. Um nicht Ziel der vielen verirrten Kugeln zu werden, die ständig durch die Luft flogen, taten wir es den Russen gleich und bewegten uns nur in gebückter Haltung vorwärts.

Auf beiden Seiten unseres Zuges liefen Soldaten mit aufgepflanztem Bajonett, es ging in südlicher Richtung stadtauswärts, zunächst über die Hauptstraße. Aber dort lagen Trümmer über Trümmer und so viele Tote, dass wir ständig über sie stolperten. Außerdem bildeten wir ein Hindernis für die Nachschubtransporte der Russen, die sich mühsam durch die Unmassen zerstörter Häuser und Kriegsgeräte einen Weg zu bahnen suchten. Die Toten überrollten sie dabei mühelos mit ihren Lastwagen. Also wurden wir über Seitenstraßen geführt. Wir liefen immer weiter, ohne Pause, begleitet von den drängenden Rufen der Russen. An Ausruhen war nicht zu denken.

Immerhin waren wir froh, dass wir bisher nicht misshandelt worden waren. Die ersten Soldaten, denen wir begegnet waren, alle Angehörige der kämpfenden Truppe, hatten einen disziplinierten Eindruck gemacht. Vermutlich waren sie viel zu sehr mit ihren Aufgaben beschäftigt, als dass sie Zeit für uns Zivilisten gehabt hätten. Je weiter wir liefen, desto dunkler wurden die Straßen. Wir erreichten schließlich nach ein paar Stunden mühsamen Wegs den Stadtteil Ponarth. Dort waren fast alle Häuser schon weitgehend niedergebrannt.

Wie aus heiterem Himmel änderte sich die Atmosphäre. Bisher hatten uns nur so viele Russen begleitet, wie zur Bewachung des Zuges nötig waren. Es hatte Ruhe geherrscht, wir waren mehr oder weniger schweigend vor uns hin getrottet. Doch nun wurden es mit einem Mal immer mehr Russen, zumeist Mongolen, die nicht im Kampfeinsatz waren, nichts zu tun hatten und herumstreunten. Sie kamen uns mit lautem Gejohle entgegen, dann begleiteten sie uns in wildem, ungestümen Schritt. Unter den Frauen kam Unruhe auf. Wer außen ging, wandte das Gesicht ab oder versuchte, sich ins Innere des Zuges zu drängen, während die Russen begannen, zudringlich zu werden. Das war der Moment, den wir alle gefürchtet hatten.

Mich packte entsetzliche Angst. Ich hielt mich am Ärmel meiner Mutter fest und war nichts als ein ganz normaler achtjähriger Junge. Als wir zu einem großen, langgestreckten Friedhof kamen, begannen die Russen ihr furchtbares Handwerk. Sie ergriffen Frauen aus dem Treck, zerrten sie über den niedergetretenen Friedhofszaun, warfen sie auf die Gräber, rissen ihnen die Kleider herunter und vergewaltigten sie vor aller Augen. Glücklicherweise schien nur fahles Licht. Die Angehörigen der Opfer blieben stehen, um sie in dem Zug nicht zu verlieren, trotz der drängenden Rufe unserer Begleitsoldaten, weiterzugehen. Der Zug geriet ins Stocken. Gegenüber der wilden Horde brutaler, misshandelnder Männer waren unsere Bewacher machtlos. Die Frauen wollten fliehen, kamen aber nicht vorwärts. Von hinten drängten die Nachkommenden, um möglichst schnell den Friedhof zu passieren.

Die Frauen schrien verzweifelt, die Russen brüllten drohend, die Angehörigen der Opfer jammerten laut, die Kinder zitterten vor Angst und weinten nach ihren Müttern – das Elend war unbeschreiblich. Die Älteren nahmen fremde Jungen und Mädchen in ihre Obhut, damit sie nicht sehen mussten, wie ihre Mütter vergewaltigt wurden. Dabei gingen die ersten Kinder verloren. Es war ein furchtbarer Jammer, ein Riesenunheil für uns alle, besonders aber für die armen, geplagten Frauen.

Auch meine Familie wurde nicht verschont. Zuerst wurde Tante Christel von einem Russen gepackt und auf den Friedhof gezerrt, es folgte die Frau von der Heißmangel. Meine Mutter versuchte, mich abzuschirmen, aber mit wenig Erfolg. Was dort passierte, ließ sich nicht verbergen. Meine Großmutter schrie laut und wollte Tante Christel nachlaufen, um sie zu retten. Doch einer der Bewacher schlug mit dem Gewehrkolben nach ihr. Ich nehme an, ihm verdankte sie, dass sie nicht auf der Stelle umgebracht wurde. Die Soldaten, die auf den Gräbern wüteten, hätten sie bestimmt erschossen.

Kaum war Tante Christel wieder zurück, verzweifelt und weinend, wurde sie erneut von einem Russen gepackt. Dies ging mehrere Male so, und Großmutter war völlig außer sich.

Es war für sie unerträglich, dass ihrer Tochter ein solches Leid geschah. Dann aber wurde auch sie selbst mehrmals Opfer der Brutalität der Russen. Nur meine Mutter blieb verschont, weil sie Siegbert auf dem Arm trug. Ich hatte ein Gefühl von größter Hilflosigkeit und grenzenloser Angst.

Als Tante Christel, wieder und wieder vergewaltigt, am Ende ihrer Kräfte, zu uns zurückkam und zusammenbrach, legte meine Mutter ihr zum Schutz Siegbert in die Arme. Das tat seine Wirkung. Die Männer ließen Tante Christel eine Weile in Ruhe, doch dafür war nun Mutter an der Reihe. Sie wurde grausam malträtiert, Blut lief ihr die Beine herunter, es war ja erst wenige Wochen her, dass sie Siegbert geboren hatte. Als wir endlich weitergehen konnten, öffnete Großmutter im Gehen einen Koffer und sagte mir, ich solle ein Tuch herausziehen. Meine Tante stopfte es Mutter zwischen die Beine. In dieser Situation war kein Raum für Scheu, Geniertheit oder Scham.

Mein Bruder stirbt

Wie ich diese Ereignisse überstand, ich weiß es nicht mehr. Ich ging einfach mit der Familie weiter vorwärts, Schritt für Schritt, trotz aller Müdigkeit, trotz meines Entsetzens. Ich konnte weder schreien noch weinen. Irgendwann kamen wir zu einem Gebäudekomplex. Ich las auf einem Straßenschild »Barbarastraße«. Wir passierten mehrere Häuser.

Auf einer Wiese vor einem Haus ließen wir uns erschöpft zu Boden fallen. Es wurde schon bald Morgen, wir waren am Ende unserer Kräfte. Den Bewachern gelang es nicht, uns weiterzutreiben. Sie hatten wohl eingesehen, dass es sinnlos wäre, und so ließen sie uns dort liegen. Das Gras war gefroren, es war eiskalt in dieser Nacht. Ich hielt das Steckkissen mit Siegbert im Arm. Aber er gab keinen Laut von sich.

Großmutter und Tante Christel betreuten meine Mutter, die in einem elenden Zustand war, die Frau von der Heißmangel ging los, um herauszufinden, was mit uns geschehen sollte. Ich sah mich um. Dort draußen vor der Stadt war es nicht ruhig, im Gegenteil, auch dort wurde noch immer gekämpft. Am Rand der Wiese, etwa einhundert Meter von uns entfernt, standen etwa zehn LKWs mit aufmontierten Stalinorgelbatterien, riesige Stapel Raketen waren daneben aufgeschichtet. Unablässig feuerten sie über unsere Köpfe hinweg in Richtung Innenstadt und erzeugten einen höllischen Lärm. Ich war trotz der späten Stunde hellwach und sah zu, wie die feuerspeienden rohrförmigen Geschosse mit hellem Feuerschweif auf die Stadt zuflogen.

Irgendwann forderten die Bewacher uns auf, aufzustehen und zu den großen Gebäuden in der Barbarastraße zurückzugehen. Viele Frauen versuchten, sich zu weigern, da sie fürchteten, wieder zum Friedhof gehen zu müssen. Doch die Russen führten uns in die halbausgebrannten Keller der Gebäude, wo wir den Rest der Nacht verbringen sollten. Es gab weder Betten noch Strohmatten noch sonst eine Unterlage. Wir ließen uns einfach auf dem nackten Betonfußboden nieder. Es gab auch nichts zu essen oder zu trinken. Ich hatte seit dem Morgen nichts mehr bekommen und nur aus dem Wasserhahn im Hausmeisterzimmer des Polizeigebäudes getrunken. Leider hatten wir Mutters Handtasche mit den Essensvorräten zwischenzeitlich verloren. Ich hatte schrecklichen Hunger und sagte es den anderen. »Wenn du noch Milch hast, kannst du doch Bullerchen welche geben«, meinte Großmutter. Doch Mutter erklärte, ihre Milch sei längst versiegt. Ich war viel zu müde, um darüber nachzudenken, was das für Siegbert bedeuten musste, und schlief vollkommen erschöpft und frierend ein.

Am nächsten Morgen sagte mir Mutter mit trauriger Stimme: »Bullerchen, ich muss dir etwas sagen: Unser kleiner

Siegbert ist gestorben. Er ist heute Nacht ganz friedlich eingeschlafen.« Ich wusste genau, dass das nicht stimmte. Er war schon am Abend tot gewesen, hatte er doch weder geschrien noch gejammert, sondern war nur noch still gewesen.

Ich sagte kein Wort und weinte bitterlich um mein Brüderchen. »Es ist das Beste für ihn«, meinte Tante Christel, »Mutti hatte keine Milch mehr. Was hätte sie ihm zu essen geben sollen? Es wäre auch viel zu kalt für ihn. Jetzt ist er oben bei den Engeln, und da geht es ihm gut. Bestimmt passt er auch auf uns auf. Daran musst du immer denken.« Ihre Worte beruhigten mich kaum. Ich weinte und weinte, und bis heute kommen mir die Tränen, wenn ich an diesen Moment denke.

Dann mussten wir uns wieder aufmachen, die Russen führten uns weiter aus der Stadt ins freie Feld. Was sollte mit Siegbert geschehen? Wo konnten wir ihn begraben? Wir legten ihn in den Bezug des Steckkissens und trugen ihn, bis die Stadt hinter uns lag. Mutter wollte ihn gern schnell begraben, aber ich konnte mich nicht von ihm trennen und trug ihn wie einen Sack über der Schulter. Schließlich kamen wir zu einer Wiese, die noch vereist und teilweise mit Schnee bedeckt war. Ein kleiner, spatenbreiter Entwässerungsgraben führte vom Straßengraben in die Wiese. Tante Christel rief den nächsten Bewacher und bedeutete ihm mit verschiedenen Gesten, dass wir mein Brüderchen begraben wollten. »*Charascho, dawai, bisträ, bisträ*«, einverstanden, los schnell, schnell, sagte er nur, und so legten wir meinen toten Bruder ungefähr zehn Meter von der Straße entfernt in den kleinen Graben. Ich trat mit dem Stiefelabsatz ein paar Erdklumpen los, die wir über ihn legten. Darauf kehrten wir in den Treck zurück. Ich fürchte, die paar Erdklumpen waren wohl kein Hindernis für die vielen, damals herrenlos gewordenen, ausgehungerten Hunde.

Im Kriechtempo zogen wir weiter ins Ungewisse, während der Kampflärm in immer weiterer Ferne zu hören war. Wir waren voll Trauer über Siegberts Tod, zugleich kamen wir ein wenig zur Ruhe. Fürs Erste waren wir davongekommen. Selbst Hunger und Durst empfanden wir als nicht mehr so schlimm wie am Vorabend, und außer unseren Begleitsoldaten war von Russen weit und breit nichts zu sehen.

Wenn wir an einem Gehöft vorbeikamen, liefen wir hinein, um nach etwas Essbarem zu suchen, gegen den Protest unserer Bewacher. Leider hatten schon andere die Höfe geplündert. Die freigekommenen Fremd- und Zwangsarbeiter, die herumstreunten, waren genauso hungrig wie wir. Zudem waren sie aufs Plündern aus. Völlig heimatlos suchten sie überall nach etwas Brauchbarem, um zu überleben.

Da und dort fanden wir dennoch ein paar Lebensmittel. Einmal entdeckten wir eine ganze Karottenmiete und steckten uns die Taschen voll – ebenso wie unsere russischen Bewacher. Auch deren Brotbeutel waren inzwischen so gut wie leer. Plötzlich tauchten wieder wild aussehende Gestalten auf, zerlumpt, abgerissen und hungrig. Die Frauen erstarrten, ein erschrecktes Flüstern ging durch die Reihen. Drohte ihnen dasselbe Schicksal wie am Vorabend? Die Männer waren junge Polen, die als Fremdarbeiter nach Ostpreußen verschleppt worden waren. Die Rote Armee hatte sie befreit. Diese Männer stürzten sich auf die Frauen, nicht um sie zu vergewaltigen, sondern um sie ihrer Habe zu berauben. Taschen und Koffer wurden ihnen aus den Händen gerissen und am Straßenrand ausgeschüttet, der Inhalt mit den Füßen durchwühlt. Es entstand ein Riesengeschrei und -durcheinander. Ich war mittendrin im Geschehen und tat, was ich konnte, um die Räuber abzuwehren. Als ein Ring aus Tante Christels Tasche fiel, stellte ich schnell meinen Fuß darauf. Niemand bemerkte es, nicht einmal meine Tante. Als die Polen sich über die nächsten Frauen und ihre Habseligkeiten hermachten, hob ich den Ring schnell auf und ließ ihn in meiner Hosentasche verschwinden. Erst am Abend zeigte ich Tante Christel den Ring, und sie war sehr froh. Mutter meinte, es sei am besten, dass ich ihn bei mir behielt, da sei er am sichersten. So geschah es dann auch. Erst als Christel von uns getrennt werden sollte, nahm sie ihn zurück. Es war der einzige Gegenstand von Wert, der ihr geblieben war.

Bei allem, was passierte, dachte ich immer noch voll Trauer an Siegbert. Auch meine Mutter, Großmutter und Tante Christel waren tief betrübt. Zugleich waren wir dauernd damit beschäftigt, ums Überleben zu kämpfen. Abends erreichten wir eine Endmoränenlandschaft, Hügel und kleine Täler, so weit der Blick reichte, und die russischen Soldaten führten uns auf eine große Wiese. Dort und auf dem nächsten Hügel sahen wir eine Menge gefangener deutscher Soldaten, es müssen etwa tausend gewesen sein. Ihr Anblick stimmte uns froh, wir fühlten uns weniger allein. Die Gefangenen hatten von den Russen Brot und Wasser für ihre Feldflaschen bekommen und teilten mit uns. Dafür bekamen sie Mohrrüben aus der Micte.

Auf der nahen Straße schlängelte sich eine nicht enden wollende LKW-Karawane. Die Wagen fuhren mit hellen Scheinwerfern, deutsche Abfangjäger waren nicht mehr zu befürchten. Ich wollte meinen Augen nicht trauen, als ich bemerkte, dass auf die Motorhauben ein großer weißer Stern gesprüht war – ein amerikanischer, kein russischer roter Stern, den ich nur allzu genau kannte. Es waren nagelneue Fahrzeuge, nicht die üblichen russischen Klapperkisten, die wir bislang zu Gesicht bekommen hatten. Die Russen hatten Tausende von LKWs, die ihnen die Amerikaner geliefert hatten, so in Betrieb genommen, wie sie waren. GMC (*General Motors Corporation*) stand auf dem Kühler und an der Seite der Preis: *This vehicle costs … US-Dollar*. Diesen Text prägte ich mir ein (die Zahl vergaß ich). Verstanden habe ich ihn erst viel später.

In der kommenden Nacht gab es keinen Keller zum Übernachten, sondern nur den kahlen, eiskalten Boden in freier Natur. Mutter hüllte sich und mich in ihren Pelzmantel, Großmutter legte sich vor mich und Tante Christel dicht neben Mutter. Dahinter lag die Frau von der Heißmangel. So aneinandergedrängt, überstanden wir die Nacht auf der gefrorenen Wiese. Das monotone Gebrumm Hunderter schwerer Transporter begleitete mich in den Schlaf.

Am nächsten Morgen ging unsere Odyssee weiter. Irgendwann erreichten wir einen kleinen Ort namens Löwenhagen, ostsüdöstlich von Königsberg, während man uns zuvor nach Südwesten getrieben hatte. Wir waren an die hundert Kilometer gelaufen, ein weiter Marsch für uns alle. Eigentlich waren wir am Ende unserer Kräfte, aber die Situation forderte mehr von uns, und offensichtlich hatten wir noch Reserven. Ich lernte in diesen zwei Tagen meine ersten elf russischen Wörter: *charascho, dawai, bisträ, ruki, werch, woina* (Krieg), *kaputt, chleb* (Brot), *Ruski* (Russe), *matka* (Mutter), *woda* (Wasser) und *Njemjetzki* (Deutsche).

In Löwenhagen forderten die Russen uns auf, uns an einer Kreuzung zu versammeln, in deren Mitte eine große alte Eiche stand, daneben ein Kriegerdenkmal von 1914/18. »Was haben die jetzt mit uns vor?«, fragte ich mich unruhig. Da stieg ein Dolmetscher auf einen Panjewagen, einen in dieser Gegend typischen Holzwagen der Bauern, und ordnete an: »Alle Männer dort drüben hin, die Frauen und Kinder hier rüber.« Dann fuhr er fort: »Alle Männer über fünfzehn und unter sechzig hierher, alle Frauen ohne Kinder über sechzehn und unter fünfzig ebenfalls.«

Diese beiden Gruppen waren für sowjetische Arbeitslager bestimmt. Das allerdings erfuhr ich erst Jahrzehnte später. Auch Tante Christel gehörte zu ihnen. Würden wir sie je wiedersehen? Wir verabschiedeten uns unter Tränen. Besonders Großmutter war untröstlich.

Wir anderen, Mütter mit Kindern, alte Frauen und Männer und ganz junge Mädchen und Jungen ohne Eltern wurden zu einem Treck zusammengetrieben und setzten uns wieder in Bewegung. Wir sahen uns nach Tante Christel um und versuchten, ihr zuzuwinken. Doch sie verschwand bald aus unserem Blickfeld. Wir waren alle sehr traurig. Nach zwei Stunden Marsch erreichten wir erneut eine Wiese und unsere Bewacher bedeuteten uns, dass wir dort übernachten dürften. Leider gab es keine deutschen Soldaten, mit denen wir das Brot hätten teilen können, und auch diese Nacht war wieder sehr kalt.

Zurück nach Königsberg

Als wir am nächsten Morgen aufwachten, stellten wir fest, dass unsere Bewacher verschwunden und wir offenbar uns selbst überlassen waren. Was sollten wir tun? Wir beratschlagten eine Weile, bis sich herausstellte, dass alle den Wunsch hatten, nach Königsberg zurückzukehren. Wir wussten, was mit unserem Haus geschehen war, andere hofften vielleicht, ihre Wohnung vorzufinden. Nur zögernd setzte sich unser Zug in Bewegung, doch je mehr wir uns Königsberg näherten, desto schneller wurden wir. Bald würden wir zu Hause sein und das sinnlose Umherziehen sowie die Angst vor marodierenden Russen, das alles war erst einmal vorbei. Wie sah es in der Stadt wohl aus? Nachdem wir den Angriff erlebt hatten, war uns klar, dass wir nicht viel anderes vorfinden würden als zerstörte Häuser. Und doch hatten wir die Hoffnung, irgendwo eine Bleibe zu finden. Da wir von allen Nachrichten abgeschnitten waren, wussten wir nicht, ob der Krieg anderswo in Deutschland noch fortdauerte. Hin und wieder kam es mir so vor, als ob es unser Heimatland gar nicht mehr gäbe. Es war ein unheimliches Gefühl, so gar nicht zu wissen, was geschehen war.

An der Stadtgrenze angekommen, wurde deutlich, dass die Kämpfe beendet waren. Die von der NS-Propaganda vielbeschworene »Festung Königsberg« war gefallen. Am Rand der Stadt musste eine erste Frontlinie verlaufen sein. Überall auf den Straßen, in den Gräben, in den Vorgärten lagen tote Russen. Und ich sah auch zum ersten Mal tote Wehrmachtssoldaten. Sie lagen offenbar alle genau an der Stelle, an der sie getroffen worden waren, Russen wie Deutsche. Niemand hatte sich darum gekümmert, die Toten zu begraben. Wie lange würden sie da noch liegen?

Mutter jammerte, als sie die vielen Leichen sah, ihr liefen die Tränen herunter, und sie sagte: »Wenn Vater jetzt auch irgendwo so herumliegt, dort in Norwegen!« Ich tröstete sie, so gut ich konnte und sagte, Vater würde bestimmt noch am Leben sein. Ich glaubte wirklich daran. Großmutter schaute immer nur zur Seite. Mich berührten die vielen Toten auch, aber anders als Mutter und Großmutter. Ich achtete mehr auf die Umstände, wie sie gefallen waren, und versuchte mir anhand der sichtbaren Verletzungen vorzustellen, wie die Kämpfe abgelaufen waren. Zugleich fielen mir die großen Unterschiede in Uniform und Waffenausrüstung auf. Irgendwie war ich zu erschöpft und abgestumpft, um Mitleid oder Trauer zu empfinden. Es war wohl so, dass ich im Vergleich zu dem Schlimmsten, das ich bis dahin erlebt hatte – dem hilflosen, völlig nutzlosen Schreien der gepeinigten Frauen und ganz besonders meiner Mutter – die so friedlich und still daliegenden Gefallenen als nichts Bedrohliches oder Furchtbares empfand. Gleichwohl machte ich einen Unterschied zwischen toten Russen und Deutschen und war sehr befriedigt, als ich feststellte, dass offensichtlich sehr viel weniger unserer Soldaten umgekommen waren.

Ich registrierte alles, was ich sah, sehr genau. Mein Kopf funktionierte wie eine Kamera, und bis heute laufen all die gespeicherten Bilder wie ein Film vor mir ab. Als wir über die Hauptstraße Richtung Innenstadt gingen, stellte ich fest, dass auch dort unzählige Tote lagen. Man hatte sie zu beiden Seiten der Straße aufgehäuft. Die Russen brauchten offenbar Platz für ihren Nachschub.

Schließlich erreichten wir im Ortsteil Rosenau das Gelände der Bölke- und Immelmann-Kaserne, ungefähr einen Kilometer vom Ortskern entfernt. Dort begann unser Treck, sich aufzulösen. Die meisten Leute waren am Ende ihrer Kräfte. Wir entdeckten nahe bei der Kaserne eine Villa, vermutlich das Privathaus des Kommandanten der Kaserne. »Vielleicht können wir hier erst einmal bleiben«, meinte Mutter. Und so beschlossen wir, uns dort niederzulassen. Unser Haus am Preyler Weg war bestimmt niedergebrannt. Wo sollten wir sonst hin? Außerdem war Mutter so geschwächt, dass sie keinen Schritt mehr hätte gehen können. Andere Leute aus dem Treck zogen weiter in der Hoffnung, in der Stadt eine Bleibe zu finden.

Wir waren allerdings nicht die Einzigen, die die Idee hatten, in der Villa Zuflucht zu suchen. Die drei Zimmer im Parterre und die drei im ersten Stock waren bereits belegt. Doch oben war eine winzige Kammer frei, deren Fenster zerbrochen war. Nur ein schwarzes Luftschutzrollo, das sich noch herunterziehen ließ, schützte vor Kälte. Dort ließen wir uns nieder. In der Kammer standen zwei Bettgestelle, zwischen denen ein ganz schmaler Gang war. Bettwäsche und -decken gab es nicht, auch die Tür war herausgerissen und genau wie das Treppengeländer von den Russen verfeuert worden. Mutter und ich schliefen in dem einen, Großmutter in dem anderen Bett. Unsere Sachen brachten wir unter den Gestellen unter. Die Frau, die uns begleitete, legte sich auf den Fußboden. Wie glücklich waren wir, dass wir diese Bleibe gefunden hatten und nicht mehr unter freiem Himmel auf einer eiskalten Wiese übernachten mussten!

Doch damit waren nicht alle Probleme gelöst. Wir hatten schrecklichen Hunger. »Wo finden wir bloß etwas zu essen?«, fragte Mutter. Gemeinsam mit Großmutter ging sie zu anderen Bewohnern des Hauses, um zu überlegen, wie man Lebensmittel organisieren könnte. Es gab nur zwei Möglichkeiten, an Essbares heranzukommen, und beide hatten mit uns Kindern zu tun: betteln zu gehen oder umliegende Ruinen nach Essen zu durchsuchen. Die Frauen und Mädchen waren durch die Russen zu sehr gefährdet. Also wurde beschlossen, dass wir Jungen alles versuchen sollten, damit wir nicht verhungern mussten. Die Frage, wie man halbwegs satt werden konnte, bestimmte von nun an mein ganzes Denken und Tun. Nicht nur für ein paar Tage, Wochen oder Monate, sondern für Jahre.

In dem großen Hof bauten wir uns wie viele andere eine kleine Kochstelle. Dazu holte ich Ziegelsteine vom Kasernengelände und schichtete sie in zwei Reihen auf, jeweils drei übereinander. Darüber legte ich einen auch in der Kaserne gefundenen Fußabtrittsrost, den ich abends sicherheitshalber unter dem Bettgestell versteckte.

Wasser bekamen wir aus einem großen Ziehbrunnen im Hof. Ob das Wasser sauber war? Oder hatten es vielleicht die Wehrmachtssoldaten vor Aufgabe der Kaserne vergiftet? Wir zögerten eine Weile, aber bald siegte unser Durst, und wir trauten uns, das Wasser zu trinken.

Nach kurzer Zeit hatte ich mit den paar gleichaltrigen Jungen, die ebenfalls in der Villa wohnten, eine Art Horde gebildet. Neben dem Essen-Suchen gab es viel zu tun, damit wir und unsere Familien dort überleben konnten. Das Wichtigste war das Wegschaffen der Leichen, die allmählich verwesten und die Atmosphäre verpesteten. Gleich neben dem Brunnen lag ein zerschossener Wehrmachtspferdewagen. Die beiden toten Pferde hingen noch in den Sielen, ihre Leiber waren dick aufgedunsen, daneben lagen zwei deutsche

Soldaten, von denen einer sein Fernglas an einem Lederriemen um den Hals trug. Auch ihre Körper verwesten bereits. In der Luft lag ein süßlicher Geruch, von dem einem ganz übel wurde. Da wir das Wasser aus dem Brunnen tranken, schien es uns wichtig, Wagen, Pferde und Soldaten möglichst schnell wegzuschaffen. Wir fanden in einem Gebäude eine Tür, legten den ersten Toten darauf, trugen ihn gemeinsam über die Straße und rollten ihn zu den anderen Leichen, die dort bereits lagen. Darauf folgte der zweite. Dessen Fernglas nahmen wir vorher ab. So ein kostbarer Gegenstand konnte ein wichtiges Tauschobjekt gegen Essbares sein.

Leider gelang es uns nicht, die riesigen Pferde wegzuschaffen. Sie waren einfach zu schwer. Und so blieb uns nichts anderes übrig, als uns an ihren üblen Gestank zu gewöhnen. Sie blieben noch etliche Tage liegen, bis sie nach etwa zwei Wochen von deutschen Kriegsgefangenen unter Aufsicht russischer Soldaten abtransportiert wurden. Auf der gegenüberliegenden Straßenseite ließ man sie in einem Wiesenfeld halb eingraben, halb zuschütten.

Nicht nur der Hunger bedrohte uns. Auch die Russen machten uns wieder zu schaffen. Deshalb blieben die Frauen und jungen Mädchen tagsüber im Haus. Es herrschte dichtes Gedränge, denn es wohnten an die hundert Leute dort. In jedem der größeren Zimmer lebten mindestens fünf Mütter mit ihren Kindern, unten in der Waschküche hauste ein altes Ehepaar.

Die hygienischen Zustände waren furchtbar. Es gab kein fließendes Wasser und damit auch keine funktionierenden Toiletten. Den Frauen blieb nichts anderes übrig, als nachts hinter das Haus zu gehen, wo wir schon tagsüber gewesen waren. Die schlimmste Bedrohung für die Frauen waren nicht die Russen in der Kaserne, sondern die großen Horden betrunkener, grölend umherziehender Russen. Sehr bald hatte sich unter ihnen herumgesprochen, wie viele Frauen in unserem Haus lebten. Es gab keine Haustür, und so konnte jeder unbehelligt hinein. Die Frauen schützten sich, so gut sie konnten. Durch eines der oberen Zimmer gelangte man in einen Verschlag in der Dachschräge hinter einer Tapetentür. Dort oben versammelten sich die zwölf- bis fünfzehnjährigen Mädchen des ganzen Hauses jeden Abend, um die Nacht zu verbringen. Sie nahmen einen Eimer mit und verriegelten die Tür von innen. Die Mütter legten allerlei Gerümpel vor die Tür, die so in der Dunkelheit nicht mehr zu erkennen war. Dieses Versteck blieb die ganze Zeit, in der wir dort wohnten, unentdeckt. Allerdings fanden nur die Töchter Schutz. Die Mütter mussten jede Nacht schlimme Vergewaltigungen über sich ergehen lassen, während ihre Töchter hinter der Tür ihr Weinen, Schreien und Schluchzen hörten.

Auch wir in der Kammer blieben von diesen Gewalttaten nicht verschont. Eines Nachts wurde ich durch große Unruhe in unserem Bett wach und merkte erst langsam, dass gerade ein Russe dabei war, meine Mutter zu vergewaltigen. Die Frau von der Heißmangel zog mich vorsichtig aus dem Bett und ich legte mich zu Großmutter, während meine Mutter diesen Mann ertragen musste. Da wir auch in den nächsten Nächten mit solchen Übergriffen zu rechnen hatten und die Russen offenbar keine Rücksicht auf Kinder nahmen, schlief ich fortan bei Großmutter im Bett.

Nacht für Nacht fanden die Vergewaltigungen statt, in Gegenwart der vielen Kinder, und die Frauen, die zuerst versucht hatten, sich zu sträuben, gaben auf und ließen es schnell und still über sich ergehen, um uns zu schonen. Wir sollten möglichst wenig mitbekommen. Außerdem wäre es ganz sinnlos gewesen, sich zu wehren. Zu Mutter kam jede Nacht derselbe russische Offizier. Sie war noch froh, dass nicht immer verschiedene Männer kamen, und sie ertrug es, ohne zu klagen. Tagsüber hörte ich manchmal Gespräche der Frauen, in denen es darum ging, wie man es schaffen könnte, nicht schwanger zu werden. Irgendjemand sagte, dass man Tabletten nehmen könnte. Vielleicht habe ich das nur nicht richtig verstanden, vielleicht glaubten manche Frauen tatsächlich, dass es so etwas damals schon gab.

Tag für Tag fuhren stundenlang Nachschubkolonnen aus dem Osten über die Straße an unserem Haus vorbei, Panjewagen, gezogen von einem kleinen Panjepferd. Es waren niedliche, kleine struppige Tiere. Auf der Ladung saßen zwei Soldaten und hinter jedem Wagen liefen zwei oder drei Ersatzpferde mit. Währen die Wagen vorbeizogen, standen wir an der Straße und bettelten bei den Kutschern um ein Stück Brot. Wir hatten gelernt zu sagen: »Ruskij, daj mnje chleb«, Russe, gib mir Brot, erst später lernten wir auch, bitte, *pashalista,* zu sagen. Inzwischen konnte ich also vier weitere russische Wörter.

Uns Kindern gegenüber waren die Russen meistens freundlich und gaben uns das gewünschte Brot, einer warf mir sogar ein Paket Leibnizkekse zu, die mit den Zähnchen ringsherum. Es war offensichtlich Beutegut. Überhaupt stammte vieles von dem, was die Russen auf ihren Wagen hatten, aus erbeuteten Magazinen. Nur zweimal habe ich erlebt, dass ein Russe mir nichts geben wollte. Ich sagte wie gewohnt mein *Ruskij dia mnje chleb* auf, und schon verspürte ich einen Peitschenschlag im Gesicht. »*Chitler Chleb*!«, soll dir Hitler doch Brot geben, brüllte der Mann und fuhr mit seinem Wagen weiter. Ähnliches sollte mir später noch einmal passieren.

Etwa eine Woche, nachdem wir in der Villa bei der Kaserne Unterschlupf gefunden hatten, ereignete sich etwas, worauf wir tagelang gehofft, worauf wir geradezu gelauert hatten: dass irgendwann eines der Panjepferde nicht weiterkonnte, möglichst hier bei uns in der Nähe. Eines der Pferdchen lahmte, der Kutscher spannte es aus, führte es zum Straßengraben, zog die Pistole und erschoss es. Dann kam ein Ersatzpferd vor den Wagen, und er fuhr weiter.

Wir warteten bis zum Ende der Kolonne, denn wir trauten uns erst an das Pferd heran, nachdem die Russen weg waren. Im Haus machte das Ereignis wie ein Lauffeuer die Runde. Der Mann, der in der Waschküche wohnte, zerlegte das Tier mit Axt und Messer. Daraufhin ging ein wahrer Ansturm auf das Fleisch los. Die Leute kamen mit Messern, Eimern und Schüsseln herbeigelaufen, schließlich hatten sie seit Wochen weder Fleisch noch sonst kaum etwas zu essen bekommen. Nach kurzer Zeit lagen nur noch das Fell, der Kopf und die Hufe im Straßengraben, und alle schleppten glücklich das ihnen zugeteilte Fleisch ins Haus. Jetzt lohnte es sich endlich wirklich, die Kochfeuer im Hof in Betrieb zu nehmen.

Wenn keine Nachschubkolonnen vorbeizogen, machten wir Jungen uns auf die Suche nach anderen Nahrungsmitteln. Wir hatten inzwischen die Gegend erkundet, die Kasernenanlage war uns bestens vertraut. Diese Gänge waren nicht ungefährlich; in den Vorgärten der Kasernenbauten entlang der Straße steckten zahlreiche oben angewinkelte rote Eisenstäbe, daran ein kleiner gelber Winkel mit einem schwarzen Totenkopf. Wie ich aus meiner bescheidenen »militärischen« Erfahrung wusste, waren daneben Minen vergraben. Offenbar hatten die deutschen Soldaten das Kasernengelände überstürzt verlassen und diese Markierungen nicht mehr entfernen können. Ein Glück für uns, aber auch für die Russen.

In einem der Keller fanden wir einen riesigen Berg Kartoffeln, in einem anderen Rote Beete. Damit hatte unser Hunger wenigstens vorübergehend ein Ende. Jeden Tag gab es Pellkartoffeln, gekochte Rote Beete und manchmal auch ein erbetteltes Stück Brot dazu. Wir aßen die Vorräte in verschiedenen Variationen: Brot mit kalten Pellkartoffelscheiben, Brot mit Rote Beete, warme Pellkartoffeln mit kalten Rote Beete. Das sorgte für Abwechslung. Es war ein herrliches Gefühl, einmal nicht mehr hungern zu müssen.

Unsere Feuerstelle im Hof konnten wir nun jeden Tag benutzen. Meistens kochten wir Jungen oder die jüngeren der Mädchen, die sich gefahrlos draußen zeigen konnten. Brennholz fanden wir Jungen zur Genüge in Gebäuden und Lagerhallen. Wir bauten Geländer ab, rissen Zäune aus und trugen Möbel nach draußen. Mit der Zeit wurden wir sehr geschickt im Umgang mit der Axt. Das Holz luden wir auf einen Handwagen und fuhren es zu den Kochstellen. Im Feuermachen wurden wir von Tag zu Tag geschickter. Der Geruch der blasenwerfenden Farbe auf dem angezündeten Holz liegt mir noch heute in der Nase. Nur die Augen tränen nicht mehr.

Waren Hunger und Durst unserer Familien gestillt, hatten wir endlich frei. In den Lagerhallen machten wir interessante Funde, die uns tagelang beschäftigten. In einem Schrank entdeckten wir Unmengen Ausschneidebögen, mit denen man sämtliche deutschen und russischen Panzerfahrzeuge zusammenkleben konnte. Wahrscheinlich war es Unterrichtsmaterial für die Soldaten gewesen, damit sie unsere und auch die feindlichen Panzer besser kennenlernten.

In einer großen Halle fanden wir, in Regalen sortiert, die Ausstattung von Kantinen und Feldküchen: Wasser- und Kaffeekannen, Schaumlöffel, Schöpfkellen, Kochgeschirre, Feldflaschen, Essbestecke, Kochtöpfe aller Größen, faltbare Aluminium-Essbestecke, Siebe und sogar Fliegenfänger, immer hundert Stück in einem Karton. Ganz wichtig waren die Streichholzpakete, denn diese waren mehr als rar und zum Kochen und Heizen unerlässlich. Wir nahmen uns von diesen Gegenständen, was zum Kochen gebraucht wurde, und brachten es auf dem Handwagen zu den Erwachsenen ins Haus.

Wichtiger als solche Nutzgegenstände aber war für uns alles, womit man spielen konnte. Wir Kinder brauchten dringend einen Ausgleich, etwas Ablenkung von der täglichen Not, und die fanden wir in den Spielen, die wir uns ausdachten. Ich glaube, ohne sie wären wir seelisch zugrunde gegangen. Sie halfen uns, das Elend, in dem wir lebten, die immer wiederkehrenden Schrecken der Nächte zu vergessen und trotz allem ein bisschen von jener Lebensfreude zu haben, ohne die wir nicht existieren können.

Auf unseren Streifzügen besuchten wir manchmal die Rosenauer Kirche, die einen Kilometer von der Kaserne entfernt war. Wir kletterten auf die Orgelempore und bauten kleine Orgelpfeifen aus, auf denen man herrlich pfeifen konnte. Wir sahen uns die ganze Kirche genau an, ein bisschen unheimlich war uns dabei zumute, auch hatten wir den Anflug eines schlechten Gewissens. Durfte man in der Kirche einfach etwas wegnehmen und damit spielen?

Das Vergnügen, mit den Orgelpfeifen zu spielen, war stärker als unsere Skrupel, und so ließen wir uns immer mal wieder in der Kirche blicken, in die sonst kein Mensch kam, mit dem Gefühl leichten Schauderns und der Lust auf Schabernack.

In der Kaserne nahmen wir die Ausschneidebögen mit den Modellen der feindlichen und deutschen Panzer an uns, dazu Tuben mit Uhu-Alleskleber, von denen wir mehr gefunden hatten, als wir je würden brauchen können. Wir deckten uns mit Brenngläsern ein, dic wir in einer Kiste entdeckt hatten, und nahmen auch Schachteln mit Fliegenfängern mit. Alle diese Schätze brachten wir in eine hölzerne Baracke auf dem Gelände.

In einer Ecke der vielen Kasernenhöfe standen mehrere Horchgeräte. Diese bestanden aus vier bis sechs Exponentialtrichtern, so angeordnet, dass sie mit ihren großen Trichterseiten im Geviert zu einer Gesamtöffnung zusammengefasst waren. Montiert war das Ganze auf einer Lafette mit vier Rädern. Mit zwei großen Kurbelhandrädern konnte der gesamte Horchkopf eine 360-Grad-Horizontaldrehung und auch einen 90-Grad-Vertikalschwenk machen. Man vermochte ihn so mit seiner großen Schallöffnung auf jeden Punkt des Himmels zu richten, um Flugzeuggeräusche aus großer Entfernung aufzufangen und zu lokalisieren.

Ich hatte solche Geräte schon kennengelernt und wusste, wie man sie bedient. Wir machten damit nun folgendes Spiel: Vier von uns kletterten in den senkrecht gestellten Horchkopf, jeder in einen Trichter. Vier weitere kletterten in ein zweites Horchgerät. Dann versuchten beide Parteien, sich gegenseitig zu überfallen, indem sie aus den Trichtern sprangen. Da die Trichter sich nach unten hin stark verjüngten, stellten wir Kartons mit Fliegenfängern hinein, um nicht mit gestreckten Füßen wie Balletttänzer darin stehen zu müssen. Die Fliegenfänger hatten aber noch eine zweite Funktion. Sie dienten zur Abwehr der feindlichen Mannschaft, die zuerst aus den Trichtern kletterte. Diese wurde von den Gegnern mit Fliegenfängern beschossen, die in ihren Haaren hängenblieben, weil wir sie vorher ein wenig ausgerollt hatten. Das hielt die Angreifer aber nicht auf: Sie arbeiteten sich weiter vor bis zu den Handrädern und kurbelten den Trichterkopf so lange gen Erdboden, bis den Verteidigern nichts anderes übrigblieb, als aus den Trichtern zu springen, da sie sonst einfach ausgeschüttet worden wären. Damit stand der Sieger fest und eine neue Runde begann.

In einer anderen Halle fanden wir riesige Flakscheinwerfer auf Lafetten, dazu, ordentlich preußisch in Regalen gestapelt, einen Meter lange kräftige Papprollen, in denen sich zehn fingerdicke Kohlestäbe für die Lichtbogenlampen der Scheinwerfer befanden. Die Dinger waren ein Vermögen wert, was für ein Jammer, dass wir sie nicht gegen Essen umtauschen konnten. Amüsieren allerdings konnten wir uns gut damit. Eines Tages zerbrachen wir die dicken Glasreflektoren mit Ziegelsteinen, was wunderschön schepperte. Mit den Spiegelscherben zielten wir auf uns und blendeten uns gegenseitig. Die Kohlestäbe zersprangen wie Glas in tausend Stücke, wenn man sie draußen an einer Hallenecke flach gegen die Wand schlug. Es machte großen Spaß, und zur Entschuldigung sagten wir uns, dass diese Geräte auf keinen Fall in russische Hände geraten dürften.

Mit den Brenngläsern hielten wir Mutproben ab. Jeder bekam eins, und alle mussten es so lange über den Handrücken halten, bis es nach angesengter Haut zu riechen begann. Dann hatte man die Mutprobe bestanden.

Jeden Tag entdeckten wir mehr in den Kasernenhallen: zum Beispiel hölzerne längliche Kisten mit vier nagelneuen, in Ölpapier verpackten Ersatzläufen für die Zwei-Zentimeter-Vierlingsflak oder Munitionskästen voller Übungsmunition mit violetter Holzspitze. Die brachten wir in die Baracke, in der schon die Ausschneidebögen lagen. Die Munitionsmagazine ließen wir liegen.

Wir richteten eine Serienproduktion von Panzern aus Pappe ein. Auf meinen Vorschlag hin wurde die Arbeit aufgeteilt: Manche schnitten aus, andere knifften, die Dritten klebten. Nach ein paar Tagen hatten wir genug Panzer fertig, um auf dem Gelände eine Panzerschlacht veranstalten zu können. Gewinnen sollten natürlich die Deutschen.

Damit die Panzer auch richtig kämpfen konnten, nahmen wir die Übungsmunition und brachen die violetten Spitzen mit einer Kneifzange aus der Patronenhülse. Dann entfernten wir eine kleine Filzscheibe und schütteten das Schießpulver aus. Es erinnerte an winzig kleine Salmiakpastillen. Nachdem wir eine Menge Patronen zerlegt hatten, füllten wir das Pulver in drei große Wasserkannen.

Jetzt war es so weit. Die große Schlacht konnte beginnen. Die Panzer wurden in Schlachtordnung aufgestellt, und wir füllten in jeden durch die eigens offengelassene Turmluke Schießpulver ein. In jedes Modell wurde an der Unterkante ein Loch gebohrt, bis etwas Pulver herausrieselte.

Dann streuten wir mit den Händen eine Pulverspur von Panzer zu Panzer und zündeten das Pulver an einer Stelle an, nicht mit Streichhölzern, sondern mit dem Brennglas, damit die Spannung größer wurde. Neugierig und andächtig verfolgten wir die laufende Flamme, bis sie einen Panzer erreichte. Der flog mit einem lauten Blubb in die Luft. Wir hatten die Zündspuren sternförmig angelegt, so ging es Schlag auf Schlag. In wenigen Minuten hatten unsere deutschen Panzer gewonnen, ein schönes Erlebnis, für das sich, so fanden wir, die vielen Stunden Arbeit durchaus gelohnt hatten.

Der Einzug der Ordnungsmacht

Nachdem wir ein paar Wochen bei der Kaserne gelebt hatten, war es mit unserer grenzenlosen Freiheit auf dem Gelände vorbei. Die Russen schufen eine Militärverwaltung und führten eine gewisse Ordnung ein. Das machte uns das Leben leichter. Die Vergewaltigungen ließen nach, denn die einfachen Soldaten streunten nicht mehr ungehindert durch die Gegend, unsere Mütter und die jungen Mädchen konnten nach Wochen endlich auch tagsüber das Haus verlassen. Leider sorgten die Russen aber nicht für Verpflegung, und da sie nun immer häufiger auf dem Kasernengelände zu sehen waren, wurde es schwerer für uns, an Essbares und Brennholz heranzukommen. Unsere Kartoffeln und Rote Beeten hatten sie nämlich inzwischen auch entdeckt, und so konnten wir uns keine mehr holen.

Ich kann mich nicht mehr genau erinnern, wie es uns gelungen ist, doch noch etwas zu essen zu finden. Wir bettelten weiter bei den Russen um Brot, suchten in den Ruinen nach Nahrungsmitteln. Wir weiteten unseren Radius aus und gingen immer öfter in die Ruinen von Rosenau, drangen in Häuser und Fabriken ein und nahmen alles mit, was irgendwie essbar schien. Unterwegs begegneten wir oft anderen Menschen, die auch nach Nahrung suchten, und wenn man etwas gefunden hatte, gab man sich gegenseitig Tipps. Diese allerdings waren nicht immer richtig, manchmal wurde man in die Irre geführt. Meistens erreichten uns solche Botschaften auch erst, wenn schon alles weggeholt worden war.

Die Russen wiesen endlich deutsche Kriegsgefangene an, die noch immer überall in unserer Gegend herumliegenden, stark verwesten Toten zu begraben. Diese wurden auf ein Feldstück geschleppt und dort in eine zuvor ausgehobene Grube geworfen. Von einem Panjewagen aus wurde Löschkalk darübergeschüttet, dann die Grube geschlossen. All das geschah vor unseren Augen, und wir verfolgten es eher mit Interesse als mit einem Gefühl des Grauens. Am Ende waren wir froh, dass endlich der unangenehme, Übelkeit erregende Verwesungsgeruch verschwand.

Doch damit waren noch lange nicht alle Toten begraben. Wir entdeckten immer neue Soldatenleichen und tote Zivilisten, wenn wir in Häusern und Fabriken nach Essbarem suchten. Einmal fanden wir in einem Schlachthof zwei deutsche Soldaten an ihrem Maschinengewehr. Wir schenkten ihnen kaum Beachtung, hatten wir doch gehört, dort gäbe es Pökelfleisch in Fässern. Leider fanden wir nichts mehr davon, dafür aber Fässer mit einem bräunlichen Fett. Da wir uns in einem Schlachthof befanden, nahmen wir an, dass man es essen konnte, und nahmen es mit. Mit Salz darauf schmeckte es gar nicht so schlecht. Ich habe nie erfahren, was es eigentlich war. Manche meinten, es sei Pferdefett, andere nannten es Knochenfett. Wie auch immer, wir hatten keine Wahl. Das Wichtigste war, dass man etwas bekam, das sattmachte. Im Grunde konnten wir von Glück sagen, dass wir das braune Fett entdeckt hatten. Etwas zu essen zu finden, war eine Frage von Leben und Tod. Es begann eine Zeit großer Hungersnot, viele Menschen kamen zu Tode. Vor allem bei den Älteren, die weniger kräftig und agil waren als wir, begann das große Sterben. Aber wir wussten, dass auch wir bald verhungern würden, wenn nicht endlich Hilfe kam.

Der Matrose

Sie kam plötzlich und unerwartet. Es war Ende April 1945. Die Russen hatten beschlossen, auch die Kaserne ganz in der Nähe unseres Gebäudes zu beziehen. Zu diesem Zweck ließen sie von deutschen Kriegsgefangenen alle Minen vor dem Gebäude entfernen und kontrollierten darauf das gesamte Gelände mit Minensuchgeräten. Für uns Jungen ein interessantes Schauspiel, das wir aus nächster Nähe betrachteten.

Ein paar Russen kamen zu uns ins Haus und wählten eine Schar von Frauen aus, unter ihnen auch meine Mutter. Unsere Mütter baten, uns mitnehmen zu dürfen, da sie sich vor Vergewaltigungen schützen wollten. Die Russen hatten jedoch etwas ganz anderes mit ihnen vor. Die Frauen sollten die im Keller gelagerten Kartoffeln in einen anderen, vorher auf Minen untersuchten Raum schaufeln, da die Russen unter den Kartoffeln versteckte Minen vermuteten. Ein Himmelfahrtskommando für Frauen mit Kindern, ganz sicher ein Verstoß gegen internationale Konventionen.

Unseren Müttern blieb nichts anderes übrig, als die verlangte Arbeit zu erledigen, und sie machten sich beherzt ans Werk. Ich muss sagen, dass ich meine Mutter dafür sehr bewunderte. Als alles überstanden war, gab es immerhin eine

Belohnung, einen ganzen Sack Kartoffeln. So würden wir also noch nicht in den nächsten Tagen verhungern.

Wenig später hatte ich ein aufregendes Erlebnis, das unsere Lage noch weiter verbesserte. Eines Nachmittags ging ich auf der Suche nach Essbarem zu dem unweit der Kasernen verlaufenden Eisenbahndamm. Es war die Strecke Insterburg–Königsberg, und die Schienen führten von Osten kommend stadteinwärts. Drei Güterwagen lagen neben den Gleisen, beschädigt, aber nicht ausgebrannt. Ich kroch ohne jede Furcht hinein, aber leider konnte ich nichts zu essen finden und wollte mich schon auf den Nachhauseweg machen, als ich auf den Schienen von Königsberg her einen Mann herankommen sah, der schon von weitem auf den Fingern nach mir pfiff. Als er sich näherte, sah ich, dass er ein russischer Matrose war. Offenbar war er mit einem Kriegsschiff nach Königsberg gekommen und wollte dort Beute machen. Was das hieß, war mir nur allzu bekannt. Mit dem Ruf »Uri, Uri« stürzten sich die russischen Soldaten gern auf uns und durchsuchten die Erwachsenen nach Uhren. Ich hatte manche gesehen, die den ganzen Unterarm mit Uhren zugepflastert hatten. Deshalb rechnete ich damit, dass der Mann auch von mir etwas bekommen wollte, lief aber nicht weg. Ich hatte keine Angst, denn die Russen waren zu uns Kindern fast immer freundlich. Mal sehen, was er will, sagte ich mir. Ich hatte inzwischen durch den Umgang mit den Soldaten genug Russisch gelernt, um mich ganz gut zu verständigen. Ich war längst über die ersten zehn Worte hinausgekommen. Auch die Russen kannten ein paar deutsche Wörter, und der Rest wurde mit Zeichensprache erledigt.

Als der Matrose vor mir stand, wollte er zuerst von mir wissen, ob ich eine *sistra* oder *matka*, eine Schwester oder eine Mutter hätte. Ich verneinte die Frage, und er glaubte mir sofort. In der Gegend liefen viele Kinder allein herum, die ihre Eltern und Familien verloren hatten. Danach fragte er mich nach einer Uhr, zog aus der Uniformtasche eine Tafel Beuteschokolade und reichte sie mir.

Ich überlegte blitzschnell. Mutters kleine goldene Armbanduhr steckte in Großmutters Brustbeutel. Brauchten wir sie eigentlich? Im Grunde war sie von keinem großen Nutzen. Tragen konnte man sie sowieso nicht und Zeit zählte im Moment wenig, viel wichtiger war, dass man etwas zu essen bekam. Und Mutter würde bestimmt einverstanden sein.

Ich fing an, mit dem Russen um den Preis zu feilschen. Am Ende versprach er mir, vier ganze Brote, Butter, Schinken, Wurst und Zucker, lauter Kostbarkeiten mit allergrößtem Seltenheitswert. Besonders um den Zucker habe ich verhandelt. Man konnte ihn so gut auf das Brot streuen und musste es nicht trocken essen. Ich machte dem Mann auch klar, dass ich große Mengen haben wollte. Zwar kannte ich das Wort für Rucksack nicht, aber ich legte zwei Daumen an den eingewinkelten Armen seitlich vor die Brust, beugte mich leicht nach vorn und beschrieb mit den Armen eine große Kugel in der Luft. Der Matrose verstand, nickte und sagte: »*Da, da*«.

Wir verabredeten uns für den nächsten Nachmittag. »Wenn die Sonne an diesem Punkt am Himmel steht«, sagte ich, zeigte nach oben, und er nickte wieder.

Danach beobachtete ich, wie der Mann über die Gleise zurücklief, und blieb noch eine Weile am Bahndamm sitzen. So konnte ich sicher sein, dass er mir nicht folgte.

Zu Hause berichtete ich Mutter und Großmutter von meiner Begegnung. Meine Mutter dachte praktisch und erklärte sich sofort bereit, ihre Uhr herzugeben. Allerdings fürchtete sie, der Russe könnte mir die Uhr einfach mit Gewalt entreißen und mich danach umbringen. »Ein Toter mehr oder weniger in dieser Zeit, das fällt doch keinem auf. Kein Hahn wird danach krähen«, meinte sie zweifelnd. »Ich kenne den Mann doch«, sagte ich. »Er wird mir schon nichts tun. Außerdem bringt er Essen mit.« Mutter und Großmutter waren besorgt um mich. »Du bist zu klein, um solche Geschäfte zu machen«, erwiderte Mutter. »Aber wir brauchen doch was zu essen«, sagte ich immer wieder. »Wo wollt ihr sonst was hernehmen, und ich habe solchen Hunger!«

Am Ende gelang es mir, Mutter und Großmutter zu überzeugen, dass das Unternehmen nicht so gefährlich war, wie sie fürchteten. Am nächsten Tag war ich schon mittags, als die Sonne noch hoch am Himmel stand, am vereinbarten Ort auf den Schienen, lange vor der verabredeten Zeit. Ich wollte sicher sein, dass ich in dem weit einsehbaren Gelände von niemandem beobachtet wurde. Ich ließ mich auf den Gleisen nieder und steckte die Uhr in meinen Strumpf, seitlich unter dem Knöchel. Ich wollte verhindern, dass der Matrose mir den kostbaren Gegenstand einfach wegnehmen konnte. Dann zog ich meinen hohen Schnürschuh wieder an und stellte erfreut fest, dass ich darin ganz normal gehen konnte, ohne zu humpeln. Ich wollte nämlich auf keinen Fall sein Misstrauen erregen.

Schließlich entdeckte ich den Matrosen in der Ferne. Ich versuchte zu erkennen, ob er etwas bei sich hatte. Tatsächlich trug er einen *Zich*, den typischen russischen Rucksack. Das war ein großer Stoffbeutel, der an einer Schmalseite offenblieb, damit man Dinge hineinstecken konnte. An den beiden unteren Ecken war je ein Stein, und um die beiden Ecken wurden die beiden Enden eines Bandes geknotet. Mit der dadurch entstandenen Schaukel band man den zusammengerafften Beutel am oberen Ende zu, und schon hatte man einen Rucksack.

Der Matrose winkte mir von weitem zu und deutete auf den dicken Sack auf seinem Rücken. Jetzt könnte ich noch schnell weglaufen, dachte ich, doch das kam natürlich nicht infrage. Ich nahm all meinen Mut zusammen und wartete, bis er wieder vor mir stand.

»Zeig die Uhr«, sagte er.

»Ich habe sie mit, aber ich habe sie vergraben«, bedeutete ich ihm. »Zeig mir, was du mitgebracht hast.« Wir setzten uns einander gegenüber, jeder auf eine Schiene. Er packte alles aus und legte es auf eine der Eisenbahnschwellen. Ich sah Dinge, die ich seit Monaten nicht mehr zu Gesicht bekommen hatte: Schinken, Wurst, Käse, Brot, Butter und Zucker. Es war unendlich viel, mehr als ich erwartet hatte. Woher er das wohl alles hatte? Von seinem Schiff? Hatten die Matrosen mehr zu essen als die Landtruppen? Offenbar gab es an Bord mehr als Brot und Kascha, den dicken Brei aus Graupen oder Buchweizen.

Als die Sachen vor uns lagen, sagte ich mir, dass der Russe sie bestimmt nicht hierhergetragen und ausgepackt hatte, um sie wieder mitzunehmen, und dass er es ehrlich meinte. »*Charascho*? Alles in Ordnung?«, sagte er und sah mich fragend an. Ich strahlte vor Freude. Dann meinte er: »Deutschland gut, *Chitler kaput!*«

Am liebsten wäre ich ihm um den Hals gefallen. Er erkannte, wie froh ich war, wartete einen Moment und sagte: »*Nu, Charascho, gdje Uri?*« Nun gut, wo ist die Uhr? Als ich meinen Schuh aufschnürte und sie aus dem Strumpf zog, sah er mich erstaunt an. Schließlich begriff er und grinste anerkennend. Dann fragte ich ihn: »*Charascho?*« Und er antwortete: »*Da, da, otschin charascho.*« Ja, ja, sehr gut. Er hielt die Uhr ans Ohr und als er das leise Ticken hörte, wiederholte er: »*Da, da, otschin charascho.*«

Es war für mich ein Riesengeschäft. Diese Lebensmittel waren in dieser Zeit viel mehr wert als eine kleine goldene Uhr. Und auch der Matrose war hochzufrieden, dass er das heißbegehrte Stück besaß.

Um die Sachen nach Hause zu transportieren, hatte ich zwei alte Eimer mitgebracht. Der Russe aber schenkte mir seinen Zich und packte alles für mich hinein. Wir verabschiedeten uns. »*Doswidanja*«, und als er gegangen war, blickte ich ihm wieder so lange nach, bis er in der Ferne verschwand.

Die Eimer ließ ich stehen, um sie später zu holen, und brachte erst einmal den Sack nach Hause, wobei ich mir Mühe gab, unterwegs von niemandem bemerkt zu werden. Dann nämlich wären die Sachen in Windeseile fort gewesen. Meine Mutter hatte schon geraume Zeit oben am Flurfenster besorgt nach mir Ausschau gehalten und war überglücklich, als sie mich unversehrt und vollbepackt zurückkommen sah. Ich rannte nach oben, und wir unterdrückten unsere laute Freude, um kein Aufsehen zu erregen. Für uns vier, Großmutter, Mutter, die Frau von der Heißmangel und mich, hatten wir nun eine ganze Weile etwas zu essen, wenn wir es vernünftig einteilten. Also hatten wir allen Grund, froh und erleichtert zu sein. Gedankt hat es mir die fremde Frau später nicht.

Wir hatten Glück im Unglück mit unseren Vorräten. Andere traf es sehr schlimm. Im Haus wohnten inzwischen lange nicht mehr so viele Menschen wie am Tag unserer Ankunft. Manche waren in der Hoffnung in die Stadt gezogen, dort besser überleben zu können, andere suchten ihr Glück weiter draußen auf dem Land, aber viele sind einfach verhungert. Was im Einzelnen mit unseren Nachbarn geschah, haben wir kaum mitbekommen. Jede Familie war zu sehr mit dem eigenen Schicksal beschäftigt. Manchmal merkte man erst nach ein paar Tagen, dass Leute, die man sonst immer gesehen hatte, nicht mehr da waren. Sie hatten sich wieder auf den Weg gemacht, einem ungewissen Schicksal entgegen. Es war eine Zeit, in der die Menschen in der Hoffnung zu überleben umherirrten und sich leicht aus den Augen verloren.

Grossmutters Ende

Es war der 8. Mai 1945. Am Nachmittag schienen die Kämpfe in der Stadt wiederaufgelebt zu sein, denn von allen Seiten ertönten Schüsse, und Maschinenpistolensalven krachten unablässig. Vor unserem Haus ließ sich ein Trupp betrunkener russischer Soldaten nieder, die wild feierten und Kosakentänze aufführten. Sie schossen aus ihren Maschinenpistolen, die sie *aftomat* nannten, in die Luft, sodass wir uns oben an unserem Fensterchen besser nicht sehen ließen. Wir gingen nach unten, standen in der Haustür und sahen ihnen neugierig zu. Die Russen winkten, riefen uns zu, wir sollten kommen, luden uns ein, mitzufeiern. Wir waren verlegen und etwas ängstlich und gingen deshalb lieber nicht zu ihnen.

Sie sangen ihre eigentlich wunderschönen Volks- und Soldatenlieder, nun allerdings in grölendem, johlendem Ton und riefen dazwischen immer wieder. »*Wojna kaputt, Chitler kaputt*«, Krieg zu Ende, Hitler am Ende. Da begriffen wir, was geschehen war, das war der »Endsieg«, aber nicht der der Deutschen. Deutschland hatte kapituliert. Die Schüsse, die wir hörten, stammten von der Siegesfeier der Russen. Statt eines Feuerwerks verballerten sie ihre Artillerie-Munition. Es waren Freudenschüsse, denn der Kampf war vorüber. An diesem Abend und in dieser Nacht wurde keine der Frauen von russischen Soldaten belästigt.

Dass der Krieg vorbei war, ließ uns erleichtert aufatmen, dass unser Land besiegt worden war, bekümmerte uns sehr. Und doch freuten wir uns, am Leben zu sein. Nur Großmutter war schon seit Wochen in einem merkwürdigen Zustand, der sich in den letzten Tagen verschlimmert hatte. Den ganzen Tag jammerte und klagte sie, manchmal redete sie wirres Zeug. Niemand von uns ahnte, wie schlecht es ihr wirklich ging.

»Meine schöne Wohnung ist weg, meine schönen Möbel, und die Christel ist auch weg.« Das wiederholte sie ständig wie eine Litanei, und niemand konnte sie trösten. Mutter versuchte es unentwegt. Doch eigentlich kam man gar nicht mehr richtig an Großmutter heran. Die Erlebnisse der letzten Wochen hatten sie seelisch stark angegriffen, sie hatte die Kontrolle über sich verloren, und wir konnten nur hoffen, dass sie sich wieder fangen würde. Spätestens in der warmen Jahreszeit.

Doch auch als die Kälte nachließ und es endlich Frühling wurde, blieb Großmutter trübsinnig und untröstlich. Dabei ging es uns eigentlich gar nicht so schlecht. Wir mussten nicht mehr frieren, durch mein Tauschgeschäft mit dem russischen Matrosen waren wir erst mal vor Hunger geschützt. Und der furchtbare Leichengeruch, der so lange über der Gegend gelegen hatte, war verschwunden, weil alle Toten endlich unter der Erde lagen.

Eigentlich hätte es mit uns bergauf gehen können. Wir alle hatten das Schlimmste überstanden, das Leben ging weiter. Es gab Hoffnung, weil der Krieg zu Ende war. Vielleicht würden wir bald wieder ein normales Leben führen. Doch dann geschah etwas Furchtbares, das uns zur Verzweiflung trieb. Eines Tages war Großmutter verschwunden. Sie hatte niemandem gesagt, dass sie weggehen wollte. Nach ein paar Stunden wurden wir unruhig und suchten sie überall, konnten sie aber nicht finden. Schließlich erzählte uns unsere Mitbewohnerin, die bis dahin beharrlich geschwiegen hatte, dass Großmutter außer sich vor Erregung aus der Kammer gelaufen sei. Die Frau hatte sie nicht aufgehalten und uns nichts gesagt, vielleicht, weil sie Großmutters Zustand ungewollt mit herbeigeführt hatte. Sie hatte nämlich das Papierrollo an unserem Kammerfenster hochgezogen, während Großmutter draußen war. In diesem Rollo steckten die drei letzten Nähnadeln, die Großmutter noch besaß. Als sie wieder hereinkam und das geöffnete Rollo bemerkte, suchte sie erst vergeblich nach den Nadeln und begann schließlich zu schreien: »Erst meine Wohnung weg, dann Christel weg, dann Siegbertchen tot und jetzt auch noch meine Nähnadeln weg!« Darauf rannte sie nach draußen. Offenbar hatten die drei Nähnadeln das Fass zum Überlaufen gebracht.

Wir suchten und suchten immer weiter, und andere Mitbewohner halfen uns. Schließlich liefen wir die Treppe zum Dachboden hinauf. Die Tür war eingerastet, der eiserne Vierkantdrücker, mit dem sie sich öffnen ließ, fehlte. Ich schaute durch das Loch, konnte aber nichts entdecken. Wir riefen nach ihr, doch es kam keine Antwort.

Ich ging zusammen mit dem alten Mann, der in der Waschküche wohnte, los, um in einer der Lagerhallen der Kaserne einen Türdrücker zu suchen. Schließlich fanden wir einen Vierkant-Zimmermannsnagel, den wir um neunzig Grad bogen. Als wir ihn in die Tür steckten, war er zu dünn. Wir steckten noch einen Schraubenzieher mit hinein, und endlich ging die Tür auf. Alle drängten sich auf den Dachboden, dann ertönte ein vielstimmiger Aufschrei.

Mitten auf dem Fußboden lag Großmutter mit aufgeschnittener Kehle in einer Blutlache, die schon angetrocknet war. Sie hatte sich mit dem Rasiermesser, das ihr ausgerechnet Tante Christel geschenkt hatte und das sie immer zum Auftrennen von Nähten benutzt hatte, selbst die Kehle durchgeschnitten. Es lag noch in ihrer geöffneten Hand.

Großmutter so daliegen zu sehen, war ein furchtbarer Anblick. Mich packte das Grauen. Ich konnte nicht glauben, dass sie so dalag und wünschte mir nichts mehr, als dass das alles nur ein böser Traum war.

Der alte Mann drängte die Leute die Treppe hinunter, Mutter kniete weinend neben ihrer Mutter. Schließlich kam der Alte zurück und drückte Großmutter die Augen zu. Ich stand wie erstarrt daneben, war erschrocken, bekümmert und voller Angst. Wir verließen den Raum und verschlossen die Tür.

»Heute können wir sonst nichts mehr tun«, erklärte ich Mutter, »lass uns nach unten gehen.«

Ich versuchte sie zu trösten, so gut ich konnte. Ich nahm sie an der Hand, als wir die Treppe hinunterstiegen. In der Nacht weinten wir viel. Zugleich machte ich mir Sorgen um Mutter, die am Abend noch blasser und schmächtiger ausgesehen hatte als sonst. Nun hatte unsere Familie schon wieder ein Mitglied verloren, meine geliebte Großmutter, die uns lange Zeit eine so wichtige Hilfe gewesen war und an der wir sehr hingen.

Siegberts Tod war schnell aus meinen täglichen Gedanken verschwunden. Ich hatte ihn ja kaum gekannt. Mit Großmutter hatte ich mein bisheriges kurzes Leben geteilt. Sie so in ihrem Blut liegenzusehen, tat furchtbar weh. Aber Mutter und mir blieb nicht viel Zeit zu trauern. Uns trieb die Sorge um, wie wir Großmutter bestatten könnten. Großmutter musste beerdigt werden, und Mutter war viel zu schwach, sich darum zu kümmern. So war ich der Einzige, der für diese Rolle infrage kam. Ich bat zwei von den anderen Jungen, mir zu helfen. Wir nahmen unseren Handwagen, den wir gleich zu Anfang aus der Kaserne mitgenommen hatten, und eine der langen Kisten, in denen die Flakläufe aufbewahrt gewesen waren. Gemeinsam mit dem alten Mann aus der Waschküche trug ich Großmutter vom Dachboden herunter. Sie kam mir federleicht vor. Wir betteten sie in die schmale Kiste, und als sie darin lag, erinnerte sie mich an eine ihrer Sägemehlpuppen, so schmächtig war sie geworden.

Mutter, ein Freund und ich machten uns mit dem Handwagen und der Kiste auf den Weg zu einem der Massengräber, die noch immer jeden Tag mit neuaufgesammelten Leichen gefüllt wurden. Aber schon auf halbem Weg musste Mutter umkehren, so schwach war sie. Der Freund und ich zogen allein weiter, da sich die »Beerdigung« nicht aufschieben ließ.

Es konnte keine Bestattung auf einem Friedhof sein. Das gab es schon lange nicht mehr. So wurde auch Großmutter in einem Massengrab beerdigt, zusammen mit russischen und deutschen Soldaten, Zivilisten, alten Männern, Frauen und Kindern. Die meisten Toten wurden mit Panjewagen, auf die sie von deutschen Soldaten geladen worden waren, dorthin gefahren und dann in die Grube geworfen. Es war wie bei der Müllbeseitigung. Niemand fragte: Wer? Woher? Weshalb? Und so rutschte auch Großmutter in ihrer Kiste namenlos in die Tiefe.

Wir beiden Jungen blieben am Rand der Grube stehen und sahen neugierig und auch leicht zufrieden zu, wie Großmutters Kiste allmählich unter den nächsten Toten verschwand. Wir hatten es geschafft, ihren Leichnam unter die Erde zu bringen, was für viele deutsche Tote zu diesem Zeitpunkt nicht selbstverständlich war. Wer allein zwischen den Ruinen krepierte, wurde zum Futter für die herumstreunenden Hunde und Ratten. »Geht mal nach Hause, sonst rutscht ihr hier noch rein!«, riefen die Soldaten uns zu. Sie versuchten, uns mit ihrem Galgenhumor von diesem Ort des Schreckens zu entfernen. Sie fragten auch, warum wir allein wären, und nachdem wir es ihnen erklärt hatten, sagten sie: »Hier habt ihr noch ein Stück Brot für euch und eure Mutter.« Wir nahmen es aus ihren Händen, die gerade noch die vielen stinkenden, glitschigen Leichen berührt hatten. Es störte uns nicht, denn da wir immer Hunger hatten, nahmen wir es gern und aßen es bereits auf dem Rückweg.

Als ich zu Mutter zurückkam, lag sie auf dem Bett und weinte leise vor sich hin. Als sie mich sah, rief sie mich zu sich, nahm mich fest in die Arme und sagte: »Ach Gott, Bullerchen, jetzt bist nur du noch da.« Gemeinsam weinten und weinten wir. Ich glaube, meine Mutter hat sich von diesem

Schmerz nie mehr richtig erholt. Ich hatte bei allem Kummer inzwischen gelernt, Schicksalsschläge hinzunehmen und trotzdem beharrlich am Leben festzuhalten und alles zu tun, damit wir auch am Leben bleiben konnten. Was ich schon vor dem Sturm auf Königsberg gewesen war, der »Mann im Haus«, der die Entscheidungen trifft und dafür sorgt, dass alles weitergeht, musste ich auch jetzt bleiben, vielleicht in stärkerem Maße, denn wir waren nun ganz auf uns selbst angewiesen und das in einem eher feindlichen Umfeld. Denn viele Russen blieben unsere Feinde, auch nach dem Ende des Krieges.

Einmal fuhr ein russischer Offizier mit einem erbeuteten deutschen Kübelwagen in den Innenhof, einem Mercedes 170V oder S oder dessen Vorläufermodell. Er hielt gleich vor dem Brunnen und fing an, den Wagen zu waschen. Der Alte aus der Waschküche ging zu ihm hin und bot ihm Hilfe an, in der Hoffnung, dass er als Lohn etwas zu essen bekomme. Wir Kinder standen in der Nähe herum und sahen zu. Der Russe war angetrunken und in schlechter Laune. Er behauptete, der Mann habe eine Taschenuhr. Doch der sagte: »*Njet, Njet!*«, worauf der Russe immer wütender wurde und lauter und lauter brüllte.

Der alte Mann bekam Angst, lief in die Waschküche und warf sich verzweifelt auf seine Pritsche. Der Russe rannte hinterher und zog noch im Laufen seinen Trommelrevolver. Wir liefen hinzu und sahen, wie der Russe den Mann ohne weitere Worte aus nächster Nähe erschoss. Dann griff er ihm in die Tasche, und was fand er? Eine goldene Taschenuhr an einer Kette. Der Alte hatte sie bei sich getragen, und anscheinend hatte der Russe sie hervorblitzen sehen. Hätte der Mann doch bloß aufgepasst!

Wir Kinder rannten entsetzt davon, in Richtung Straße, weil wir hofften, dort Hilfe zu finden. Es herrschte einiger Verkehr, seit die Russen die Kaserne bezogen hatten. Als wir uns umdrehten, sahen wir, wie der Russe, der geschossen hatte, in seinen Wagen stieg, um wegzufahren. Doch das Auto sprang nicht an. Er sah sich um, entdeckte uns und forderte uns auf, anschieben zu helfen.

Wir rannten davon und beobachteten aus größerer Entfernung, was nun geschah. Zu unserem Erstaunen kamen von der Kaserne zwei Milizsoldaten mit den typischen grünumrandeten Tellermützen auf Fahrrädern angefahren. Offenbar hatte sie jemand informiert oder sie hatten selbst den Schuss gehört. Wir winkten ihnen und zeigten in den Hof. Sie lehnten die Fahrräder gegen den Zaun und befahlen uns, darauf aufzupassen. Aus gutem Grund, alles wurde geklaut, ob es der Miliz gehörte oder nicht. Uns deutschen Kindern vertrauten sie.

Sie zückten die Revolver, riefen »*Ruki werch*!«, Hände hoch!, gingen auf den Betrunkenen zu, entwaffneten ihn und schleppten ihn mit vorgehaltener Waffe zum Kasernentor. Einer von ihnen kam zurück , um die Fahrräder zu holen. Er wollte wissen, was geschehen war, und wir sagten ihnen, der Mann habe *zapzarap* gemacht, die Uhr gestohlen und den Mann erschossen. Dann fuhr der Milizionär mit den beiden Rädern in die Kaserne zurück.

Der Alte tat uns leid, er war freundlich und hilfsbereit gewesen. Nun hatten wir wieder einen Toten, der begraben werden musste, wieder zog ich den Leiterwagen, diesmal zusammen mit ein paar anderen Jungen und der armen alten Frau des Ermordeten, die nun allein in ihrer Waschküche hausen musste. In eine Kiste hatte er nicht gepasst, deshalb hüllte sie ihn in seinen Mantel. Ich möchte wetten, dass ihm später jemand den Mantel ausgezogen hat. Genauso wenig feierlich wie Großmutter sank auch er in das Massengrab.

Ein paar Tage später fuhren die beiden Milizionäre in unserer Nähe vorbei. Wir liefen auf sie zu, um zu erfahren, ob der Mann bestraft worden war. Ihre Antwort war einfach und klar. Sie zogen mit dem Zeigefinger einen Strich über die Kehle. Der Mann war also erschossen worden. Es war ein wenig Ordnung eingekehrt, die russische Armee hatte ihre Truppen besser im Griff. Auf ein Raubdelikt stand selbstverständlich die Todesstrafe.

Eine Hand wäscht die andere

Wir Jungen hatten im Lauf der Zeit mit den Russen eine Art Partnerschaft entwickelt. Wir konnten miteinander reden, verständigten uns immer besser, hatten allerdings keine besonders hohe Meinung von ihnen. Sie waren zwar die Herren, aber wie oft erlebten wir, wie wenig sie wussten, wie plump und unbeholfen sie manchmal waren. Wir Acht- bis Zehnjährigen waren diesen ausgewachsenen Männern in unserem Allgemeinwissen, aber auch im Umgang mit den Errungenschaften der Zivilisation deutlich überlegen. Wie oft kamen sie mit einfachen, simplen Dingen, die sie in Häusern oder Ruinen gefunden hatten, zu uns, um zu fragen, was das denn sei.

Einer hatte eine elektrische Haustürglocke in der Hand und wollte uns nicht glauben, dass das keine besondere Art Uhr war. Er zupfte dauernd am Glockenklöppel, der pling-pling machte, und fragte hoffnungsvoll: »*Uri, Uri?*« Natürlich gab es in der mongolischen Steppe an den Jurten keine Türklingeln, woher sollte er es also wissen. Manche kamen mit abgeschraubten Wasserhähnen und fragten uns, ob sie die zu Hause nur in die Wand zu stecken brauchten, damit Wasser fließt. Wir amüsierten uns darüber, denn uns war nicht so recht klar, dass diese Männer für ihre Unwissenheit nichts konnten.

Die Russen eigneten sich die Errungenschaften der deutschen Zivilisation schrittweise an. Nachdem so gut wie alle

Uhren der Zivilbevölkerung in ihren Besitz übergegangen waren und es auf diesem Gebiet nichts mehr zu holen gab, richteten sie ihr Interesse auf Fahrräder. Die Russen, die ein Fahrrad ergattert hatten, übten das Fahren. Immer wieder sahen wir sie auf der Straße Schlangenlinien ziehen.

Wir Jungen hatten bald herausgefunden, dass wir mit Fahrradhandel etwas verdienen könnten. Wir begannen also, überall in den Ruinen nach Fahrrädern zu suchen. Meistens waren sie zerschossen oder ausgebrannt oder von herabgestürzten Mauern zermalmt. Aber nachdem wir alle Teile aufgesammelt hatten, die uns brauchbar erschienen, brachten wir sie in unseren Keller und begannen, sie neu zusammenzusetzen. Auch hierbei kam mir meine monatelange Lehrzeit bei den Soldaten zugute.

Werkzeug hatten wir in einer abgebrannten Halle gefunden, in der fünf Feuerwehrautos Opfer der Flammen geworden waren. In diesen hatten wir Werkzeugkästen entdeckt, in denen ausgeglühte und daher weiche Schraubenschlüssel lagen. Wir machten ein Feuer, brachten sie zum Glühen und schreckten sie in Wasser ab. Damit waren sie wieder hart.

Wir schafften es am Ende, drei Fahrräder zusammenzusetzen, wenn auch mit einigen Mängeln. Die drei Sättel waren verbrannt und deshalb lagen die Sprungfedern bloß. Schutzbleche fehlten (wir waren also die Erfinder der Crossräder!), und es gab keine Vorderradbremse. Auch Reifen hatten sie nicht.

Zuerst wollten wir die Räder mit nackten Felgen an die Russen verschachern. »Die fliegen auf die Fresse«, sagte ein Freund, »so können wir die nicht verhökern.« Da kam mir eine Idee. Die Flakscheinwerfer waren mit dicken isolierten Kupferkabeln mit den Stromgeneratoren verbunden gewesen, und diese Kabel lagerten in großer Zahl in einer Halle. Wir holten sie uns, sägten die Kabel in Stücke, legten diese um die

Felgen und banden sie mit Draht fest. Beim Fahren holperte das zwar ein wenig, aber die Russen waren begeistert. Nur bremsen hätte man mit der Vorderradbremse nicht dürfen.

Wir gingen zum Kasernentor und fragten, ob jemand ein Fahrrad haben wollte. Der Posten telefonierte, und wenig später kam ein Offizier zum Tor. Er kaufte ein Rad und fragte, ob er noch ein zweites für seine *Matka* haben könne. Der Erlös waren ein großer Sack Graupen, in Hungerzeiten eine Delikatesse, eine ganze Speckseite und ein halber Wassereimer voll Schmalz. Das war für uns ein lukratives Geschäft.

Das dritte Fahrrad verkauften wir an eine Frau, eine Offizierin im Rang eines *starsche ljutenant*, eines Oberleutnants. Sie gab uns eine Wurst und fünf Eier dafür! Das waren die ersten Eier seit der Zeit, in der uns Großvater welche aus Maraunenhof mitbrachte, wenn er beim Mercedeswerk Nachtwache hatte!

Mutter wird krank

Ende Mai hatten wir meine Großmutter beerdigt, und schon fünf Wochen später ging das Unglück weiter. Meine Mutter, durch Schwangerschaft, Geburt, die Entbehrungen des Krieges, die Misshandlungen durch die Russen stark geschwächt, war nach dem Tod ihres Babys und ihrer Mutter am Ende ihrer Kräfte. Sie wurde krank und nahm stark ab. Trotz aller Nahrungsmittel, die ich von unterwegs mit nach Hause brachte, trotz aller Hilfe, die ich ihr geben konnte, wurde sie von Tag zu Tag schwächer. Ich machte mir große Sorgen um sie. Der Gedanke, auch sie zu verlieren, war schrecklich.

Auch unsere Mitbewohnerin war der Meinung, dass Mutter dringend zum Arzt müsse. Wir hatten gehört, dass das städtische Krankenhaus in der Nähe des Dohnaturms wieder in Betrieb genommen worden war. Ich kannte es schon, denn dort hatte Mutter ja mein Brüderchen zur Welt gebracht. Aber wie sollte sie in ihrem Zustand dort hinkommen? War sie dort auch willkommen? Wurden überhaupt deutsche Patienten aufgenommen? Mutter und ich überlegten, wussten aber keine Antwort. Auch sonst konnte uns niemand diese Frage beantworten, und so gab es nur eins: Ich musste zum Krankenhaus gehen und es herausfinden.

So machte ich mich auf den langen Weg. Unsere Kaserne lag fünf Kilometer vom Stadtzentrum entfernt. Es war das erste Mal, dass ich, seit wir aus der Stadt geflohen waren, wieder dorthin kam. Wie es da wohl aussehen würde? Bisher hatte ich nur Gerüchte gehört, und die verhießen nichts Gutes.

Ich nahm all meinen Mut zusammen. Die Angst um Mutter beschleunigte meinen Schritt. Der Weg in die Innenstadt war durch Panzer und Mannschaften freigeräumt worden. Große Teile der schmalen Fahrbahn bestanden aus Trümmern, zugeschütteten Granat- und Bombentrichtern. Von einer glatten Straße konnte keine Rede sein. Trümmer türmten sich auch hoch zu beiden Seiten. Unversehrte Häuser gab es nicht mehr, bis auf Ausnahmen, da und dort ein einzelnes Haus, das wie durch ein Wunder stehengeblieben war. In diesen Häusern wohnten, wie ich später erfahren sollte, russische Offiziere.

Auch sonst sah ich überall Spuren des Krieges. Alle schweren Waffen und Fahrzeuge standen noch so da, als wäre der Kampf erst kürzlich zu Ende gewesen, deutsche wie russische, wobei die russischen weit in der Überzahl waren. Es lagen alle Arten von Handfeuerwaffen herum, notdürftig unbrauchbar gemacht durch Abschlagen der hölzernen Kolben. Mit der überall verstreuten Munition hätte man eine ganze Armee ausrüsten können. Die Russen wussten offenbar, dass die halbverhungerten Deutschen, die überlebt hatten, zumeist Frauen und Kinder, kaum zu den Waffen greifen würden, und so ließen sie einfach alles herumliegen.

Nachdem ich die beiden großen Bombenangriffe auf Königsberg in unserer Straße erlebt hatte, war ich der Meinung gewesen, mehr könne man gar nicht zerstören. Aber je weiter ich in die Innenstadt kam, desto mehr erkannte ich, wie sehr ich mich geirrt hatte. Ich kam an so vielen Trümmern vorbei, dass ich mich öfter fragte: Wo bin ich hier eigentlich? Schließlich entdeckte ich das Krankenhaus nach einigem Suchen. Ich wusste noch, dass es dicht an der Uferpromenade des Schlossparks lag, und das half mir, den Weg zu finden. Als ich mich daraufzubewegte, kam mir eine Erinnerung an schöne Zeiten in den Sinn und für einen Augenblick vergaß ich alle Schrecken der Gegenwart.

Ich dachte daran, wie ich hier sonntags mit meiner Mutter spazieren gegangen war, sie im eleganten weißen Kleid mit lila Spitze, dazu einen großen weißlila Hut, und ich in meinen Bleylehosen schwitzend. Manchmal, wenn die Lebensmittelmarken reichten, waren wir sogar zu Gelhaar gegangen, der berühmten Marzipan-Konditorei. Wir gingen »konditern«, wie meine Mutter es nannte. Dann saß ich mit ihr in dem feinen Café, glücklich und stolz, und hinterher berichtete ich meinen Großeltern in Maraunenhof, wie schön es dort war. Großmutter schaute missbilligend drein wegen solcher Schlemmereien mitten im Krieg, und Großvater meinte nur: »So wasjer aber auch!«

Da gab es noch die wunderschöne weiße Brücke über den Schlossteich, eine Art Seebrücke, die später von englischen Bomben zerstört wurde. Oft gingen wir auch nachmittags in das Kino »Alhambra« am Steindamm, der großen Geschäftsstraße. Auch hier lag gegenüber ein Café, daneben die Dresdner Bank, gleich dahinter die Steindammer Kirche, in der ich getauft worden war. Wenn wir über die Brücke gegangen waren, kamen wir zur Buchhandlung »Graefe und Unzer«, und staunend blickte ich durch die Fenster auf die vielen Bücher. Da man sonntags nicht hineinkonnte, bat ich meine Mutter inständig, mit mir in der Woche wieder herzukommen. Da durfte ich die Bücher sogar anfassen und darin blättern.

Wie lange war das alles her. Mit einem Schlag war ich wieder in der Wirklichkeit, im Hier und Jetzt. Mutter war schwerkrank. Ich musste mich darum kümmern, dass sie ins Krankenhaus kommen konnte. Ich ging schneller. Ich betrat das Gebäude durch den Haupteingang. Alles sah noch so aus wie früher. Doch im Empfang war niemand, und so lungerte ich verlegen in der Eingangshalle herum, bis endlich eine deutsche Krankenschwester kam und mich fragte, was ich dort wolle.

Ich war erleichtert, dass es keine Russin war. Also gab es vielleicht auch noch deutsche Ärzte, die deutsche Patienten behandelten. Eine Hoffnung für Mutter. »Meine Mutter ist krank«, sagte ich. »Was fehlt ihr denn?«, fragte sie. »Ich weiß es nicht, aber sie ist sehr schwach.«

Die Krankenschwester erklärte mir, dass in diesem Krankenhaus russische und deutsche Ärzte seien und in dem anderen Krankenhaus gegenüber nur Russen. Sie hätten aus Personalmangel alle deutschen Mitarbeiter, die überlebt hätten, behalten. Im Krankenhaus seien die Schwestern vor Übergriffen der Russen sicher gewesen und hätten auch etwas zu essen bekommen. Wie erleichtert war ich, als die Schwester schließlich sagte: »Bring deine Mutti hierher, und dann sehen wir weiter.« Ich mache mich gleich auf den Rückweg, wieder fünf Kilometer. Sicher würde Mutter froh sein, wenn ich ihr erzählte, dass es das Krankenhaus noch gab und sie dort willkommen sei.

Da Mutter nicht mehr allein gehen konnte, mussten wir sie auf den Leiterwagen packen, und wieder zog ich zusammen mit meinem Freund los. Ich war froh, dass er mir half. Unsere Mitbewohnerin blieb zu Hause, für sie wäre es zu gefährlich gewesen, sich ins Gebiet der Russen zu begeben, meinte sie. Wie lange wir mit dem Leiterwagen für den Weg über die holperige Straße gebraucht haben, weiß ich nicht mehr. Wir kamen jedenfalls nur langsam vorwärts, und ich glaube, für Mutter muss es in diesem ruckeligen Karren alles andere als bequem gewesen sein. Doch es war die einzige Möglichkeit, sie ins Krankenhaus zu bringen.

Als wir dort ankamen, wurde Mutter gleich aufgenommen und kam in ein Zimmer im ersten Stock, in dem zwei Betten standen, eines davon war leer. Nachdem sie sich hingelegt hatte, verabschiedete ich mich von ihr. Ich war ein wenig erleichtert. Nun würden sich die Ärzte und Schwestern sicher gut um sie kümmern. Wir machten uns auf den Heimweg und zogen unseren Leiterwagen bis zur Kaserne zurück. Als wir endlich da waren, hatte ich an einem Tag zwanzig Kilometer zurückgelegt, mit wenig Essen, viel Kummer und großen Sorgen. Aber ich hatte es geschafft, auch weil ich hoffte, dass es Mutter bald besser gehen würde.

Ich machte mich alle zwei Tage ins Krankenhaus auf, um sie zu besuchen. Der weite Weg machte mir nicht so viel aus, war ich doch froh, Mutter sehen zu können, denn ich fühlte mich sehr einsam in der Kammer ohne Großmutter, ohne Mutter. Die Schwestern und Ärzte im Krankenhaus konnten nur wenig für sie tun. Es ging ihr jedes Mal, wenn ich kam, schlechter. Sie konnte kaum essen. Das Brot im Krankenhaus kam aus deutschen Wehrmachtsbeständen, es lag in Dosen, war staubtrocken und bestand fast nur aus Schlauben. Wenn man die Dose schüttelte, klapperte das Brot darin. Das konnte nicht die richtige Nahrung für eine Schwerkranke sein, sagte ich mir. Deshalb erbettelte ich immer auf dem Weg ins Krankenhaus von den Russen etwas Brot. Manchmal, wenn ich zu ihnen sagte: «*Matka bolneuj, niema kuschatj*», Mutter ist krank und hat nichts zu essen, bekam ich sogar etwas Weißbrot. Das konnte sie besser kauen und schlucken.

Alle zwei Tage ging ich also die zehn Kilometer, ein langer Fußmarsch in der Sommerhitze. Wenn ich ankam und meine Mutter sah, wurde mir die Kehle eng, mein Herz klopfte heftig, und ich war dem Weinen nahe. Sie fragte mich jedes Mal, wie ich denn allein zurechtkäme, aber ich glaube, sie verstand nicht so genau, was ich ihr antwortete. Sie konnte es kaum noch aufnehmen. Das merkte ich deutlich und fühlte mich umso mehr allein, es erschien mir, als wäre sie gar nicht mehr richtig da.

Mutter war furchtbar dünn geworden, die Folgen der Misshandlungen zehrten weiter an ihr, und womöglich hatte sie auch der Typhus erwischt, der in der Stadt grassierte. Ihr fröhlich-rundliches Gesicht war zu einem richtigen Skelettkopf geworden. Wie groß und stattlich hatte sie immer ausgesehen, wenn wir zusammen in die Konditorei gegangen waren.

Wenn sie mich kommen sah, sagte sie zur Begrüßung: »Bullerchen, ich werde schon wieder gesund, ganz bestimmt, und der Papi kommt ja auch bald nach Hause!« Ob sie mich, wenn sie das sagte, schon darauf einstimmen wollte, dass ich bald nur noch einen Vater haben würde? Ganz sicher hat sie meine Angst erkannt und versuchte, mich zu trösten, so gut es ging.

Eines Tages, nach etwa drei Wochen, als ich Mutter wie üblich besuchen ging, öffnete ich die Tür zu ihrem Zimmer, aber das Bett war leer. Ging es Mutter vielleicht besser und sie war in ein anderes Zimmer verlegt worden, damit sie nicht mehr so allein war und sich mit anderen unterhalten konnte? Oder hatte man sie vielleicht zu einer Untersuchung gebracht? Nach einigem Überlegen sagte ich mir: Nein, das kann nicht sein, ihr Bett ist ja leergeräumt. Tatsächlich war da nur das nackte Eisengestell, das unheimlich auf mich wirkte. Ich ging zurück auf den Flur, um nach der Schwester zu suchen, der einzigen Person, die ich bei meinen Besuchen auf diesem Flur im ersten Stock je gesehen hatte.

»Ach, da bist du ja«, sagte plötzlich eine Stimme hinter mir. »Du hast bestimmt Hunger. Du kannst die Suppe deiner Mutter haben.« Wo Mutter war, sagte sie mir nicht. »Setz dich da an den kleinen Tisch im Flur, da sind auch zwei Stühle.« Ich gehorchte und setzte mich. Aber welche Gedanken schossen mir durch den Kopf. Warum war Mutter nicht mehr in ihrem Zimmer? Warum hatte sie ihre Suppe nicht gegessen? Warum brachte mich die Schwester nicht gleich zu Mutter? Essen könnte ich doch später noch. Irgendetwas stimmte da nicht.

Die Schwester brachte die übliche Wassersuppe und setzte sich zu mir an den Tisch. Ich hatte furchtbaren Hunger, denn ich hatte lange nichts gegessen. Das für Mutter erbettelte Brot steckte noch in meiner Hosentasche. Nach ein paar Löffeln sagte die Schwester plötzlich: »Deine Mutter ist nicht mehr.« Sie hatte mich mit dem Angebot, die Suppe meiner Mutter zu essen, auf diesen Moment vorbereiten wollen, ohne dass ich es gemerkt hatte.

Die Tränen schossen mir aus den Augen und fielen in die Wassersuppe. Ich aß tapfer weiter, wahrscheinlich, weil ich nichts zu sagen wusste. Alles war so leer in mir. Was würde jetzt nur geschehen? Wie durch einen Schleier hörte ich die Stimme der Schwester: »Deine Mutter ist jetzt im Himmel und dein Brüderchen Siegbert auch, sie hat mir von ihm erzählt. Ich soll dir sagen, dass sie dich sehr lieb hat und dass sie immer auf dich aufpassen wird. Und dass dein Vater bestimmt noch lebt.« Und sie fragte: »Hast du jetzt noch Angehörige oder bist du ganz allein?« »Ich habe niemand«, sagte ich schluchzend. »Du kannst zu uns ins Krankenhaus kommen. Hier gibt es viele andere Kinder, die auch allein sind. Überleg es dir, und wenn du zu uns kommen willst, geh gleich nach hinten durch den Garten zu dem Haus. Da weiß man schon Bescheid.«

Zuerst machte ich mich auf den Weg zu unserem Haus bei der Kaserne. Je länger ich ging, desto trauriger wurde ich. Während ich durch die zerstörten Straßen meiner Heimatstadt ging, wurde es mir immer mehr bewusst: Ich war ganz allein, ich hatte niemanden mehr, der sich um mich kümmerte. Wieder schossen die Tränen hervor, sodass ich gar nichts mehr richtig sehen konnte. Ich setzte mich auf einen Trümmerhaufen, die Tränen wollten und wollten nicht aufhören. Es war ein warmer Sommertag, die Sonne schien; alles hätte so schön sein können, aber nun war Mutter tot, und ich fühlte mich so hilflos.

Irgendwann stand ich auf und ging weiter. Langsam begann ich zu überlegen. Die Krankenschwester hatte mir von meiner Mutter ausgerichtet, dass sie mich sehr lieb hätte und immer über mich wachen würde. Wie sollte ich das verstehen, wo sie doch im Himmel war? Mir fiel ein, was Großmutter Caroline, die ja aus einer katholischen Familie im Sauerland stammte, mir erzählt hatte: »Dort oben im Himmel gibt es ganz viele Engel, denn alle guten Menschen kommen dahin und werden zu Engeln. Und die passen auf die Menschen hier unten auf der Erde auf. Sie sind ihre Schutzengel.«

Jetzt verstand ich: Mutter war mein Schutzengel geworden, das hatte sie gemeint, als sie mir ausrichten ließ, sie werde immer auf mich aufpassen. Sie muss es wirklich getan haben. Ich habe im Gegensatz zu vielen anderen Kindern aus Ostpreußen überlebt.

Ich fühlte mich ein wenig besser und konnte auch wieder klarer denken. Wie sollte ich mich entscheiden? Würde Mutter mir vielleicht etwas sagen? Ich horchte, aber niemand sprach zu mir. Die Stadt war totenstill, denn Verkehr gab es ja nicht, und wo ich ging, waren keine Menschen zu sehen oder zu hören.

Mutti, was soll ich tun?, fragte ich leise immer wieder. Am Ende beschloss ich, zu den anderen Kindern ins Krankenhaus zu gehen. Dort gab es auch etwas zu essen, und ich würde nicht ganz allein sein. Mutter hatte sich immer für das Praktische entschieden, und bestimmt hätte sie mir geraten, der Einladung der Schwester zu folgen.

Ich kam im Haus bei der Kaserne an. Dort erklärte ich der fremden Frau von der Wäscherei, dass Mutter tot sei und ich ins Krankenhaus gehen würde.

»Ja, tu das, geh nur. Den Pelzmantel deiner Mutter und den Brustbeutel deiner Oma behalte ich hier und hebe ihn auf, bis Tante Christel wiederkommt. Der sage ich dann, wo du bist.« Mir gefiel dieser Vorschlag gar nicht, ich wusste aber nicht, was ich erwidern sollte. Außerdem war ich sicher, dass ich Tante Christel bald wiedersehen würde. Ich stimmte also zu, und nahm nur meine Joppe, das Geschenk der Großeltern vom letzten Herbst, viel mehr besaß ich ja nicht. Sicher hat die Frau mithilfe der Sachen eine Weile überlebt, und das sei ihr gegönnt. Ob ihr wohl klar gewesen ist, dass sie ein Kind bestohlen hat?

Das Katharinenstift – ein neues Zuhause

Am nächsten Morgen ging ich los, ohne Besitz außer meinen Kleidern am Leib. Ich trug die für den Sommer viel zu warme Joppe meiner Großeltern, dazu Skihosen und Schnürstiefel. Bei diesem Wetter eher eine Last. Auf dem Weg zum Krankenhaus sagte ich mir: Ich muss mir den Tag merken, an dem Mutter gestorben ist. Es war der 26. Juli 1945. Ein Jahr zuvor waren wir noch gemeinsam in den Ferien am Meer und auf dem Bauernhof gewesen. Ich hatte noch meine Großmutter und Tante Christel und die Großeltern in Maraunenhof gehabt. Jetzt war ich ganz allein auf der Welt. In einem

Monat würde ich neun Jahre alt. Wer sollte mit mir Geburtstag feiern?

Ich weiß nicht, wie ich mit meiner Verzweiflung fertiggeworden bin. Ich bin immer weitergegangen, über die Hohe Brücke, die noch stand, am anderen Ufer des Sees entlang, über die Promenade bis in mein neues Zuhause. In dem Gartenpavillon hinter dem Krankenhaus waren schon viele Kinder. Nachdem ich mich dort angemeldet und eine kleine Pritsche zum Schlafen bekommen hatte, fragte ich die Schwestern, wo denn Mutter beerdigt worden sei. Ich dachte dabei voll Schrecken an das Massengrab, in das Großmutter gekippt worden war. »Junge, hier sterben so viele Mütter, sie alle werden drüben im Park gemeinsam beerdigt.« Ich habe meine tote Mutter nicht mehr gesehen.

Sie war auch in ein Massengrab gekommen, wie die anderen Toten dort in Verdunkelungspapier gewickelt und in die Grube geworfen worden. Dann hatte man die Grube voller Leichen zugeschüttet. Dass wegen der Seuchengefahr alles ganz schnell gehen musste, erklärte mir niemand. Man sagte mir nur, es gäbe eine Namensliste, aber die habe ich nicht zu Gesicht bekommen.

Dort war es also genau wie draußen in Rosenau. Es war einfach nicht möglich, bei den vielen Toten Kreuze oder irgendwelche Markierungen anzubringen, von Grabsteinen ganz zu schweigen. Nicht einmal die Plätze, an denen die Toten verscharrt wurden, bezeichnete man. So war Großmutter beerdigt worden und nun auch Mutter, und auch der kleine Siegbert hatte kein richtiges Grab bekommen. Das stimmte mich sehr traurig.

Wir Kinder im Gartenhaus hatten alle unsere Mütter verloren. Man kann nicht sagen, dass wir eine besonders fröhliche Gruppe waren. Viele von uns weinten, wir waren unglücklich und verzweifelt. Wir verbrachten die Zeit damit, zum Schlossteichufer zu laufen, aufs Wasser zu blicken, zu träumen, zu weinen. Wir haben auch ein bisschen gespielt, Verstecken und Nachlaufen, aber nicht mit besonderem Vergnügen. Es lenkte uns nur ab und zu von unseren traurigen Gedanken ab.

Immerhin gab es regelmäßig etwas zu essen. Das hatte ich seit vielen Wochen nicht mehr erlebt. Die Mahlzeiten bestanden zwar aus Wassersuppe und Dosenbrot, aber dennoch. Ich dachte, nun müsse ich nicht mehr jeden Tag in den zerstörten Häusern nach Nahrung suchen. Doch ich vermisste meine Freunde aus dem Haus bei der Kaserne. Drei Tage war ich schon fort. Am vierten Tag kam eine Schwester und erklärte uns, dass eine Geschwisterschar von acht Kindern zusammenkommen solle. Vier von ihnen seien schon da, die anderen würden folgen. Dafür müssten vier andere Kinder fort. Man könne sich freiwillig melden.

Ich meldete mich, weil ich gerne den Ort verlassen wollte, an dem Mutter gestorben war. Alles dort erinnerte mich an sie und ständig musste ich losheulen. Und die anderen Mädchen und Jungen waren alle so traurig, dass es keinen Trost gab. Ich zog also um, zusammen mit den drei anderen Kindern, die sich gemeldet hatten, zwei Jungen, etwa in meinem Alter, und einem Mädchen. Wohin wir kamen, wussten wir nicht, als wir uns zu Fuß auf den Weg machten. Unser Bettzeug war auf einen Malerkarren gepackt worden. Ein deutscher Krankenpfleger begleitete uns. Unterwegs stellte ich fest, dass mir der Weg, auch wenn wir uns durch Unmengen von Trümmern bewegten, vertraut war. Wir gingen offensichtlich nach Maraunenhof, wo ich so oft bei den Großeltern gewesen war. Ich war sehr froh darüber.

Dort stand ganz nah am Oberteichufer die Villa des ehemaligen Luftgaukommandeurs. Sie war unversehrt geblieben und die Nonnen vom Katharinenstift hatten sie gemeinsam mit einem katholischen Pfarrer besetzt und darin ein Auffangheim für elternlose Kinder eingerichtet. Dies war in jener

Zeit eine außerordentlich couragierte Tat, und man kann den Mut dieser Nonnen nur bewundern. Ich denke noch heute mit Hochachtung an sie.

Ich war das Kind Nr. 28, eine Nummer, die ich nie vergessen werde. Von Anfang an fühlte ich mich dort wohler als im Krankenhaus. Ich kam auf andere Gedanken und dachte nicht ständig an Mutters Tod. Sehr bald erkundete ich zusammen mit anderen Kindern das Terrain. Die meisten Häuser in dieser Villengegend waren zwei bis drei Stockwerke hoch, viele von ihnen waren beschädigt. Nur eine schmale Straße trennte unser Grundstück vom baumbestandenen Uferstreifen. Unsere Villa war unversehrt, doch die nebenan hatte eine Sprengbombe abbekommen und war zusammengefallen. Man sah überall zerfetzte Bücher liegen. Offenbar hatte es darin eine große Bibliothek gegeben. Auf der anderen Seite war eine katholische Hauswirtschaftsschule für Mädchen gewesen. Dieser Bau war bis zum Parterre niedergebrannt, nur der Keller war noch erhalten. Darin gab es einen großen Saal, offenbar die frühere Lehrküche, denn dort standen viele Kochherde und ein großer eingemauerter Suppenkessel. Im Park, der zu der Villa gehörte, lag ein Sommerpavillon mit einem großen Zimmer, das eine verglaste Fensterfront hatte, und einem kleinen Raum mit Kachelofen und Waschküche. Vielleicht hatten die Mädchen dort im Sommer Nähen und Handarbeiten gelernt.

Der Zaun zu unserem Grundstück war niedergerissen, sodass alle Gebäude und Gärten zusammen eine große Einheit bildeten, in der wir uns frei bewegen konnten. In unser Heim kamen Kinder aus Ostpreußen, die auf den Trecks verlorengegangen waren, und Waisenkinder, deren Mütter bei Bombenangriffen in Königsberg umgekommen oder wie meine Großmutter und Mutter an den Folgen von Krieg und Entbehrung gestorben waren. Sankt Katharinen war für viele von uns die Rettung, auch wenn bei weitem nicht alle überlebten.

Die Ältesten von uns waren etwa zwölf, alle Größeren waren von den Russen verschleppt worden. Wir Jungen hatten unsere Pritschen im Gartenpavillon der Hauswirtschaftsschule, die Mädchen waren im Haupthaus untergebracht. Fast täglich wurden neue Kinder gebracht, die allein und ziellos in den Ruinen herumgeirrt waren. Niemand hatte sich um sie gekümmert, bevor die Russen begonnen hatten, ein wenig Ordnung in der besiegten Stadt zu schaffen. Alle diese Kinder waren in einem erbärmlichen Zustand, und viele starben bald, nachdem sie ins Heim gekommen waren.

Die Zwei- bis Fünfjährigen hatten kaum eine Chance zu überleben. Dazu musste man fähig sein, wie ein Erwachsener zu handeln, das heißt überlegen, woher man etwas zu essen bekommt, die Kraft und Energie haben, in Ruinen und Kellern danach zu suchen, sein Leben von einem auf den anderen Tag zu planen. Wir etwas größeren Kinder waren dazu schon in der Lage, wir konnten zielgerichtet handeln, auch wenn es unsere Kräfte fast überstieg. Diese Kleinen konnten es nicht allein schaffen. Auch die kranken Kinder hatten so gut wie keine Chance, da es keine medizinische Versorgung gab.

Bald wurde es für uns zur Routine, andere Kinder sterben zu sehen. Wenn wir morgens im Schlafsaal des Gartenpavillons aufwachten und ein Junge nicht mehr aufstehen konnte, riefen wir die Nonnen. Sie schickten uns fort, wickelten die Kinder in Verdunkelungspapier, von dem es immer noch Unmengen gab, trugen sie hinten in den Garten und begruben sie.

Die meisten der kleinen Kinder kannten nicht einmal ihre Namen, sie wussten nicht, wie ihre Mutter hieß, woher sie kamen und wie alt sie waren. Wir Größeren gaben ihnen Vornamen, damit wir sie anreden und ihnen ein wenig helfen konnten. Manche von ihnen mussten schreckliche Dinge erlebt haben. Sie waren psychisch so gestört, dass sie den ganzen Tag auf ihren kleinen Betten saßen und ihre Oberkörper rhythmisch-monoton hin- und herbewegten. Andere pendelten unaufhörlich mit ihrem Kopf von rechts nach links, von links nach rechts. Ihr Anblick war kaum zu ertragen. Claus, ein Junge, der vielleicht zehn Jahre alt war, saß da und schlug unablässig die Hände gegeneinander, dabei lallte er unverständliches Zeug. Mit ihm reden konnte man nicht. Auch er starb nach ein paar Tagen. Viele Kinder hatten neben den psychischen Schäden zudem die Kontrolle über ihre Körperfunktionen verloren. Auch hier leisteten die Nonnen großartige, aufopferungsvolle Arbeit.

In einer großen Schar von Kindern in misslicher Lage – irgendwann, als die Schwächsten gestorben waren, blieben ungefähr zweihundert übrig – entstehen Verhältnisse wie in jeder Gesellschaft von Erwachsenen. Es gibt einige, die auf Kosten der anderen ihren Vorteil suchen. So war es auch bei uns im Katharinen-Heim. Immer wieder versuchten manche Jungen, den armen, schwergestörten Kindern ihre Brot- und Suppenrationen wegzunehmen oder abzuschwatzen. Und wir hatten große Mühe, sie davon abzuhalten. Manchmal kam es deswegen auch zu lautem Geschrei und zu Prügeleien.

Im Ganzen waren wir mehr Jungen als Mädchen. Das hing auch damit zusammen, dass die Jungen eher die Möglichkeit hatten, in Ruinen und auf den Straßen nach Essbarem zu suchen und bei den Russen zu betteln. Das wäre für die Mädchen zu gefährlich gewesen. Die Nonnen hatten die Situation erkannt und deshalb jedem von uns Jungen ein Mädchen anvertraut, eine Art Patenkind, um das wir uns besonders zu kümmern hatten. Das bedeutete auch, dass wir ihnen etwas zu essen mitbringen sollten. Im Gegenzug war es Aufgabe der Mädchen, unsere Kleider zu flicken. Da hatten sie allerdings eine Menge zu tun, denn wir hatten ja nur wenige Sachen, alles nur einmal, und beim Durchstöbern der Ruinen wurden die nicht gerade geschont. Sehr haltbar war die Arbeit der Mädchen nicht. Immer wieder verlor ich meine

Knöpfe, die mit brüchigem Garn befestigt waren. Damit sie ein für alle Mal hielten, nähte ich sie mir schließlich selbst an, mit dünnem Kupferlackdraht, den ich von elektrischen Geräten abgewickelt hatte. Ich brauchte nicht mal eine Nadel dazu, und es hielt ewig.

Der Priester und die fünf Nonnen taten, was sie konnten, um uns zu ernähren. Jeden Tag gab es eine gelbe klare Wasserbrühe aus Zuckerrübenschnitzeln, die ekelhaft süß schmeckte. Der Pfarrer hatte die Schnitzel, ein Abfallprodukt der Zuckergewinnung, säckeweise aufgetrieben. Es war eine Qual, diese Suppe zu essen, aber wir hatten keine Wahl. Manchmal, wenn wir es gar nicht mehr ertrugen, kippten wir heimlich den Tellerinhalt aus dem Fenster und verwischten auch draußen die Spuren. Wie gekochter holziger Kohlrabi oder Apfelspelzen im Apfelmus, so ungefähr fühlte es sich an, wenn man Rübenschnitzelsuppe aß.

Ab und zu bekamen wir ein wenig Brot, aber das war kaum der Rede wert, und wir ergänzten die Suppe, so gut wir konnten, mit gefundenen essbaren Dingen, zum Beispiel etwas Sauerampfer. Im Grunde wurden wir nie richtig satt, und doch waren wir froh, dass wir wenigstens ein bisschen zu essen bekamen. Auf unseren täglichen Beutezügen nämlich sahen wir viele Leute, die auf der Straße oder in Ruinen lebten und langsam am Hunger zugrunde gingen.

Ich werde Messdiener

Unsere fünf Nonnen waren Köchinnen, Krankenschwestern, Mutterersatz, Putzfrauen, sie machten einfach alles und das mit größter Hingabe. Sie versuchten, den Waisenkindern nach Kräften zu helfen. Dabei vergaßen sie nicht ihre Ordenspflichten, wenn auch nur in einfachster Form. In einem kleinen Erkerzimmer richteten sie eine Kapelle ein, stellten gemeinsam mit dem Priester einen Tisch als Altar auf, legten eine Decke darüber, und der Priester stellte eine Monstranz darauf. Wo er sie wohl gefunden hatte? Das erste Gebet verrichteten die Nonnen schon um fünf Uhr in der Frühe.

Auch wir Kinder wurden religiös betreut. Sonntags gab es nach dem Frühstück immer einen richtigen kleinen freiwilligen Gottesdienst. Ich nehme an, so andächtige Zuhörer wie uns hat der Priester nie wieder gehabt. Nach der Liturgie redete er von all den Dingen, die unser tägliches schwieriges Leben betrafen. Er tröstete uns, half uns zu verarbeiten, dass wir Eltern, Geschwister und andere Verwandte verloren hatten. Seine Ansprache gab uns Mut und auch Kraft. Dieser Priester war wirklich ein besonderer Mensch. Leider habe ich seinen Namen vergessen, er war meistens unterwegs, um Essen aufzutreiben, während die Nonnen uns betreuten.

Für einen katholischen Gottesdienst braucht man Messdiener. Sie müssen singen können, lateinische Texte auswendig lernen, wissen, wann sie welche Sätze zu sprechen haben, und das Weihrauchgefäß schwenken. Ich erfüllte alle diese Voraussetzungen. Und so wurde ich als evangelisch getauftes Kind katholischer Messdiener. »Der liebe Gott wird das verstehen und Nachsicht üben«, sagte der Priester. Ich glaube, er hatte Recht. Es war, nach allem, was ich erlebt hatte, nicht selbstverständlich, dass es mich immer noch gab. Und ich freute mich jeden Tag darüber, so schwer mein Leben auch war.

An meinem neunten Geburtstag bekam ich von den Schwestern als Geburtstagsgeschenk ein Stück Brot extra, und ich empfand es als die schönste Gabe, die man sich denken konnte. Meinen achten Geburtstag ein Jahr zuvor konnte ich mir kaum noch vorstellen. Da hatte ich ein Fahrrad und einen Brief von meinem Vater bekommen, meine Mutter und alle anderen waren noch da gewesen. Der Gedanke daran trieb mir die Tränen in die Augen.

Auch heute galt das Gebot der Nächstenliebe. Die Schwestern sagten mir, ich solle mein Brot mit dem Mädchen, das ich betreute, teilen. Also ging ich in den Essraum der Mädchen und brachte es ihr. Es war ein peinliches Gefühl, an so vielen Mädchen vorbeizugehen. Wir hatten ja sonst kaum Kontakt zu ihnen.

Den Schwestern des Katharinenstifts kann ich ebenfalls nur dankbar sein, nicht nur für ihre aufopfernde Fürsorge, die mir geholfen hat zu überleben, sondern auch dafür, dass sie mir auf ihre pragmatische und einfühlsame Art ein paar Werte vermittelt haben. Wer weiß, was sonst in dem rauen Überlebenskampf, den wir führen mussten, aus uns geworden wäre. Sie haben uns einen moralischen Halt gegeben, der uns und anderen schon in dieser Zeit sehr zugute kam.

Ich weiß nicht, ob die Ordenstracht unsere Schwestern vor Übergriffen der Russen bewahrt hat. Ich wünsche es ihnen sehr. Eine von ihnen, Schwester Speziosa, mochte ich besonders gern. Auch sie mochte mich, und ich konnte immer zu ihr kommen, wenn ich Fragen hatte. Ich hatte viele Fragen, denn ich war sehr wissbegierig. Ab und zu bekam ich von ihr ein kleines Buch zum Lesen, ein Kinderbuch, und auch das Neue Testament. Offenbar hat sie gar nicht gemerkt, wie wenig Schulunterricht ich gehabt hatte. Ich las nicht schnell, aber durch den Unterricht meines Großvaters schaffte ich es, diese Bücher überhaupt zu lesen, wenn auch langsam. Auch sie waren wichtige Kost, ich wäre geistig sicherlich verkümmert, hätte ich mich nicht ab und zu mit einem Buch in eine andere Welt versetzen können.

Viel Zeit zum Lesen war mir aber nicht vergönnt. Einen weit größeren Spielraum nahm immer die Suche nach etwas zusätzlichem Essen ein. Sie bestimmte unseren Tagesablauf ganz und gar. Wenn wir ins Heim zurückkehrten, kamen wir von nicht ungefährlichen Streifzügen zurück, waren zu russischen Familien betteln gegangen, waren in Ruinen herumgekrochen.

Ich zog manchmal ganz allein los, meistens aber in Gesellschaft von drei anderen Jungen, die auch ins Heim gekommen waren. Gunther Hagen stammte wie ich aus Königsberg, Peter, dessen Nachnamen ich nicht mehr weiß, kam vom Fluss Gilge. Ihm waren die tiefsten Backengrübchen ins Gesicht gegraben, die ich je gesehen hatte. Seine Eltern hatten in der Flussebene Zwiebeln angebaut. Auch Kurt Pietsch kam vom Land. Wir vier hatten uns vorher nicht gekannt, aber wir waren alle schon sehr früh ins Heim gekommen. Wir schliefen in dem großen Gartenpavillon und freundeten uns an. Gunther war etwas älter als ich, die beiden anderen waren in meinem Alter. Gunther und ich wurden mehr oder weniger die Anführer, Kurt und Peter machten alles mit. Zusammen gingen wir durch dick und dünn, redeten über unsere Sorgen und erzählten uns gegenseitig aus unserem früheren Leben – eine Art Ersatzfamilie. Wir konnten einander vertrauen, wir hielten zusammen, halfen uns gegenseitig, und wir machten Scherze übereinander. Kurt Pietsch zum Beispiel nannten wir zum Spaß »Kirpitsch«, was auf Russisch Ziegelstein bedeutet – ein Wort, das damals in unserem Vokabular einen wichtigen Stellenwert hatte.

Der Name von Kurt Pietsch ist mir erst kürzlich wieder eingefallen, als ich nachts aufwachte und mir das Wort *kirpitsch* durch den Kopf ging. Erst nach einigem Überlegen kam mir mitten in einer Nacht im Jahr 2005 die ganze Geschichte, die zu seinem Spitznamen geführt hatte, wieder in den Sinn.

In den Ruinen von Königsberg

Unsere Gemeinschaft gab uns die seelische Kraft zu überleben und versetzte uns in die Lage, gezielt zu handeln. Wir machten Pläne, wir überlegten, was wir am nächsten Tag tun könnten, um etwas Zusätzliches zu essen zu finden. Zwischen uns gab es wenig Gerangel und keine Prügeleien, dazu war unsere Situation viel zu ernst, und wir waren froh, wenn wir etwas Ruhe und Frieden hatten.

Neben unseren »Beutezügen« bei den Russen – wir hatten dabei niemals das Gefühl, etwas zu stehlen, denn wenn man in Not ist, hat man schließlich keine Wahl – hatten wir im Heim auch Pflichten zu erfüllen und durften erst weggehen, wenn wir sie erledigt hatten. Zu den Aufgaben der Jungen gehörte es, Wasser aus dem Oberteich zu holen, da es immer noch kein Leitungswasser gab. Unsere gesamte Wasserversorgung stammte aus diesem Gewässer, in dem viele Leichen liegen mussten. Bei uns allerdings schwammen sie nicht herum.

Auch Brennholz musste besorgt werden, das sich in Ruinen und aufgegebenen Gebäuden finden ließ. Der ostpreußische Winter nahte, und wir hatten noch keinerlei Heizreserven. Auch für die Küche wurde Holz benötigt. Wenn wir keine Vorräte anlegen würden, müssten wir unweigerlich erfrieren. Mit Brennholz mussten wir äußerst sparsam umgehen. Die Gebäude waren schwer zu heizen. Im Haupthaus stand in der Halle nur ein kleiner, etwa einen Meter hoher Kanonenofen. In der Küche gab es einen großen Herd mit Holzfeuerung. Alle anderen Räume ließen sich sowieso nicht heizen, da die gesamte Zentralheizung ohne Brennmaterial war. Besonders Koks fehlte. Außerdem war die Heizung ständig »abgesoffen«, der Kessel stand in dem in den Keller eingedrungenen Wasser. Im Gartenpavillon, in dem der große Schlafraum untergebracht war, gab es gar keine Heizmöglichkeit, sodass die Kinder dort ständig froren.

Oft machten wir uns auch in größeren Gruppen auf, um Nahrung zu suchen. Da die wenigsten Kinder aus Königsberg stammten, ging ich meistens vorweg, weil ich die Wege kannte. Die anderen fürchteten sich vor der Großstadt, die mit den vielen Spuren des Krieges tatsächlich unheimlich wirkte. Bis zum Tod meiner Mutter war ich oft im östlichen Teil der Stadt gewesen, nun gingen wir weiter bis in die Innenstadt, und dort war alles noch viel schlimmer verwüstet. Zerschlagenes Kriegsmaterial war überall aufgetürmt. Wir schwärmten aus, um Essen zu finden, aber wir untersuchten auch die Geschütze, die Panzer und sonstigen Fahrzeuge. Meine Kenntnisse nahmen zu. Ich sah, was die Sprengung der Pregelbrücken bewirkt hatte, sie waren zumeist gründlich zerstört. Das war nicht allzu viele Wochen her. Und nun balancierte ich über zerrissene Eisenträger, um auf das andere Pregelufer zu gelangen. Stolz erzählte ich meinen Freunden von den Vorbereitungen der Sprengung, insbesondere meiner Mithilfe, und sie waren sichtlich beeindruckt.

In einem Keller, dessen Fenster auf den Pregel hinausging, fanden wir ein ganzes Regal voller Konservendosen. Was für ein Fund! Manche hatten gewölbte Deckel, andere waren aufgesprungen, aber das störte uns nicht, Essen war Essen.

In demselben Keller lagen zwei deutsche Soldaten, die auf einem unter das Kellerfenster geschobenen Tisch stehend mit einem MG über den Pregel hinweg auf die gegenüberliegende Stellung der Russen geschossen hatten. Sie waren von Handgranaten vom Tisch geschleudert und getötet worden. Wir konnten nichts mehr für sie tun und bedauerten vor allem, dass es auch einige Konservendosen erwischt hatte.

Was wir mitnehmen konnten, trugen wir nach Hause, den Rest versteckten wir in einem hinteren Kellerraum. Den größten Teil der Beute gaben wir in der Küche ab, einige Dosen behielten wir als Reserve, versteckt in einer der in der Nähe gelegenen Ruinen, in der wir eine Art Schatzkammer eingerichtet hatten.

Nicht immer waren unsere Aktionen ungefährlich, doch als Chef der Gruppe konnte ich es mir kaum leisten, Angst zu haben. Dabei lauerten in den zerstörten Gebäuden und verschütteten Kellern zahlreiche Gefahren. Sie hätten weiter einstürzen können, außerdem lagen überall Unmengen von Munition herum. Oft hatten wir einfach Glück, aber bevor wir irgendwo hineingingen, überlegte ich auch genau, was wir tun konnten und was wir besser sein ließen. Wie mit Waffen und Munition umzugehen war, wusste ich ja aus meiner »Lehrzeit« bei unseren Soldaten, sonst wäre ich wohl wie so viele, die in den Ruinen lebten, in die Luft geflogen oder hätte Hände und Füße verloren.

In der Wohnung der Eltern

Eines Tages ging ich einmal allein zu der Wohnung am Preyler Weg, in dem wir vor den schweren Bombenangriffen gelebt hatten. Der gesamte Wohnblock und alle benachbarten Häuserzeilen waren weitgehend bis auf die Grundmauern niedergebrannt. Auch das Mercedes-Ausbesserungswerk hatte eine Menge abbekommen. Es war ein schlimmer Anblick. In diesem Viertel hatte ich die schönsten Jahre meiner Kindheit verbracht, jetzt lag alles in Schutt und Asche. Und ich war als Einziger der Familie übrig. Von meinem Vater wusste ich nichts, vielleicht war auch er längst tot, so wie all die anderen deutschen Soldaten, deren Leichen ich gesehen hatte. Und ich wusste nicht, wie ich irgendetwas von ihm erfahren sollte. Ich fühlte mich mehr denn je von aller Welt verlassen.

Trotz aller Zerstörung zog es mich zu unserem Haus. Man konnte es sogar noch betreten. Das Treppenhaus stand, allerdings gab es weder Geländer noch den Holzbelag der Treppenstufen und auch keine Seitenwand. Ich ging vorsichtig Schritt für Schritt nach oben, sorgfältig auf das Knistern im Mauerwerk achtend, und betrat das, was von der Wohnung übrig war. Vorsichtig tastete ich mich bis zum Eingang des Wohnzimmers vor, dann blickte ich nach unten und sah zwei

Etagen tiefer einen riesigen Schutthaufen, die Reste von vier Etagen Fußböden, Zimmerdecken und Dach. Da unten müssen auch die Reste meiner kleinen Waffen- und Munitionssammlung liegen, sagte ich mir. Sicher hat es schön geknallt, als sie explodierte.

Ich ging zur Küche und Speisekammer. Sie waren völlig ausgebrannt. Hier hatte mich Mutter in der Zinkbadewanne gebadet, hier hatte ich mit einer Gummispritze durch das Fenster auf meine Spielkameraden oder auch auf Erwachsene gespritzt, hier hatte ich die einzige Tracht Prügel meines Lebens bekommen, nachdem Mutter meinem Vater, der auf Fronturlaub war, erzählt hatte, dass ich immer noch die Brotrinden von meinen Brotscheiben abschnitt. Nie würden wir hier wieder zusammen sein. Nie mehr würde Vater auf Urlaub kommen. Und auch Siegbert, mein kleiner Bruder, würde nie wieder lebendig werden.

In der Speisekammer fand ich einen braunen Klumpen verbrannten Zuckers. Ich lutschte daran und schaute mich weiter in der ehemaligen Küche um. Gleich links neben der Tür stand der ausgeglühte Gasherd. Daneben hatte der Stuhl gestanden, auf dem ich immer am Esstisch gesessen hatte. Oft hatte Mutter dort ihre Arbeiten erledigt, während ich auf dem Tisch mit meinem Stabilbaukasten Kräne, Lastwagen oder Lokomotiven baute. Dabei unterhielten wir uns meistens angeregt, überlegten, wohin wir Ausflüge machen oder was sie am besten mit den Lebensmittelkarten besorgen könnte oder welchen Film wir uns ansehen sollten. Auch meine Hausaufgaben hatte Mutter sich an dem Tisch angesehen.

Ohne es zu merken, hockte ich mich, während ich an früher dachte, in den Brandschutt auf dem Fußboden genau an den Platz, an dem mein Stuhl gestanden hatte. Dort in der vertrauten, wenn auch verbrannten Umgebung wurde mir wieder bewusst, wie allein ich jetzt war. Da liefen mir die Tränen herunter. Alle hatten mich verlassen, nur ich blieb zurück. Mutter war im Himmel, mein kleiner Bruder Siegbert und Großmutter auch, und Tante Christel war verschwunden. Ob Papi und die Großeltern noch lebten, war mir nicht bekannt. – Ich weiß nicht mehr, wie lange ich so im Schutt gegessen habe. Irgendwann rappelte ich mich auf und beschloss, mit aller Kraft am Leben zu bleiben, damit Vater wenigstens mich wiedersehen würde, wo doch alle anderen fort waren.

In der Küche lag da, wo früher der Schrank gestanden hatte, verglühtes Besteck. Die Messergriffe waren geschmolzen, die Klingen blau angelaufen. Ich steckte sie dennoch ein. Später brachte ich sie mit meinen Freunden zum Erglühen, dann schreckten wir sie ab und härteten sie auf diese Weise wieder. Aus Holz schnitzten wir uns neue Griffe und machten uns mit von Kupferdraht umwickelten Weidenrinden so etwas wie Scheiden. So hatten wir jeder ein Messer, das wir Tag für Tag bestens für alles Mögliche gebrauchen konnten.

Das ganze Wohngebiet um den Preyler Weg wurde später von den Russen dem Erdboden gleichgemacht, die Trümmer wurden um den Rodelpark geschüttet, und aus dem kleinen Berg wurde ein großes Plateau. Dahinter steht bis heute noch meine alte Volksschule mit dem kleinen Uhrtürmchen.

Grossvaters Haus in Maraunenhof

Nach dieser Erkundungstour in mein Heimatviertel war ich neugierig darauf, was aus dem Haus meines Großvaters geworden war, und beschloss, einen Ausflug in den Quitzow Weg zu machen, unweit von meinem Kinderheim entfernt. Je näher ich kam, desto gespannter wurde ich. Am wichtigsten war für mich zu wissen, ob mein Geburtstagsfahrrad noch existierte. Ich fürchtete sehr, dass es schon jemand gefunden und mitgenommen hatte.

Die ersten Häuser in der Straße standen noch, Großvaters Haus konnte ich zunächst nicht erkennen, weil es hinter einer Kurve stand. Als ich weiterging, entdeckte ich es. Es war ein einziger Trümmerhaufen innerhalb der anderen unversehrten Häuser. Offenbar hatte es eine Sprengbombe getroffen, die Frontmauer zur Straße war richtiggehend in den Vorgarten geklappt. Die Stockwerke waren heruntergesackt wie platte Flundern, ich konnte in alle Etagen hineinschauen, sie waren nur noch einen halben Meter hoch. Unten sah ich den großen Eichentisch, er war unversehrt, wären nicht auch seine Beine auf einen halben Meter verkürzt gewesen.

Das also war aus Großvaters wunderbarem Haus geworden, in dem ich so viel Schönes erlebt hatte! Ein Glück, dass die Großeltern das nicht sehen müssen, sagte ich mir und hoffte dabei inständig, dass sie sich mit ihrer Flucht hatten retten können. Aber wie sollte ich das je erfahren? Ich wurde plötzlich wieder sehr traurig und musste mit den Tränen kämpfen.

Was war wohl aus Großvaters Tieren geworden, fragte ich mich auch. Natürlich waren die Kaninchen und Hühner nicht mehr da. Er hatte mich immer so stolz zu seinen selbstgezimmerten Ställen geführt und mir die Jungen gezeigt. Er machte mich allerdings auch immer darauf aufmerksam, welches Kaninchen – er nannte sie alle beim Namen – demnächst geschlachtet werden würde. Ich hatte selbstredend protestiert. Ob ich das heute noch immer tun würde, da war ich mir nicht so sicher.

Dann wollte ich nach meinem Fahrrad sehen. Ich ging um das Haus herum. Von hinten sah es ähnlich aus wie von vorn, zusammengestaucht. Der Treppenabgang vom Garten in den Keller lag frei. Ich kam bis zur Waschküche durch. Bis dahin war der Keller stehengeblieben, vorn in den großen Kellerräumen aber lag der Fußboden vom Hochparterre. Und darunter musste mein Fahrrad liegen. Ach, wie gern hätte ich es gehabt, wie gut hätte ich es brauchen können!

Danach sah ich mich im Obst- und Gemüsegarten um. An den Bäumen hingen unreife Äpfel, klein und steinhart. Es hatte noch keinen Sinn, sie zu ernten. Ich wollte abwarten, bis sie reif waren. Aber ob sie dann noch da sein würden? Leider waren sie, als ich Wochen später nach ihnen schaute, längst von anderen geerntet worden.

Da, wo früher das Kräuterbeet gewesen war, fand ich etwas Schnittlauch und Petersilie und nahm sie mit. Sie waren das Einzige, was ich von Großvaters Grundstück verwerten konnte. Mit diesem kläglichen Fund machte ich mich traurig auf den Rückweg zum Heim.

Die vier Musketiere

Wenn wir bei unseren Suchaktionen in den Ruinen nichts fanden, gingen wir, Gunther, Peter, Kurt und ich, auch zu den Häusern, in denen die Russen wohnten, und bettelten um Brot. Die meisten Haushalte dort bestanden aus Offiziersfamilien mit Kindern, die Mannschaften waren in den Kasernen unter einfachsten Bedingungen stationiert. Die Offiziersfamilien besaßen dagegen offensichtlich alles, was man zum Leben brauchte.

Im Allgemeinen hatten wir beim Betteln Glück. Es gab aber auch sehr unangenehme Erlebnisse. Einmal öffnete mir ein junges Mädchen mit sogenannten Affenschaukeln – Zöpfen, die zu Schlaufen oben festgesteckt waren –, die Tür und sagte, ich solle warten. Ich freute mich schon darauf, dass ich etwas Brot bekommen sollte, doch dann erlebte ich eine böse Überraschung. Fluchend und brüllend stand plötzlich der Vater vor mir, und ich rannte schnell wie der Blitz die Treppe hinunter. Am Treppenabsatz holte er mich ein, versetzte mir einen gewaltigen Tritt mit seinem Stiefel, und ich stürzte nach unten. Ich hatte noch Glück im Unglück. Es schmerzte heftig, aber ich hatte mir offenbar nichts gebrochen. Ich humpelte nach Hause und wusste, dass ich dieses Haus in Zukunft meiden musste.

Eines Tages schlich ich mich mit Gunther, Kurt und Peter in den Garten eines von Russen bewohnten Hauses. Dort stellen wir fest, dass sie sämtliche Küchenabfälle einfach aus dem Fenster warfen. Von Zivilisation keine Spur, aber gut für uns. Wir fanden nämlich ein großes Stück Speck, nahmen es schnell an uns und machten uns mit der reichen Beute davon. Erst als wir uns den Speck näher ansahen, entdecken wir, dass die Russen ihn nicht ohne Grund weggeworfen hatten. Er wimmelte von Maden. Doch so schnell gaben wir uns nicht geschlagen. Wir versteckten auch diesen Speck in unserer »Vorratsruine« und kamen am nächsten Tag wieder zurück. Ich hatte von einem Kleinmotorrad die Aluminiumkappe der Lichtmaschine abgeschraubt. Mit unseren Messern zerschnitten wir auf einem angekohlten Balken den Speck in kleine Stücke und machten zwischen zwei Ziegelsteinen ein Feuer. Wir legten die erste Hälfte der Stücke in den Deckel und ließen den Speck aus. Die Maden schöpften wir wenigstens teilweise mit einem Löffel ab. Das flüssige Fett gossen wir in einen Blumentopf, dessen Loch wir mit einem Holzstück zugestopft hatten, und darauf machten wir mit der zweiten Hälfte des Specks ebenfalls Schmalz.

In den Tagen danach hoben wir uns immer unser Stück Brot auf, bestrichen es in der Ruine mit Schmalz und aßen es mit Genuss. Auch mein kleines Patenkind, das übrigens Gunthers jüngere Schwester war, bekam ihre Ration ab. Leider weiß ich ihren Vornamen nicht mehr. Damals interessierte ich mich mehr für Jungen als für Mädchen. Später wäre es sicher umgekehrt gewesen. Jedenfalls waren wir mit der Zeit eine so vertrauenswürdige Clique geworden, dass uns die Schwestern auch »die vier Musketiere« nannten.

Auf Fischfang

Aufgrund meiner »Lehrzeit« bei den Wehrmachtssoldaten fanden wir noch andere Möglichkeiten, Nahrung zu finden. Unter den vielen Waffen, die überall herumlagen, gab es auch kistenweise Eierhandgranaten. Ich kannte von »meinem« Soldaten die Farbcodierung der Köpfe, die die Verzögerungszeit zwischen Abzug und Detonation angab. Wir benutzten die Granaten zum Fischen auf dem Oberteich. Auf die Idee hatten uns die Russen gebracht. Sie fischten auf diese Weise weiter stadteinwärts. Zunächst bauten wir uns ein Floß aus zehn zusammengebundenen Benzinkanistern und einer darübergelegten Tür. Mit einer langen Stange stakten wir auf den Teich hinaus. Wir hatten uns auch einen Kescher gebaut, aus einem mit Draht versteiften Beutel und einem Besenstil. Das erste Modell des Keschers funktionierte nicht. Wir verbesserten es, indem wir lauter kleine Löcher in den Stoff schnitten, damit das Wasser abfließen konnte, sonst hätten wir den Kescher gar nicht aus dem Wasser bekommen, so schwer wäre er gewesen. Kurt, der am weitesten werfen konnte, wurde ausersehen, die Granaten zu werfen. Gleich nach der ersten Handgranate kamen etliche Fische nach oben, die wir mit dem Kescher abschöpften. Am ersten Tag beließen wir es bei diesem Fischzug, um kein Aufsehen zu erregen. Wir stakten an Land, versteckten das Floß am Ufer und rösteten die Fische in unserer Ruine, die inzwischen schon so etwas wie ein zweites Zuhause für uns vier geworden war. Bald versiegte diese Nahrungsquelle leider. Irgendwann kamen keine Fische mehr nach oben. Der Teich war leergefischt. Eigentlich, so dachten wir, hätten viel mehr Fische im Wasser sein müssen bei den vielen Leichen, die dort ihre letzte Ruhe gefunden hatten.

Nun also war es mit dem Fischsegen vorbei. Das war besonders schlimm, denn im Herbst 1945 wurde die Nahrung immer knapper. Wir suchten in verwilderten Parks und Gärten nach Brennnesseln und Melde, damit die Schwestern daraus Wassersuppe kochen konnten. Wir untersuchten die russischen Abfallhaufen und sammelten dort die letzten Kartoffelschalen ein, wir brachten Eicheln mit und rösteten alles auf dem kleinen Kanonenofen in der Eingangshalle. Uns erschien das wie der reinste Luxus im Vergleich zu der Wassersuppe aus Zuckerrüben. Unterwegs pflückten wir die roten Mehlbeeren und knabberten die dünne Fruchtfleischschicht von außen ab. Auch Hagebutten aßen wir, doch es war schwierig, die kleinen Härchen zu entfernen, die unangenehm juckten.

Im Spätherbst starben viele Kinder, die schwach waren und es dennoch bis hierher geschafft hatten, an Krankheiten und Unterernährung. Immer wieder fanden wir sie morgens reglos in ihren Betten, täglich wurden tote Kinder bestattet. Doch nahm die Zahl der Heimkinder nicht ab. Immer mehr Mädchen und Jungen kamen zu uns, die zuvor allein im zerstörten Königsberg gehaust hatten, aber nun ohne die Hilfe des Heims verhungert wären. Hinzu kamen weitere Kinder aus dem östlichen Ostpreußen, die Richtung Königsberg gezogen waren, in der Hoffnung, in der Stadt mehr zu essen zu finden. Sie waren viele Kilometer ganz auf sich gestellt nach Westen geirrt.

Im Schlafsaal wurde Platz gebraucht, und so durften wir vier Musketiere ins Haupthaus umziehen. Im Souterrain richteten wir uns selber einen Raum ein. Wir bauten uns Pritschen aus drahtbespannten Eisenrahmen von alten Krankenhausbetten, unter die wir an jeder Ecke jeweils kreuz und quer zwei Ziegelsteine stapelten. Die Decken hatten wir aus dem Schlafsaal mitgenommen. Im Keller fanden wir weiße Blechnachtschränkchen, wie es sie in Krankenhäusern gibt. Niemand wusste, wie sie dorthin gekommen waren.

Als wir eines Abends auf unseren Pritschen lagen und überlegten, wo wir am kommenden Tag versuchen sollten, etwas Essbares aufzutreiben, oder Dinge finden könnten, die sich für Tauschgeschäfte mit den Russen eigneten, hörten wir draußen einen lauten Vogelruf. Als Stadtkind hatte ich einen solchen Schrei noch nie gehört. Außerdem waren wir alle erstaunt, seit langer Zeit einen Vogel zu hören. Wir verstummten und lauschten, und plötzlich war da wieder dieser Ruf. Kiwitt! Kiwitt! Es klang unheimlich. Dann flüsterte Peter auch noch: »Komm mit, komm mit ins kühle Grab, da reiß ich dir die Haare ab. Komm mit, komm mit, komm mit!« Danach erklärte er. »Das ist ein Käuzchen, und immer wenn es so schreit, muss jemand sterben. Hat jedenfalls meine Mutter gesagt.«

Wir schwiegen und nach einer langen Pause begannen wir darüber zu diskutieren, ob das wirklich stimmte. »Du hast deine Mutter bestimmt falsch verstanden«, sagte ich. Das meinte Kurt auch. »Das mit dem Haare-Ausreißen kann uns doch egal sein«, sagte er. »Wir haben doch sowieso keine auf dem Kopf.« Tatsächlich trugen wir immer den typischen Einheitsschnitt, der uns vor Kopfläusen bewahren sollte, nämlich eine Glatze.

Nur das kühle Grab ängstigte uns etwas, und wir wollten es vermeiden. Zwar sagten wir laut, das sei doch bestimmt Unsinn, aber um sicherzugehen, beschlossen wir, immer wenn das Käuzchen wieder schreien sollte, unsere nächtlichen Ausflüge zu Orten, die wir am Tag erkundet hatten, zu unterlassen und das Kellerfenster fest zu verschließen.

Wir hatten dort unten sogar Licht, obwohl es noch keinen elektrischen Strom gab. Irgendwo in einem Haus hatten wir eine Flasche Cuprex gefunden, ein Mittel zum Desinfizieren und zur Vernichtung von Ungeziefer. Darauf stand »feuergefährlich«, und das brachte mich auf eine buchstäblich zündende Idee. Aus Cremedosen, die wir in einem anderen Haus tonnenweise gefunden hatten, machten wir uns kleine Ölfunzeln. Der untere Teil der Dosen war aus braunem Glas, der Deckel aus Blech. In den Deckel schlugen wir ein Loch und zogen einen Baumwollfaden als Docht hindurch, gaben Cuprex hinein, zündeten es an, und so hatte jeder seine Nachttischlampe. Wir waren mehr als stolz auf diese zivilisatorische Errungenschaft. Die Fäden hatten wir aus den Fußlappen gezogen, die wir immer trugen. Strümpfe gab es schon seit langem nicht mehr, so hatten wir uns bei den Russen abgeschaut, wie man seine Füße in Lappen einpackt, ohne dass diese drücken oder scheuern.

Wir vier hatten jetzt so etwas wie ein eigenes Zuhause, und das tat uns allen sehr gut. In unserem Zimmer konnten wir über alles reden, uns trösten, wenn jemand Kummer hatte, konnten Probleme besprechen. Aber wir machten auch viel Spaß, lachten, machten uns über andere lustig und verbrachten so auch ganz gute Zeiten, so weit das in unserer Lage möglich war.

Das Lager der Russen

Eines Tages waren plötzlich und überraschend die lieben Nonnen und der freundliche Priester verschwunden. Es hatte keinen Abschied gegeben, niemand hatte uns etwas erklärt. Wir waren tieferschrocken. Wenn es den Schwestern zu viel geworden wäre, sie hätten uns sicher Bescheid gesagt. Statt der Nonnen kamen die Russen. Offenbar wollten sie die Federführung übernehmen. Es gab einen neuen Heimleiter, einen kriegsversehrten russischen »Kapitan«, dessen Rang dem eines Majors entsprach. Er brachte zwei bewaffnete russische Soldaten mit, die nicht uns bewachen, sondern uns vor umherziehenden, zum Plündern neigenden Russen beschützen sollten. Das waren nicht immer Soldaten, sondern auch russische Heimatlose, darunter viele Halbwüchsige ohne jede Erziehung, die ums Überleben kämpften und in immer größerer Zahl nach Ostpreußen kamen, immer hinter der kämpfenden Truppe, so wie früher Abenteurer und Freibeuter die Heerzüge der großen Feldherren begleitet hatten.

Drei ältere deutsche Frauen wurden als Küchenhilfen beschäftigt, und ein paar Tage später trafen zu unserer Freude noch zwei deutsche Kriegsgefangene ein, Sigismund und Herr Düsselbach. Der Kapitan, ein freundlicher Mann, der uns gleich gefiel, wollte Ordnung schaffen. Es kam System in unser Lager. Sigismund war Tischler von Beruf. Er reparierte Türen und Fenster. Er suchte in Ruinen nach Glas und setzte fehlende Scheiben ein. Uns Kindern gab das ein Gefühl von Geborgenheit, so weit so etwas dort überhaupt möglich war.

Herr Düsselbach reparierte alle Zäune und das große Haupttor, an dem immer einer der beiden russischen Soldaten mit über der Schulter hängender, nach unten zeigender MP postiert war. Auch das geschah zum Schutz vor den Landsleuten des Kapitan, der diese offenbar gut kannte.

Vorn an der Straße wurde an einem Torpfosten ein Schild mit der Aufschrift *Dom ssirott*, Waisenhaus, angebracht. So sollten potenzielle russische Diebe und Einbrecher gleich erfahren, dass dort keine Reichtümer zu erwarten waren. Hinten im Garten wurde ein Donnerbalken gebaut. Dazu wurde ein 75 Zentimeter breiter, drei Meter langer und ein Meter tiefer Graben angelegt. Während der Ausschachtungsarbeiten liefen wir zu den Soldaten und sagten: »Vorsicht, hier sind ganz viele Kinder beerdigt!« Dann zeigten wir ihnen genau, bis wohin sie graben konnten.

Sie bemühten sich, die Gräber nicht zu beschädigen. Über der Grube wurde in Sitzhöhe ein solider Balken befestigt, dazu ein anderer als Lehne. Vorbei war die Zeit, in der jeder irgendwo in irgendwelchen Gärten im Gebüsch sein Geschäft verrichtete, »Abprotzen« genannt. Benutzt wurde der Donnerbalken nach Anweisung des Kapitan zu bestimmten Zeiten. Nach dem Frühstück, Mittagessen und Abendbrot zuerst die Jungen, danach die Mädchen. Als Klopapier dienten aus einem der bombardierten Nachbarhäuser herangeschaffte Buchseiten. Wenn eine Grube voll war, wurde die nächste angelegt. Das war immer noch besser als ganz ohne Toiletten zu leben und wurde für ganz selbstverständlich gehalten. Nur bei eisiger Kälte war es ratsam, den Aufenthalt drastisch abzukürzen.

Wir vier Freunde hatten das Glück, auch unter der neuen Lagerleitung in unserem Souterrainzimmer bleiben zu können. Dies war so etwas wie exterritoriales Gebiet. Niemand verlief sich zu uns. Inzwischen hatten wir auch ein kleines Vorratslager mit Sachen verschiedenster Art eingerichtet. Besonders wichtig war das feine, dünne Papier aus den Neuen Testamenten, die noch aus der Zeit von Sankt Katharinen im Haus herumlagen. Wir trieben damit regen Handel mit den Russen, falteten es zu kleinen Heftchen und verkauften es als Zigarettenpapier. Nicht alle Russen konnten *Papirossi* rauchen, die hatten meist nur Offiziere. Die einfachen Soldaten rauchten *Machorka*, Tabak aus Blättern, Rispen und Stangen, der in kleinen Päckchen aus braunem Packpapier geliefert wurde. Bisher hatten die Russen die *Prawda*, also Zeitungspapier zum Zigarettendrehen verwendet, vielleicht der beste Verwendungszweck für dieses Blatt. Mit unserem feinen, edlen Zigarettenpapier zogen neue Gewohnheiten herauf. Es fand reißenden Absatz. Auch wenn der Tabak dadurch kaum besser schmeckte, das Papier mit Goldrand faszinierte, obwohl es nicht reißfest war, die Russen sehr. So verdiente ich meine ersten Kopeken.

Von unserem Kellerzimmer aus hatten wir, wie gesagt, die Möglichkeit zu nächtlichen Ausflügen. Eines Nachts gingen wir zu einem Gebäude, in dem ich am Tag zuvor beim Betteln hinter einem stoffverhängten Regal im ersten Stock zwei halbe Brote entdeckt hatte. Was für ein Schatz! Dafür lohnte es sich gewiss, bei dunkler Nacht aufzustehen und etwas zu riskieren. Wir kletterten aus unserem Fenster, schlichen durch den Garten, stiegen über den Zaun, liefen zu dem Haus, und während meine Freunde draußen Schmiere standen, ging ich lautlos ins Haus hinein und die Treppe hinauf. Ich fand das Regal, nahm die beiden Brothälften, steckte sie unter meine Joppe und mit klopfendem Herzen, leise und unbemerkt, verließ ich das Haus wieder.

Wie freuten wir uns auf das besondere Frühstück am nächsten Morgen in unserem Zimmer. Wir holten die Brote hervor, die ein bisschen sehr hart waren, so hart, dass wir sie mit unserem Messer nicht zerschneiden konnten. Ich nahm einen Ziegelstein unter dem Bett hervor, um damit die Brotlaibe aufzuschlagen, und stand unmittelbar danach in einer grünen Wolke aus feinstem pulverisiertem Schimmel. Unter der steinharten Kruste war nichts als Schimmel gewesen. Umsonst gezittert!

Ein andermal hatten wir mehr Glück. Nicht weit von unserem Heim hatten die Russen eine Art Offizierskasino eröffnet, in dem es einen Mittagstisch für die in der Gegend überall verstreut wohnenden Offiziere gab. Eines Nachmittags beobachteten wir, wie eine ganze Ladung Weißkohlköpfe ankam, eine unglaubliche Kostbarkeit! Muschkoten, einfache Soldaten, schütteten sie durch das offene Kellerfenster. In der Nacht schlichen wir mit einem leeren Kartoffelsack aus dem Haus. Am Kasino angelangt, kletterte Kurt durch das Fenster in den Keller, Gunther und ich hielten den Sack auf, Peter packte die Kohlköpfe hinein, die Kurt ihm reichte. Niemand bemerkte unsere Aktion, wir schleppten glücklich unsere Beute nach Hause und versteckten sie unterm Bett. An den nächsten Abenden, spät genug, dass kein unvorhergesehener Besucher uns überraschen konnte, machten wir uns über den Weißkohl her. Wir kauten mit solcher Begeisterung, dass es sich anhörte, als wäre man in einem Karnickelstall. Die gasbildende Wirkung des Weißkohls blieb nicht aus. Es brauste wie Donnerhall durch unser Kellerzimmer, und wir konnten nicht mehr vor Lachen.

Das Kunstwerk

Die Russen hatten eine Vorliebe für Bodenkunst in knalligen Farben, die der Propaganda und dem Personenkult diente. Besonders gern platzierten sie solche Kreationen vor öffentlichen Gebäuden und Kasernen. Unser Kapitan schien ein solches Kunstwerk bei uns im Lager zu vermissen, und so schickte er ein paar Jungen mit dem Auftrag los, rote und weiße Steine aus den Ruinen zu holen. In mühsamer Arbeit zerschlugen wir sie zu pflaumengroßen Stücken und trennten sie nach Farben. Danach führte uns der Kapitan zu dem großen Fahnenmast auf unserem Appellplatz und wies uns an, einen großen Kreis von vier Metern Durchmesser um den Fahnenmast zu zeichnen. Zwei Jungen nahmen eine Schnur von zwei Metern Länge, an deren Ende ein Stock gebunden war. Einer der Jungen hielt das freie Ende an den Mast, während der andere mit dem Stock einen Kreis in den Sand malte. Es folgte ein zweiter Kreis, dessen Durchmesser geringer war als der erste.

Der Kapitan hatte uns nicht erklärt, wie sein Kunstwerk aussehen sollte, wir wussten aber bereits, was kommen würde, hatten wir doch schon Ähnliches kennengelernt. Es überraschte uns also nicht, als der Kapitan mit seinem Krückstock einen Sowjetstern in die Kreise zu zeichnen begann. Es dauerte lange, bis das fünfeckige Emblem eine einigermaßen regelmäßige Form hatte. Ein Junge durfte den Kreis betreten und musste mit der Hand die nicht gelungenen Linien immer wieder wegwischen. Wir standen drumherum und lachten lauthals, wenn der Stern allzu windschief aussah und unser Kapitan laut fluchend *tschort wasmie* rief, was in etwa »Hol mich der Teufel« bedeutet. Irgendwann einmal waren die Umrisse des Sterns fertig. Rote, nicht zerschlagene Ziegelsteine wurden auf die Kreislinie gelegt, um dem Bild feste Form und Halt zu geben. Danach – und da mussten wir besonders vorsichtig sein – schütteten wir Jungen auf Anweisung des Kapitan die laufend in Eimern herangeschleppten roten Ziegelbrocken in den Stern und füllten ihn ganz aus. Der Kapitan lief mit seinem Krückstock hin und her und rief: »Hier noch ein Stein … da noch einer … hier einen wegnehmen!«, bis ein schöner roter Sowjetstern entstanden war. Die weißen Steinbrocken mussten rings um den Stern geschüttet werden, bis der ganze Kreis ausgefüllt war und das Sowjetemblem in voller Schönheit prangte. Jetzt erst war der Kapitan mit seinem Appellplatz zufrieden.

Wenn die Fahne gehisst oder eingeholt wurde, mussten wir von nun an sehr vorsichtig sein, um das Kunstwerk nicht zu beschädigen. Der Kapitan achtete sorgfältig darauf und warnte uns, den Kreis zu betreten. Dafür gäbe es strenge Strafen, beteuerte er. Wir wussten allerdings, dass er es nicht so ernst meinte. Wir mochten ihn überhaupt sehr; ihn zu fragen, was eigentlich aus Deutschland geworden sei, das allerdings hätten wir uns nicht getraut.

Ein harter Winter

Der Winter 1945/46 war besonders hart. Schon im Oktober war es sehr kalt gewesen, und im November herrschte tiefer Frost. Je mehr es draußen fror, desto knapper wurde das Brennholz. Auch in der Küche wurde dringend Holz zum Kochen gebraucht. Es gehörte zu unserer täglichen Arbeit, Brennmaterial zu beschaffen. Jeden Morgen zogen mehrere Jungen mit einem Malerkarren, Seilen und einer großen Holzfällersäge los. Manchmal kam auch Sigismund, der eine der beiden deutschen Kriegsgefangenen, mit. Er hatte einen *propusk*, eine Vollmacht, vom Kapitan bekommen, die besagte, dass er sich frei bewegen konnte. Für uns Jungen war es schön, ab und zu in Begleitung eines Erwachsenen zu sein. Manche Dinge hätten wir allein auch gar nicht geschafft. Nicht immer war es einfach, an das begehrte Holz heranzukommen. In den Giebeln der ausgebrannten Häuser steckten oft dicke Balken, die nicht ganz verkohlt waren und noch eine ganze Weile brennen konnten. Wenn wir so ein Haus erreichten, kletterte einer von uns mit dem langen Seil nach oben, steckte es durch ein Firstfenster oder Einschussloch des stehengebliebenen Mauerwerks, knotete es zusammen und ließ sich wieder herunter. Dann hängten wir uns alle an das Seil und zogen aus sicherer Entfernung immer wieder daran, bis die Mauer ins Schwingen geriet und schließlich einstürzte. Der begehrte Balken fiel zusammen mit dem Mauerwerk herunter.

Wir zersägten ihn in zwei bis drei Meter lange Stücke und luden ihn auf den Wagen. Wenn wir nach harter Arbeit mehrere Balken zusammenhatten, fuhren wir zurück ins Lager. Wir kamen dabei nur langsam vorwärts, denn die Balken waren schwer, die Straßen voller Bombentrichter und wir nicht bei besten Kräften, da wir ja immer Hunger hatten. Das Holzholen gehörte zu den anstrengendsten Arbeiten im Lager.

Auf dem Gelände standen fünf Sägeböcke bereit, die Sigismund gebaut hatte. Ein paar Jungen zersägten die Balken. Wieder andere zerspalteten sie mit dem Beil in ofentaugliche Stücke. Unsere Brennholzvorräte nahmen täglich zu. Angekohlte Balken gab es genug, auch wenn sie nicht einfach zu beschaffen waren. Bald allerdings wurde der Umkreis, in dem wir welche fanden, immer größer, und so mussten wir das Holz über immer weitere Strecken ziehen. Wenn wir ins Lager zurückkamen, sahen wir so schwarz aus wie Köhler.

Ein Scharmützel

Bei unserer schweren Arbeit blieben wir nicht immer ungestört. Als wir eines Tages mit unserem Karren durch die Nachbarstraßen zogen, lauerten uns russische Jungen in unserem Alter auf. Es waren Kinder von Offizieren, die uns Schimpfwörter nachriefen und uns, hinter ihrem Gartenzaun versteckt, mit Steinen bewarfen. Damit begann eine Art kleiner Bandenkrieg, wie er unter Jungen zu allen Zeiten häufiger vorkommt. So kurz nach Kriegsende hatte er allerdings eine besondere Note, denn da begegneten sich »Sieger« und »Besiegte«.

Bevor wir das nächste Mal dort vorbeikamen, bewaffneten wir uns gut. Wir hatten selbstgebaute Katapulte aus Astgabeln, Streifen aus Motorradschläuchen und Leder in unserem Malerkarren und viel Übung beim Schießen. Als Geschosse dienten Stücke aus zerschlagenen Dachpfannen, unser Karren war voll davon. Die »Feinde« brauchten nur anzufangen, wir waren bereit.

Kaum hatten wir die Hecke erreicht, die ihr Grundstück umschloss, da beschimpften sie uns wieder und warfen mit Steinen. Der Kampf wurde jedoch ein voller Erfolg für uns. Wir schlugen die russischen Jungen in die Flucht.

Nach diesem Ereignis kam ein russischer Vater zu unserem Kapitan. Sein Sohn war heulend zu ihm gelaufen und hatte sich bitter über uns beschwert. Der Kapitan ließ uns holen, und wir mussten ihm berichten, was geschehen war. Wir erzählten ihm die ganze Geschichte aus unserer Sicht. Er schickte uns fort und blieb mit seinem Offizierskollegen allein. Nachdem dieser fort war, rief der Kapitan uns wieder und erklärte: »Die Jungen lassen euch jetzt in Ruhe. Es wird nicht mehr passieren. Aber warum seid ihr denn nicht eher zu mir gekommen? Ich hätte die Sache doch geregelt!« Die richtige Antwort auf diese Frage wäre wohl gewesen, dass wir elternlose Kinder völlig verlernt hatten, zu Erwachsenen zu gehen und sie um Hilfe zu bitten. Wir waren ganz darauf eingestellt, uns in jeder Lebenslage selbst helfen und notfalls auch verteidigen zu müssen. Nun wurde uns zum ersten Mal bewusst, dass der Kapitan so etwas wie ein Vater war. Von jetzt an war er »unser Kapitan«.

Wir verwendeten unsere Katapulte also nicht mehr als Waffe gegen russische Kinder. Wir hatten sie auch eigentlich zu einem anderen Zweck gebaut, nämlich, um unseren Hunger mit erlegten Vögeln zu stillen, bis uns bald aufgefallen war, dass es – außer besagtem Käuzchen – gar keine Vögel mehr gab. Diese armen Tiere waren wohl alle im Feuersturm um Königsberg verbrannt. Wie hätten sie auch in dem mehrtägigen Sturmgewitter fliehen sollen.

Die Temperaturen sanken immer mehr, und bald fror der Oberteich dick zu. Wir konnten dort kein Wasser mehr holen. Unser Kapitan hatte aber einen Kesselwagen der Roten Armee besorgt, der uns regelmäßig Wasser brachte. Woher es kam, wussten wir nicht. Trotz der Kälte gingen wir weiter auf Essenssuche. Und wir kämpften erfolgreich gegen unsere Traurigkeit an, machten aus der Situation das Beste, amüsierten uns, wo immer wir konnten. Wir organisierten Schneeballschlachten, an denen auch der Kapitan teilnahm, so gut es mit seinem steifen Bein eben ging. Schlittschuhe, die aus den Ruinen stammten, befestigten wir mit Riemen an unseren Schuhen und probierten sie auf dem Oberteich aus. Oder wir legten Rutschbahnen an, indem wir den hohen Schnee beiseitefegten und immer wieder über diese Stellen glitten, bis sie spiegelglatt waren. Mit den zerbrochenen Dachziegeln spielten wir auf dem Eis Springstein. So erlebten wir trotz bitterer Kälte und Hunger in jenem Winter auch schöne Momente.

Als im Frühjahr der Schnee zu schmelzen begann und das Eis auftaute, drang von unten Wasser in unser Gebäude. Der Oberteich mit seinem Schmelzwasser und die nicht funktionierenden Abwasserleitungen sorgten für eine Riesenüberschwemmung im Haus. Wir wachten eines Morgens auf und standen in zwanzig Zentimeter tiefem Wasser. Zunächst erhöhten wir unsere Bettfüße durch mehr Ziegelsteine. Und wir bauten aus Bohlen und Ziegelsteinen Stege, über die wir gehen konnten. Dann holten wir Eimer und begannen, das Wasser auszuschöpfen. Abwechselnd stand einer draußen barfuß im tiefen Schnee und nahm die vollen Eimer entgegen, um sie möglichst weit von der Kellertür auszuschütten. Der Erfolg war nur gering, und wir mussten einsehen, dass wir der Wasserflut nicht Herr werden konnten. Uns blieb nichts anderes übrig als umzuziehen.

Wir fanden eine neue Bleibe in dem kleinen Raum hinter dem Schlafsaal im Gartenpavillon und zogen mit unserer gesamten – winzigen – Habe dorthin. Wir richteten uns den Raum ein, wobei es uns sogar gelang, den Kachelofen in Betrieb zu nehmen. Damit ging es uns besser als allen anderen. Diesen Ofen benutzten wir das ganze Jahr über, auch im Sommer. Da brieten wir uns Froschschenkel über dem schnell entfachten Feuer. Frösche heißen in Ostpreußen Poggen, und ein Taschenmesser nennt man Poggenritzer. Von denen, also unseren selbstgebastelten Exemplaren, machten wir beim Zubereiten dieser Mahlzeit kräftig Gebrauch. All dies verbot uns niemand, und wir vier hatten noch mehr als zuvor ein Gefühl der Zusammengehörigkeit und Freiheit, die uns wie ein großes Privileg erschien.

Echter Luxus war es für uns, als es uns bald nach dem Umzug gelang, in unserer Kammer Licht zu installieren. Ich hatte aus mehreren Autos Glühlampen ausgebaut, so wie in den letzten Monaten vor dem Krieg. Zudem hatte ich einen Klingeltrafo gefunden. Eigentlich wollte ich mir nur Kupferdraht daraus nehmen, zum Beispiel, um damit Knöpfe anzunähen, aber dann kam mir eine Idee. Ein paar Tage zuvor hatten wir entdeckt, dass man sich an einer bestimmten nassen Wand einen Schlag holte. Das bedeutete, es gab wieder Strom, aber eben keine intakten Deckenlampen. Ich überlegte, dass eine Rücklichtbirne, wenn ich sie an den Trafo anschloss, eigentlich brennen müsste. Bei unseren Soldaten hatte ich gesehen, wie man lötete. Und Lötmaterial zu finden, war nicht schwer. Ich besaß einen kleinen kupfernen Lötkolben, der sich in der Ofenglut leicht erhitzen ließ. Mit diesem Kolben, Lötzinn und unter Verwendung von Salmiakstein lötete ich die Rückstrahlerbirne an die Sekundärwicklung des Trafos. An die beiden anderen Anschlüsse schraubte ich Drähte und hängte das ganze Gebilde am Lampenanschluss an der Decke auf.

Zwar passten Glühlampe und Trafowicklung elektrisch nicht zusammen, aber die Glühlampe erleuchtete unseren Raum trotzdem, wenn auch nur spärlich. Jetzt hatten wir elektrisches Licht und wurden von allen bewundert.

Ich bekomme einen Posten

Dies sprach sich schnell herum. Auch Herr Düsselbach, der andere deutsche Kriegsgefangene, hatte von unserer mit Strom brennenden Lampe gehört und kam neugierig in unser

Zimmer, um sie sich aus der Nähe anzusehen. Wegen meiner freizügigen Bastelei hatte ich ein furchtbar schlechtes Gewissen, und als ich wenige Tage später zum Kapitan gerufen wurde, war ich ziemlich aufgeregt und erwartete eine heftige Gardinenpredigt. Es kam ganz anders. Der Kapitan empfing mich sehr freundlich und fragte in seinem recht guten Deutsch: »Willst du der Gehilfe von Herrn Düsselbach werden, jetzt, wo wir wieder Strom haben?« Wir sollten überall Lampen, Steckdosen und Schalter reparieren und Glühlampen besorgen. »Ja, das möchte ich gern«, sagte ich überglücklich.

Auf einmal hatte ich eine richtige schöne Arbeit und brauchte mich nicht mehr an der lästigen, aufreibenden und sehr anstrengenden Brennholzgewinnung zu beteiligen, sondern durfte mit Herrn Düsselbach die verschiedensten Arbeiten im Haus erledigen. Zunächst ging es um die Küche. Der Suppentopf aus der Lehrküche des Mädchenheims war zu klein geworden für die über hundert Kinder, die im Haus lebten. Ein größerer musste her. Wir gingen in den hinteren Raum des Gartenpavillons, der früher die Waschküche gewesen war, und fanden dort einen kupfernen Waschkessel. Zusammen mit anderen Jungen schleppten wir ihn in die Küche im Haupthaus, wo wir ihn wieder aufbauten, nachdem wir den Ablaufhahn demontiert und das Loch im Kesselboden mit einer Kupferscheibe von etwa acht Zentimeter Durchmesser zugelötet hatten. Den ursprünglichen Unterbau bauten wir originalgetreu wieder auf.

Fortan wurde in diesem Waschkessel unsere Suppe gekocht. Die Menge reichte für alle Kinder. Manchmal passten die Köchinnen jedoch nicht richtig auf, die Lötnaht schmolz und die Scheibe wurde mit dem Rührlöffel beiseitegeschoben. Die Suppe floss aus, das Feuer erlosch, weg war das kostbare Mittagessen.

Es war wirklich schade um diese Suppe, denn seit der Kapitan da war, hatte sich unsere Ernährung verbessert.

Obwohl die Russen selbst sehr bescheiden lebten, war es ihm gelungen, ein paar Grundnahrungsmittel zu beschaffen, und es gab tatsächlich Tage, an denen wir den größten Hunger stillen konnten. Was für ein seltenes Gefühl, dass man sich fast satt essen konnte! Nach dem Missgeschick mussten wir die Naht wieder zulöten, und Herr Düsselbach ermahnte die Köchinnen, in Zukunft besser aufzupassen.

Um die elektrische Versorgung des Lagers auf Vordermann zu bringen, waren Herr Düsselbach und ich tagelang in den Ruinen der Stadt unterwegs. Es fehlte an Material und wir konnten so gut wie alles gebrauchen. So bauten wir alles ab, was wir an nicht verbrannten elektrischen Teilen finden konnten: Lampenfassungen und Glühbirnen, Sicherungsfassungen und Sicherungen, Steckdosen und Schalter. Dieses Prozedere war nicht ganz ungefährlich, denn wir wussten nicht, ob die Sachen unter Strom standen. Und so fingen wir uns da und dort deftige Stromschläge ein.

Um ein brauchbarer Elektrogehilfe zu sein, brachte mir Herr Düsselbach unter anderem bei, wie ein Wechselschalter funktioniert. Das war ziemlich kompliziert, aber am Ende begriff ich es. Ich hatte den unbedingten Ehrgeiz, das Vertrauen, das der Kapitan in mich setzte, zu rechtfertigen. Herr Düsselbach erklärte mir auch, was zu tun war, wenn er einen Schlag bekommen sollte. Dann sollte ich fest an ihm ziehen, dabei aber nicht seine Haut berühren, sondern den Stoff seiner Uniformjacke anfassen. Ich hoffte natürlich, dass so eine Situation nie eintreten würde.

Einmal geschah es doch. Plötzlich klebte Herr Düsselbach wie gelähmt mit der Kombizange in der Hand an einer Leitung im Sicherungskasten. Ich war tieferschrocken. »Los, zieh mich am Ärmel, schnell!«, rief er, und ich riss an ihm, so fest ich konnte. Herr Düsselbach kam frei, und alles ging gut aus. Aber der Schreck saß mir in den Gliedern. Was wäre gewesen, wenn es ihn erwischt hätte! Ich wollte es mir lieber nicht vorstellen.

Wochenlang waren wir auf Materialsuche. Eines Tages aber erklärte Herr Düsselbach, nun hätten wir alles, was wir brauchten, zusammen. Es vergingen ein paar weitere Wochen, und die Elektrik in beiden Häusern war wieder instand gesetzt. Überall brannte nun Licht, es gab Strom, und die Mädchen konnten sogar bügeln. Besonders freute das den Kapitan, der eine gutgebügelte Uniform sehr zu schätzen wusste. Die Mädchen taten das gern für ihn, denn auch für sie war er so etwas wie ein Vater geworden.

Dass Herr Düsselbach und ich die Elektrik des Lagers auf Vordermann gebracht hatten, sprach sich unter den russischen Offizieren herum. Unser Kapitan hatte auf Einladungen erzählt, da seien zwei tüchtige Deutsche, die sich damit auskennen und auch bei größtem Materialmangel wieder Licht ins Haus zu bringen vermögen. So dauerte es nicht lange, bis wir überall als große Spezialisten galten und von immer mehr russischen Offiziersfamilien gebeten wurden, auch in ihrem Haus die Stromzufuhr wieder in Ordnung zu bringen. Wir bekamen eine Menge Komplimente – »Du große Spezialist, deutsch alles gut, Chitler kaputt!« Die Leute waren außer sich vor Freude, wenn bei ihnen wieder Licht brannte.

Unsere Arbeit bezahlten sie mit Lebensmitteln. Was konnte es Schöneres geben! Sie zahlten nicht nur mit einfacher Graupenkascha. Es war sogar Fleisch darin. Wir bekamen auch Kohlsuppe mit Speck oder etwas Schinken darin, eine wunderbare Mahlzeit nicht nur für uns, selbst für die genügsamen Russen. Es war das Beste, was sie zu bieten hatten. Auch der Kapitan profitierte von unseren Wunderwerken. Sein Ansehen bei den Kameraden stieg, und das wiederum versetzte ihn in die Lage, Dinge zu erreichen, die eigentlich undenkbar waren. Aber davon später.

Worte aus der Heimat

Mittlerweile waren Herr Düsselbach und ich bekannt wie zwei bunte Hunde und gingen bei manchen Russenfamilien ein und aus. Dabei wurden wir auch mit anderen Aufgaben betraut, zum Beispiel mit Babysitten. Ein Offizier ging einmal mit seiner Frau abends zu einer Einladung, und da sie ihr Kleinkind nicht so lange allein lassen wollten, hatten sie uns engagiert. Dies zeigte, dass sie uns, den Deutschen, wirklich vertrauten.

Wir ahnten nicht, was das für ein Abend sein würde. Zunächst fanden wir einen Tisch mit wunderbaren Essenssachen vor, in ausreichender Menge. Auf dem Tisch stand auch ein Fläschchen, für den Fall, das das Kleine aufwachte. Nachdem wir unter lustigem Geplauder gespeist hatten, machten wir uns daran, das alte deutsche Radiogerät zu reparieren, das der Offizier uns hingestellt hatte, um es wieder zum Spielen zu bringen. Dies gelang uns bald. Wir suchten die gesamte Skala ab und fanden tatsächlich einen Sender in deutscher Sprache! Vor lauter Begeisterung lagen Herr Düsselbach und ich uns in den Armen, ein ausgewachsener Mann und ein neunjähriger Junge. Es war ein ergreifender Moment, wir gaben uns beide vergeblich Mühe, nicht loszuheulen. Wir weinten eine Weile leise und unauffällig vor uns hin, aus Verlegenheit und um das Baby im Nebenzimmer nicht aufzuwecken. Zum ersten Mal seit langer Zeit hatte ich das Gefühl, dass es Deutschland noch gab, und ich war darüber unendlich froh und erleichtert. Was wir im Radio genau hörten, weiß ich nicht mehr. Es war auch ganz unwichtig, das Entscheidende war die vertraute Sprache und der Beweis, dass unser Land noch existierte. Als ich am nächsten Tag meinen Freunden und anderen Kindern davon berichtete, war auch deren Freude und Begeisterung groß. Uns war, als wären wir nicht mehr so ganz von aller Welt abgeschnitten, als gäbe es Hoffnung, wieder nach Hause zu kommen und Menschen, die uns nahestanden, wiederzusehen.

Unsere Aktivitäten weiteten sich mit der Zeit immer mehr aus, und auch manche meiner Kameraden wurden einbezogen. Eine besondere Rolle spielte Peter. Er konnte herrliche Vögel aus Holz basteln. Dazu legte er astfreie Tannenholzstücke ein paar Tage ins Wasser. Daraufhin wurden sie auf komplizierte Weise gespalten, auseinandergefaltet und zu Vogelkörpern mit gefiederten Flügeln und Schwänzen geformt. Hinterher wurden sie getrocknet und mit Tusche bunt bemalt. Diese Vögel sahen wunderschön aus, und auch wir lernten, wie man sie macht.

Eines Tages sah unser Kapitan, wie wir sie anderen Kindern zeigten. Er war ganz begeistert von diesen hübschen Vögeln und schlug vor, sie seinen Offizierskameraden als Kinderspielzeug anzubieten. Da man in Königsberg kein Spielzeug kaufen konnte, waren die Familienväter froh, etwas für ihre Kleinen zu bekommen. Und bald schon spielten in den Häusern um uns herum die Kinder mit unseren Vögeln. Wir bekamen im Gegenzug schöne Sachen zu essen, das war immer noch die allerbeste Bezahlung.

Die nächste Handwerkerarbeit, mit der Herr Düsselbach und ich beauftragt wurden, war, alles für die Wiederherstellung der Wasserversorgung vorzubereiten. Diesmal machten wir uns in die Ruinen von Königsberg auf, um Hähne und Rohre zu finden. Da die Russen nach ihrem Sieg überall die Wasserhähne herausgerissen hatten – in der Hoffnung, sie zu Hause in die Wand zu stecken und damit fließendes Wasser zu bekommen –, mangelte es uns vor allem daran. Wieder ging ich bei Herrn Düsselbach in die Lehre und lernte, Hähne abzuschrauben und sie mit Hanf und »Bärenscheiße«, wie der Fachmann den Dichtungskitt nennt, wasserdicht einzuschrauben.

Im Garten der Schulruine setzten wir eine Schwengelpumpe wieder in Gang. Nachdem es schließlich überall Hähne gab und auch das Wasser wieder floss, wurden vom Kapitan neue hygienische Regeln eingeführt. Jedes Kind musste ab sofort regelmäßig seine Zähne putzen. Da es weder Zahnbürsten noch Zahnpasta gab, bekamen wir einen großen Sack Viehsalz. Die groben Körner wurden in kleine Stoffsäckchen gefüllt und mit dem Hammer zerkleinert. Dann zeigte uns der Kapitan, wie man damit seine Zähne putzt. Er tauchte den nassen Zeigefinger in das Salz, steckte ihn in den Mund, rieb ihn auf den Zähnen hin und her und spülte schließlich mit Wasser nach. So scheußlich dies auch schmeckte, keinem von uns Kindern blieb diese Prozedur erspart. Einer der beiden Soldaten wachte darüber, dass wir morgens und abends alle das Viehsalzritual durchführten.

Der Lastwagen

Wir hatten also Elektrizität, wir hatten gelegentlich Wasser. Doch dem unermüdlichen Kapitan fiel wieder etwas Neues ein: Er war der Meinung, dass wir einen Lastwagen brauchten, mit dem wir für den nächsten Winter Kohle besorgen und auch Lebensmittel transportieren konnten, wenn er welche organisiert hatte. Das Gefährt sollte uns überhaupt von der Willkür der Dienststellen der Roten Armee befreien. Außerdem, so meinte er, hätten wir dann die Möglichkeit, anderen einen Gefallen zu tun, wofür die auch uns wieder einen Gefallen tun könnten.

Dies bedeutete, dass Herr Düsselbach und ich wieder durch die Stadt streiften, um unter hunderten von Autowracks eines herauszufinden, das sich zu reparieren lohnte. Nach ein paar Tagen vergeblichen Suchens entdeckten wir endlich einen saharagelben österreichischen Steyr-Mannschaftswagen mit drei Sitzreihen auf der offenen Ladefläche. Karosserie und Chassis waren halbwegs intakt, die Reifen allerdings zerfetzt und die hinteren Felgen stark verbogen. Der Motor schien unversehrt, erst später stellten wir fest, dass er einen Splitter abbekommen hatte.

Nachdem wir von unserem Fund berichtet hatten, holte uns ein aus den USA stammender GMC-Truck der Sowjetarmee ab. Wir schleppten den LKW, dessen Räder sich nur unwillig drehen ließen, durch die halbe Stadt bis zu unserer Werkstatt, einer Garage hinter unserem Haupthaus. In der Garage nebenan war Sigismunds Tischlerwerkstatt untergebracht.

Der Kapitan hatte über seinen Freund Boris, in dessen Wohnung wir auch die Elektrik repariert hatten, geeignete Arbeitskräfte bekommen. Boris war nämlich Kommandant eines Gefangenenlagers, das in einer ehemaligen Polizeikaserne oder Fabrik an der General-Litzmann-Straße untergebracht war. Dort hatte er zwei deutsche Soldaten aufgetan, die von Beruf Kfz-Schlosser waren. Diese beiden wurden jeden Abend von acht harmlos wirkenden Jungen mit Malerkarren zur Tarnung abgeholt und zu uns gebracht. Erst morgens im Dämmerlicht brachten die Jungen sie zurück. Die Lagerposten wussten zwar Bescheid, nicht aber die russische Militärpolizei.

Nacht für Nacht bauten die beiden ein paar Wochen lang an unserem Steyr, gegen Brot und *Papirossi*-Zigaretten. Eines Nachts war es dann so weit. Der Motor sprang an, der LKW fuhr aus der Garage heraus. Es war ein großes Ereignis.

Am nächsten Tag fuhren wir den LKW in die Auffahrt. Ein bisschen Arbeit musste noch geleistet werden, denn die Beleuchtung funktionierte noch nicht. Wir hatten aber schon Glühbirnen besorgt, und bald war alles repariert. An russischen Maßstäben gemessen wäre das Licht gar nicht nötig gewesen, aber wo wir schon einen LKW hätten, meinte Herr Düsselbach, sollte er auch sicher sein und so perfekt wie möglich.

Unser Kapitan hatte richtige offizielle Militärnummernschilder besorgt, die brachten wir an. Nun war alles fast zu seiner Z[illegible] Er wollte nämlich unbedi[…] [..]ar die Lieblingsfarbe vi[…] […] und viele Pinsel, und da[…] [..]r großangelegten Aktion […] [..]r Kapitan strahlte, als er d[…] [..]agen sah.

Um […] feierlich zu begehen, pl[…] [..]lb hatten wir die Sitzreih[…] [..]ggenommen. Als der gro[…] [..]adefläche voll mit Kinder[…] [..]ich auf dem mittleren S[…] [..]n steifen Bein zu seinem […] [..]te, rechts von mir auf dem[…] [..]in Kind dirigierte er uns […] [..]usern seiner Offizierska[…] [..]sste ich wie wild hupen. […] [..]usern, riefen uns Glückw[…] [..]adefläche jubelten.

Unverhofftes Wiedersehen

Im Sommer 1946 war ein Jahr vergangen, seit Mutter und Großmutter gestorben waren. Was hatte ich seitdem nicht alles erlebt! Wie lange war ich schon im Lager der Russen, ganz allein, ohne zu wissen, ob mein Vater noch lebte, ohne Nachrichten von meiner Familie. Jeden Tag dachte ich an sie und vermisste sie sehr, auch wenn ich froh darüber war, meine drei Freunde zu haben.

Eines Nachmittags wurde ich zum Kapitan gerufen. Ich konnte mir kaum vorstellen, warum ich zu ihm kommen sollte. Eine Arbeit als Hilfselektriker hatte ich ja schon. Was wollte er noch von mir? Hatte ich vielleicht etwas falsch gemacht? Ich war mir keiner Schuld bewusst. Mit einiger Neugier und ein bisschen aufgeregt ging ich zu ihm.

»*Sdrastwui*, Burkhard. Morgen gehst du zum Gefängnis beim Nordbahnhof. Frage beim Posten nach deiner Tante. Christel Pinnau ist doch deine Tante, oder?« Ich war völlig überrascht und überwältigt und konnte vor lauter Aufregung die ganze Nacht nicht einschlafen. Am nächsten Morgen nach dem Frühstück machte ich mich auf den Weg. Ich muss sagen, ich rannte eher, als dass ich ging, weil ich auf keinen Fall zu spät kommen wollte. Am Gefängnis ging ich zu dem Wachtposten und fragte nach Christel Pinnau. Der Soldat wusste tatsächlich Bescheid und brachte mich in die völlig überhitzte Wachstube. Vor Aufregung und Wärme wurde ich klitschnass. Ich musste nicht lange warten, und da kam tatsächlich Tante Christel in den Raum. Ich rannte auf sie zu, und wir hielten uns lange in den Armen und weinten vor Wiedersehensfreude. Dann hatte ich die schwere Aufgabe, ihr zu erzählen, was mit Mutter und Großmutter geschehen war. Sie war völlig ahnungslos und brach in herzzerreißendes Weinen aus. Ich musste ihr genau berichten, wie alles geschehen war, und sie fiel von einem Weinkrampf in den nächsten. Dabei war auch mir schlimm zumute. Ich gab mir sonst immer Mühe, nicht allzu oft an diese furchtbaren Erlebnisse zu denken, weil sie mich so traurig machten. Doch jetzt war es so, als sei alles gerade erst passiert, und deshalb weinte ich auch.

»Und was ist mit dir passiert?«, fragte ich die Tante. »Ich war die ganze Zeit, seit wir getrennt wurden, hier im Gefängnis.« Tatsächlich war sie schon Monate dort, zusammen mit den anderen, die an der Wegkreuzung aussortiert worden waren.

»Es kommen immer neue dazu, und es heißt, bald sollen wir weitertransportiert werden. Ich habe keine Ahnung, wohin. Hoffentlich werden wir nicht nach Sibirien gebracht. Davor habe ich große Angst.«

Sie erzählte mir, dass es ihr nicht allzu schlecht ergangen sei. Sie sei als Friseurin bei den russischen Offiziersfrauen sehr gefragt, und mit Kamm, Schere und Brennschere, die sie glücklicherweise habe retten können, habe sie alles, was sie brauche. Sie bekam von den Russinnen Essen für ihre Friseurdienste und hatte mir sogar ein halbes Brot und eine Tüte Zucker mitgebracht. Ich war sehr froh. Wie lange hatte ich keinen Zucker mehr gesehen? Endlich konnte ich mir wieder welchen aufs Brot streuen!

Außerdem hatten ihr die Russen geholfen, mich zu finden. Das war nicht so schwierig, weil es nur das eine Lager für deutsche Kinder in Königsberg gab. Der Kapitan organisierte dann unser Treffen. Es gab eben auch hilfsbereite Russen.

Als ich gegen Mittag gehen musste, fiel mir der Abschied von Tante Christel schwer. Endlich wieder jemand aus der Familie, dem ich mich anvertrauen, mit dem ich über alles sprechen konnte, was mich beschäftigte. Wir verabredeten uns für den übernächsten Tag. »Da kommst du wieder, Bullerchen, und wir reden weiter«, meinte sie. »Sicher hast du mir noch ganz viel zu erzählen.«

Voller Vorfreude machte ich mich am verabredeten Termin wieder auf den Weg. Doch als ich zum Gefängnis kam, war sie mit allen anderen Gefangenen abtransportiert worden. Vielleicht hat sie es gewusst, und wollte mir einen schmerzlichen Abschied ersparen. Sie kehrte erst in den fünfziger Jahren als lungenkrankes Wrack vom Schienenlegen in Sibirien nach Deutschland zurück und starb bald darauf.

Nachdem Tante Christel fort war, fiel mir ein, dass unsere frühere Mitbewohnerin noch Großmutters Brustbeutel und Pelzmantel hatte, die sie eigentlich meiner Tante hatte zurückgeben wollen. Deshalb ging ich gleich am nächsten Tag nach Rosenau zu unserem Haus bei der Kaserne. Ich nahm meine drei Freunde als Verstärkung mit. Doch als wir ankamen, war das Haus leer, und auch die Frau war fort. Ich habe sie nie wiedergesehen. Ob ihr unser Schmuck und unser Geld geholfen haben zu überleben?

Mutters Silberfuchsmantel mit dem kornblumenblauen Innenfutter habe ich im folgenden Winter dann doch wiedergesehen. Eine Russin trug ihn auf der Straße. Ich tat daraufhin wahrscheinlich das Beste, was ich tun konnte. Ich bemühte mich, es schnell zu vergessen. Es gab ja sowieso nichts, was ich hätte tun können.

»Ich bin Burkhard, und ich lebe noch«

Das Wiedersehen mit meiner Tante, die so plötzlich, wie ich sie gefunden hatte, wieder verschwunden war, brachte mir meine elende Situation drastisch zu Bewusstsein. Ich musste an meinen Vater denken, von dem ich immer noch hoffte, dass er lebte. Aber war es auch wirklich so? Ich dachte auch an Großmutters Verwandte im Sauerland, bei denen wir wegen der Bombenangriffe gewesen waren, und ich sagte mir, wenn die Großeltern es im Winter 1944 – das war inzwischen zweieinhalb Jahre her – übers Eis geschafft hatten, wenn mein Vater noch lebte und nicht gefangen wäre, dann würden sie bestimmt bei diesen Verwandten die Sachen abholen, die wir dort eingelagert hatten. Deshalb beschloss ich, zu versuchen, mit meiner Familie Kontakt aufzunehmen und zwar per Post.

Oft genug war ich mit meiner Mutter in der Nähe des Schlosses am Postamt vorbeigekommen. Die Russen hatten am selben Ort ihre Post eingerichtet. Die Postkarten, die man dort kaufen konnte, kannten nur ein Motiv; sie zeigten das abgebrannte, aber noch nicht gesprengte Schloss, in Farbe! Darauf stand: »*Pobjeda*, Sieg, 8. Mai 1945«. Mit den beim Zigarettenpapierverkauf erworbenen Kopeken kaufte ich feierlich diese schreckliche Karte und eine Briefmarke. Ich setzte mich damit in eine Ruine und schrieb mit einem Bleistiftstummel, den ich, wie bei Großvater gesehen, mit einem Messer aufs feinste angespitzt hatte: »Ich bin Burkhard, der bei Euch war, und ich lebe noch. Meine Oma ist Lina Sumowski. Lebt mein Vater noch? Mutter ist tot.«

Als ich mit Schreiben fertig war, wurde mir klar, dass ich nicht mehr wusste, wie die Verwandten hießen, und auch ihre genaue Adresse nicht kannte. Also schrieb ich: »An den Lehrer in Stemel in der Nähe von Neheim-Hüsten, Deutschland«, und setzte mit kyrillischen Buchstaben »Njemjetzki« und vorsichtshalber noch »Germanski« hinzu.

Nun stellte sich die Frage, wie die Postkarte abgeschickt werden konnte. So einfach eine Briefmarke draufzukleben und sie einzuwerfen, schien mir zu unsicher. Bestimmt war zwischen Kriegsende und jetzt noch keine Postkarte nach Deutschland abgeschickt worden. Ich fragte also die russischen Postleute, und sie diskutierten eine Weile über diese interessante logistische Frage. Ich hatte ihren Ehrgeiz geweckt, demnach bestand keine Gefahr, dass sie meine Karte einfach wegwarfen. Dennoch war ich keineswegs sicher, dass sie ihr Ziel erreichen würde. Im Lager erzählte ich nichts davon. Ich war mir nicht sicher, ob es dort gerngesehen war, dass man »nach Hause« schrieb.

Immer mehr Kinder waren im Winter 1945/46 zu uns gekommen. Da es keinen Platz mehr für sie gab, wurde ein weiteres Haus in der Nachbarschaft in das Lager einbezogen. Auch dieses hatte wie alle anderen keine Türen mehr, und viele Fenster mussten mit Holz vernagelt werden. Doch der Dachstuhl war noch in Ordnung, und seine Bewohner hatten buchstäblich endlich wieder ein Dach über dem Kopf. Uns vier Freunden stand ein neuer Umzug bevor, da unser Kellerzimmer, wo wir in der Zwischenzeit wieder gelandet waren, von neuen Mädchen belegt wurde. Wir kamen in dieses Haus und suchten uns im Erdgeschoss ein Zimmer mit davorliegender Terrasse aus. Von dort aus konnten wir unbemerkt rausgehen, das war eine der wichtigsten Voraussetzungen für unsere Streifzüge.

Oft saßen wir abends auf der Terrasse um ein Feuer, manchmal verbrannten wir ein Stück Stabbrandbombe – vielleicht war es auch eine zur Beleuchtung von Bombenzielen abgeworfene Leuchtkerze gewesen –, das wir mit der Axt abgeschlagen hatten und das ein grellweißes, gleißendes Licht verbreitete. Manchmal saßen wir auch nur einfach im Dunklen und starrten in den Himmel. Der ostpreußische Himmel, so sauber, so rein, wie er nur in Ostseenähe sein kann, ließ die Millionen Sterne dermaßen hell und klar scheinen, dass wir meinten, wir könnten sie mit Händen greifen. Oft stand das Sternbild des Drachen vor uns, unverwechselbar und leicht zu erkennen, und ich fragte mich, ob die Menschen im fernen Deutschland, von dem ich nicht mal wusste, wo genau es lag, den Drachen wohl auch so sehen könnten.

Noch heute muss ich, immer beim Anblick dieses Sternbilds an den kleinen verlassenen Jungen denken, der ich war. Zugleich sehe ich wieder diesen unvergleichlich schönen Königsberger Sommerhimmel vor mir. Niemand hat die unglaubliche Wirkung dieses Sternenhimmels besser zum Ausdruck gebracht als der Königsberger Philosoph Immanuel Kant. Als ich später zum ersten Mal das Zitat »der gestirnte Himmel über mir und das moralische Gesetz in mir« hörte, wusste ich sofort, was er meinte. Die leuchtende Pracht dieses Himmels ist die beste Metapher für einen klaren, kritischen Verstand und gewiss auch für die Einsicht in unsere Grenzen.

Russische Kultur

Uns Kindern wurde nie grundsätzlich erläutert, was man mit uns vorhatte. Was um uns und mit uns geschah, konnten wir nur so hinnehmen, wie es war. Nie hatte uns jemand erklärt, warum die Ordensschwestern so plötzlich verschwunden waren, auch wussten wir nicht, was der Kapitan oder seine Vorgesetzten mit uns im Sinn hatten. Wir spürten zwar seine Sympathie und Fürsorge, aber richtig zu Hause fühlten wir uns in diesem Lager nicht. Noch immer ging es ums Überleben, genug zu essen zu haben und einen Platz zum Wohnen. Doch in uns allen wuchs die Sehnsucht nach einem echten Zuhause, nach einer richtigen Familie. Wo meine Postkarte wohl war?

Eines gehörte sicher zu den Absichten des Kapitan. Er wünschte sich, dass wir Russisch lernten, und fragte uns, wer von uns dazu bereit sei. Ich und auch andere meldeten sich, und bald darauf bekamen wir eine Lehrerin, die uns zweimal in der Woche Unterricht gab. Es war eine ältere, sehr nette Dame. Wir bekamen auch eine Fibel für Erstklässler, lernten Reime auswendig und übersetzten sie. Meistens waren es Lobsprüche auf die große Sowjetunion und die tapfere Rote Armee. Auch die Nationalhymne brachte die Lehrerin uns bei, auswendig lernen mussten wir sie in der deutschen Übersetzung. Man wollte wohl sicher sein, dass wir den Inhalt aufnahmen. »Von Russland, dem großen, auf ewig verbündet, steht machtvoll der Volksrepubliken Bastion …«

Wir lernten zudem ein Kindergedicht, das von der geliebten Armee mit ihren Panzern, Kanonen und fahrbaren Maschinengewehren und der Kavallerie erzählt (*ja rissuju, ja rissuju, nascha armi ljubaju, tanki, puschki, polemjoti,* ich zeichne, ich zeichne, unsere geliebte Armee, Panzer, Geschütze, Maschinengewehre, fahrbar mit Panzerschild).

Uns wurde bei diesem Inhalt ganz anders zumute. Wir liebten die russische Armee wirklich nicht. Sie hatte uns besiegt, sie war unser Feind gewesen, und dass wir nun bei den Russen waren, dafür konnten wir Kinder nichts. Da wir aber ohne diese Armee unter den herrschenden Bedingungen noch schlechter gelebt hätten – wir hatten tatsächlich viele nette, zu uns Kindern freundliche Russen kennengelernt –, handelten wir, glaube ich, recht pragmatisch. Außerdem war ich wissbegierig, wild darauf, zu lernen. Ich hatte mich vor allem deshalb für den Russischunterricht gemeldet. Selbstverständlich fühlten wir uns alle weiterhin als Deutsche.

Besser gefiel uns daher das eher unpolitische Lied vom fröhlichen Wind, der uns ein Lied singen soll, weil er Meere und Berge gesehen hat (*Anuka pjesnunam propoi wjessoli wjetjer,* Nun singe uns ein Lied, du lustiger Wind). Wir kannten noch ein weiteres Lied, das hatten wir von den Soldaten direkt gelernt. Es ging um die Liebe eines Soldaten zu dem Mädchen Marusja. Er verabschiedet sich zur Roten Armee, verspricht aber, bald wiederzukommen.

Sehr gern hatte ich zudem das Lied »*Ot Moskwie do samych do ukrain*«, das wir auf Russisch sangen und auch verstanden. Die deutsche Übersetzung lernten wir ebenfalls: »Vom Amur bis an die Beresina / Von der Taiga bis zum Kaukasus / Schreitet frei der Mensch mit heitrer Miene / Wahrt des Lebens Wohlstand und Genuss.« Der Refrain lautete: »Heimatland, kein Feind soll dich besiegen / Teures Land, das unsere Liebe trägt / Denn es gibt kein andres Land auf Erden / Wo das Herz so frei dem Menschen schlägt.« Ich mochte besonders die Melodien und sang die Lieder immer gern. Daneben lernten wir auch russische Flüche von den Soldaten, besonders drastische, zum Beispiel: *Chui tbjier na glasa,* was sinngemäß übersetzt heißt: »Ich hau dir eins mit dem Schwanz aufs Auge«, oder *jupt twoj matj,* »Fick deine Mutter«. Wir Jungen amüsierten uns darüber köstlich.

Grüsse aus Leningrad

Im Herbst 1946 kamen zwei Armeelastwagen und brachten Unmengen großer schwerer Holzkisten, die nach den dicken schwarzen Stempeln in kyrillischer Schrift zu urteilen aus Leningrad kamen. Sie wurden vor unserem neuen Haus abgeladen, und Herr Düsselbach und ich öffneten unter Aufsicht des Kapitan eine Kiste nach der anderen. Da kamen die erstaunlichsten Dinge heraus: Spielsachen aller Art, Xylophone, Puppen und Kleider dazu, Diaprojektoren mit Diareihen über Moskau, Leningrad und die ruhmreiche Sowjetarmee, Stalin in allen Variationen, Kinderblechtrompeten, Blechtrommeln, Flöten, Modelldampfmaschinen, diverse, über kleine Treibriemen laufende Modelle und russische Bilderbücher. Ganz unabhängig davon, was wir mit diesen Dingen anfangen konnten, allein die Tatsache, dass jemand an uns gedacht und uns etwas geschickt hatte, überwältigte uns. Die Spielsachen betrachteten wir »großen« Kinder mit leichter Überheblichkeit. Wir konnten uns nicht vorstellen, mit so etwas zu spielen. Wir hätten auch gar keine Zeit dazu gehabt. »Die sind für die Kleinen«, sagte ich deshalb zu Herrn Düsselbach.

Dann ging es an die Verteilung der Sachen. Dazu wurden Herr Düsselbach und ich auf den Dachboden beordert und warteten dort. Bald setzte ein wahrer Ameisenzug ein. Die Kinder brachten die gelieferten Spielsachen zu uns und wir stapelten sie ordentlich sortiert an beiden Langseiten des Raumes. Das Ganze dauerte stundenlang, doch die Arbeit musste sofort erledigt werden, denn es wäre zu riskant gewesen, die vollen Kisten über Nacht im Freien stehenzulassen.

Außer Spielsachen, und die waren das Allerwichtigste, kamen auch Kleider aus den Kisten. Wir sahen nämlich inzwischen in unseren alten Klamotten völlig zerlumpt aus.

Statt Strümpfen trugen wir im Winter ja schon längst nur noch Fußlappen, im Sommer gingen wir barfuß, um das einzige Paar Schuhe zu schonen. Wir hatten so etwas wie natürliche Schuhsohlen unter den Füßen.

Aber was waren das für Kleider! Wir Jungen erhielten jeder eine blaue Drillich-Arbeitsuniform im Stil der chinesischen Arbeiter und eine dunkellila eingefärbte Komsomolzenuniform, lange Hosen, Litewkabluse mit Stalin-Stehkragen und Sowjetknöpfen, Koppel und Schiffchen mit Sowjetstern als Kopfbedeckung. Die besondere Farbe erklärte sich daraus, dass wir keine echten russischen Kinder waren. Die Bluse wurde über der Hose getragen, das Koppel darüber. Dazu bekamen wir ein paar lederne hohe Schnürschuhe mit weicher Moosgummisohle. Ob diese Sohlen auch ruinenfest waren? Wir hatten unsere Zweifel, am Ende aber stellten wir fest, dass sie sehr solide waren.

In unseren neuen blauen Arbeitsanzügen fühlten wir uns recht wohl. Sie waren tausendmal besser als unsere zerfetzten Kleiderreste aus der Kriegszeit. Sie waren sehr haltbar, und das war bei unserer täglichen Arbeit wichtig. An den Sonntagen, den russischen Feiertagen, bei Besuchen hoher sowjetischer Offiziere oder wenn wir mit unserem Lastwagen durch die Stadt fuhren, trugen wir unsere Komsomolzenuniformen. Wir sahen darin ungemein offiziell und feierlich aus, und wir fanden es mit der Zeit ganz normal, solche Uniformen zu tragen.

Die größte Attraktion waren die hohen *walenki,* Filzstiefel. Dazu gab es für nasses Wetter Überschuhe, *galoschi,* aus dünnem, an der Sohle geriffeltem Gummi. Fast jedes Kind bekam ein Paar. Diese *walenk*i trägt man bei Frost, dann braucht man die *galoschi* nicht, denn die wohlige Wärme innerhalb der Filzstiefel dringt nicht über die Sohle nach draußen. Wir waren froh, dass wir im kommenden Winter nicht mehr an kalten Füßen würden leiden müssen.

Auch die Mädchen erhielten Uniformen, lila eingefärbt wie unsere: Röcke, eine weiße Bluse, ein Halstuch, ein Käppi und Schuhe. Arbeitskleidung bekamen sie nicht.

In den Tagen nach Ankunft der prächtigen Kisten hatte ich viel zu tun. Die Kleidung musste ausgegeben werden. Dazu kam ein Kind nach dem anderen auf den Dachboden. Herr Düsselbach wies ihm je nach Größe die Kleidung zu, ich musste sie raussuchen und auf der Liste abstreichen. Die Mädchen wurden von einer der deutschen Küchenfrauen begleitet.

Es dauerte eine ganze Weile, bis diese Arbeit erledigt war, denn es kam immer wieder zu Umtauschaktionen, da sich der Konfektionsblick von Herrn Düsselbach in Grenzen hielt. Erst nach den Kleidern wurden die Spielsachen verteilt, wobei die Augen der kleineren Kinder leuchteten.

Wir mussten uns von nun an jeden Sonntagmorgen in unserer feinen Uniform vor dem frischerrichteten Fahnenmast zum Appell versammeln. Dabei sprach erst der Kapitan zu uns, darauf wurde die Sowjetfahne gehisst und wir sangen die neugelernte russische Hymne auf Deutsch und grüßten die Fahne. Dann gab der Kapitan uns praktische Hinweise zur Arbeit, die für die folgende Woche geplant war, teilte uns zum Holz-Holen und Brennnessel-Sammeln und zur »Donnerbalkenpflege« ein. Manchmal sangen wir auch russische Soldatenlieder in Originalsprache.

Es kam hin und wieder vor, dass der Kapitan eine Delegation von hohen Offizieren empfing, denen er voller Stolz zeigte, was wir schon alles gelernt hatten und wie prächtig wir in unseren Uniformen aussahen, wie toll die Käppis auf unseren muschkotenhaft kahlgeschorenen Köpfen saßen. Auch die Mädchen hatten geschorene Köpfe, was wir Jungen besonders komisch fanden, sie selbst vermutlich nicht.

Für mich war das alles eine interessante neue Erfahrung. Ich blieb trotz aller russischen Erziehung der Königsberger

Junge und wäre nie auf die Idee gekommen, dass die Sowjetunion meine Heimat werden könnte. Diese Appelle waren ein ganz angenehmer Zeitvertreib, Kinder mögen solche Dinge, und so hat uns das alles nicht gestört. Parolen zur Verehrung der Sowjetunion nahmen wir einfach nicht weiter ernst.

Ganz sicher verfolgten die Russen mit ihren Lieferungen auch eine gewisse Absicht, nämlich uns deutsche Kinder zu Russen zu machen. Die Ablösung der Schwestern war schon ein Indiz dafür gewesen. Das Erlernen der russischen Sprache, die Diavorträge in Landeskunde, die Uniformen mit Sowjetemblemen, alles das sollte uns wohl in gewisser Weise beeinflussen, doch die Wirkung hielt sich in Grenzen. Weder interessierten wir uns besonders dafür, noch störte es uns.

Wir bekamen nicht nur von den Russen Hilfsgüter. Im August 1946 traf auch eine Lebensmittelsendung der UNICEF ein. Große Büchsen mit Maiskolben, die keiner von uns je zuvor gesehen hatte, Erdbeeren in Dosen, Milchpulver, Suppenpulver in Tüten, Marmeladeneimer und ein ganzer Eimer mit bunten Glasbonbons. Auf welch verschlungenen Pfaden diese schönen Sachen zu uns gekommen waren, ist nicht mehr herauszufinden. Jedenfalls muss man es den Russen hoch anrechnen, dass sie die Sendung nicht aufgehalten, sondern zu uns durchgelassen haben.

Alle diese Schätze wurden in einen langgestreckten, schmalen Vorratsraum im Haupthaus gebracht, in dem ein großer Tisch stand. Herr Düsselbach besaß den Schlüssel zu dem Raum. Der Kapitan bestimmte, dass am folgenden Sonntag die Bonbons unter allen Kindern aufgeteilt werden sollten. Mit Herrn Düsselbach bereiteten wir diese Ausgabe vor. Ich legte die Bonbons sorgfältig auf herausgerissene Buchseiten.

Ich nahm mir keinen Einzigen, denn ich dachte an die Worte der Schwestern. Zu gern hätte ich mir einen in den Mund gesteckt – es waren die ersten Bonbons, die ich seit

1944 sah –, doch ich unterließ es schweren Herzens. Zum Schluss blieben, nachdem wir alle Kinder durchgezählt hatten, zwei Bonbons übrig. Herr Düsselbach kam und fragte: »Hast du schon einen genommen?« Als ich nein sagte, steckte er mir einen von beiden in den Mund. Er selbst nahm den anderen. Dieser Bonbon war mein Geburtstagsgeschenk. Ich war gerade zehn Jahre alt geworden.

Wir wickelten alle Bonbons einzeln ein und streiften ein Gummiband darüber. Woher wir Gummibänder hatten? Wir hatten davon jede Menge in verlassenen Häusern und Ruinen gefunden und sie wie alles Brauchbare ins Lager gebracht.

Ein weiterer harter Winter

Eines Tages im Herbst 1946 waren plötzlich Sigismund und Herr Düsselbach verschwunden. Das war ein schwerer Schlag. Vor allem Herrn Düsselbach vermisste ich sehr. Er war am Ende so etwas wie ein Vaterersatz für mich gewesen. Beide hatten ins Gefangenenlager zurückkehren müssen. Offenbar hatte der Kapitan es nicht geschafft, sie länger bei uns zu behalten. Dafür kamen vier russische Soldaten und zwei Soldatinnen ins Lager. Die Frauen waren für die Mädchen da, die Männer übernahmen die Arbeiten, die bisher Sigismund und Herr Düsselbach erledigt hatten. So war ich nun der einzige »Spezialist« für Elektrik. Die Garage war mein uneingeschränktes Reich, mit meinen zehn Jahren war ich der Chefelektriker des Lagers.

Ein neues Problem beschäftigte uns in diesem Winter: Ende 1946/Anfang 1947 wanderten junge Russen im Alter von fünfzehn bis siebzehn im Gefolge der Roten Armee nach Ostpreußen ein. Ihr Hauptziel war offenbar Königsberg. Da durch den Krieg in der ostpreußischen Provinz und weiter östlich in Weißrussland alles Land verwüstet worden war, erschien die große Stadt Königsberg, wie zerstört auch immer, als magischer Anziehungspunkt. Es waren verwahrloste Jugendliche ohne Eltern, die plündernd und raubend der Sowjetarmee folgten, um ihr Glück zu suchen. Diese russischen Jungen wurden von der sowjetischen Miliz aufgegriffen und in unser Lager eingeliefert. Die bisher so friedliche Atmosphäre verschlechterte sich augenblicklich, da diese Jungen gewalttätig waren und sich als Sieger aufführten. Zudem waren sie älter als wir und damit auch stärker, obwohl wir in der Überzahl waren. Es kam zu Prügeleien zwischen uns. Auch versuchten sie, uns zu bestehlen, wo immer es ging.

Unser Kapitan, bei dem wir uns beschwerten, sah diesem Treiben mit Grimm zu. Er hatte keine Handhabe gegenüber seinen Landsleuten, drohte ihnen mit Rauswurf aus dem Lager, was sie nicht schreckte. Das Problem erledigte sich im Laufe der Zeit von selbst: Die meisten der russischen Jungen verschwanden bei Nacht und Nebel – so wie sie eines Tages gekommen waren –, um weiter zu vagabundieren. Nur ganz wenige blieben bei uns. Sie waren recht verträglich und gliederten sich in unsere Gemeinschaft ein, sodass bald kaum noch ein Unterschied zwischen ihnen und uns bestand. Da wir nicht perfekt Russisch sprachen und nicht alles verstanden, bemühten sie sich sogar, deutsche Worte zu lernen. Daran erkannten wir, dass sie sich nicht mehr als unsere Feinde betrachteten.

Im Übrigen waren wir in unseren Komsomolzenuniformen beim sonntäglichen Fahnenappell, an dem sie ohne Uniform mitmachen mussten, tonangebend. Bei unseren täglichen Arbeiten wirkten sie mit und gehörten am Ende richtig dazu.

Allmählich wurde es wieder Zeit, wie im Vorjahr die Brennholzvorräte für den Winter anzulegen. Der Kapitan hatte zwar davon geträumt, mit dem neuen blauen Lastwagen Kohle zu transportieren, doch er bekam nirgendwo welche her, und so mussten wir weiter mit Holz aus Ruinen heizen. Immerhin war der Transport mit dem LKW einfacher als mit dem Handwagen.

Als der Winter kam, wie immer hart und streng, hatten wir unsere Wasserpumpe im Garten dick mit Stroh umwickelt. Das Wasser wurde uns nach wie vor mit dem Tankwagen gebracht. Wenn es ankam, wurde es sogleich in alle verfügbaren Gefäße umgefüllt – Wannen, Krüge, Töpfe – und ins Haus getragen, denn draußen wäre es schnell zu Eis gefroren.

Bald lag der Schnee einen halben Meter hoch, und wenig später sank das Thermometer auf minus 25 Grad. Wir trugen unsere neuen Filzstiefel und hatten wenigstens schön warme Füße. Gern wären wir Schlittschuhlaufen gegangen, doch dazu fehlte uns die Zeit. Immer noch mussten wir betteln gehen. In der Stadt sah man fast ausschließlich Russen. Erwachsene Deutsche waren kaum mehr auf der Straße, außer den Kriegsgefangenen, die immer noch unter Bewachung die Hinterlassenschaften der Festungs- und Endkampfzeit aufräumen mussten. Sie kamen dabei nur langsam vorwärts. Riesige Mengen an Kriegsmaterial lagen herum, viele Straßen waren durch Schutt versperrt, dazu kamen Frost und Schnee. Es sah in Königsberg nach wie vor so aus, als sei der Krieg gerade erst zu Ende. Die Stadt wurde mir fremd, so richtig zu Hause fühlte ich mich nicht mehr in ihr.

Hygienemassnahmen

Der Kapitan wollte, dass wir gut durch den Winter kamen, dazu entwickelte er ein Abhärtungsprogramm. Wir Jungen mussten jeden Morgen im Freien Frühsport machen. Dazu traten wir barfuß und nur mit einer kurzen schwarzen Turnhose aus den Leningrader Kisten bekleidet draußen an.

Dann trabten wir im Gänsemarsch im hohen Schnee einmal um das gesamte, inzwischen recht groß gewordene Lagergelände. Dabei bewarfen wir uns mit Schnee und »wuschen« uns gegenseitig unter lautem Gejohle. Der Marsch endete an einer Reihe von Holzschemeln und einem Stapel Aluminium-Waschschüsseln der Wehrmacht in der Nähe der Schwengelpumpe, die trotz der Kälte funktionierte. Wir lösten uns beim Pumpen ab und wuschen uns richtig in dem eiskalten Wasser. Wir spürten die Kälte kaum, waren krebsrot und glühten.

Danach durften wir uns anziehen, gingen mit dem Viehsalz Zähne putzen, und schließlich gab es Frühstück, ein Stück Brot mit trockenem, in Scheiben geschnittenem *kascha,* Brei, als Belag. Dazu gab es *tschai,* Tee, entweder russischen grünen Tee oder von den Mädchen gesammelten Lindenblütentee, der bei den Russen sehr beliebt war.

Das Abhärtungsprogramm bekam mir gut, ich war während der Zeit im Lager kein einziges Mal erkältet. Ein Problem war eher das Ungeziefer, das sich bei der mangelnden Hygiene überall verbreitete. Das war aber eher unangenehm als lebensgefährlich. Es starben jetzt kaum noch Kinder. Wer es bis dahin geschafft hatte, der hatte gute Aussichten, zu überleben.

Die Winterluft war kalt, trocken und gesund. Die Kälte hatte Vor- und Nachteile. Von Vorteil war, dass unsere Donnerbalken-Gruben nicht stanken. Was abgeworfen wurde, übernahm in Windeseile die Temperatur des Eises. Allerdings war es sinnvoll, den Aufenthalt auf dem Sitzbalken so kurz wie möglich zu gestalten. Gefrorenes am Hintern fühlt sich einfach nicht angenehm an!

Von Nachteil war, dass die Temperatur unserer ungeheizten Zimmer, durch nur halbdichte Fenster kaum vor Kälte geschützt, immer dicht am Gefrierpunkt lag, und wir sehr froren, vor allem, wenn wir uns umzogen. Jeden Morgen musste unsere Unterwäsche, besonders das Unterhemd in den Nähten unter den Achseln und am Hals, nach Läusen und Nissen abgesucht werden. Die Viecher versteckten sich besonders gern darin. Wenn man fündig wurde, führte man beide Daumennägel an sie heran und zerquetschte sie. Wegen des typischen Geräusches, mit dem die Läuse oder ihre Eier zerplatzten, nannten wir es Läuseknacken. Wir jagten sie um die Wette und zählten, wie viele wir erledigt hatten. Jeder wollte gerne einmal den Rekord des Tages erringen. Auf dem Kopf hatten wir keine Läuse, denn wir mussten uns ja mit einer Handhaarschneidemaschine immer gegenseitig die Köpfe kahlscheren. Zu Anfang war uns kalt am Kopf gewesen, aber mit der Zeit hatten wir uns daran gewöhnt. Es war die Regel, und wir widersetzten uns nicht, auch wenn wir keine Strafen zu befürchten hatten. Niemals wurde uns für irgendetwas ernsthaft Strafe angedroht. Die Russen mochten uns Kinder, und es gab keine Probleme mit der Disziplin.

Was uns sehr zu schaffen machte, war die Krätze, eine ansteckende, stark juckende Hautkrankheit, die von Milben verursacht wird. Überall bildete sich schorfiger Grind, der unablässig nässte und zum Kratzen reizte. Es war eine wirkliche Qual. Wir mussten allein damit zurechtkommen, und das war manchmal sehr hart. Am Körper bildeten sich zahllose Narben, die erst nach Jahrzehnten verschwinden sollten.

Eines Nachts erwischte es mich besonders schlimm. Dieses Mal war es aber nicht die Krätze, wie ich zunächst dachte, sondern eine hungrige Ratte, die in unser Zimmer gedrungen war und mich in die rechte Ferse biss. Die Höhe unserer auf Ziegelsteinen stehenden Pritschen war für Ratten ideal. Tagelang lief ich mit nur einem Schuh und einem Fußlappen herum und hatte Schmerzen. Auch die anderen wurden Opfer solcher Attacken. Darum wickelten wir jeden Abend unsere Füße fest ein, nachts im Schlaf jedoch strampelten wir die Lappen wieder ab, und schon hatten die Ratten freie Bahn. Es gab keine Medizin, um Rattenbisse zu behandeln, alles musste von selbst heilen, was auch irgendwann geschah. Aber es dauerte oft lange.

Umzug wider Willen

Wie erleichtert waren wir, als es 1947 endlich Frühling wurde. Es würde wieder einfacher sein, Nahrung zu finden. So aßen wir die frischen Blatttriebe der Lindenbäume. Sie schmeckten nach gar nichts, aber die Blätter waren voller Saft und stillten unseren Hunger. Wir aßen sie bedenkenlos und machten uns keine weiteren Gedanken darüber, dass davon unsere Bäuche anschwollen. Irgendwann ging es wieder vorüber.

Jetzt war es schon fast zwei Jahre her, dass der Krieg zu Ende war, dass wir aus der brennenden Stadt getrieben und durch die Felder geirrt waren, dass Großmutter und Mutter gestorben waren. Ich war jetzt fast zwei Jahre ohne Verwandte, hatte jeden Tag auf abenteuerliche Weise Nahrung gesucht, das Leben im Kinderheim und im Lager der Russen einigermaßen heil überstanden. Inzwischen sprach ich recht gut Russisch, hatte viel über Russland und die Kultur der Sowjetunion gelernt. Ich konnte mich mit fremden Erwachsenen verständigen und verantwortlich für mich und andere sorgen. Und ich hatte in täglicher Praxis das Handwerk des Elektrikers erlernt.

Trotz alldem war ich ein Kind, ein Kind voller Sehnsüchte und mit dem Wunsch, wieder nach Hause zu kommen, ohne genau zu wissen, was »nach Hause« bedeutete. Ich dachte oft an meinen Vater und hoffte inständig, dass er noch am Leben war. Auf meine russische Karte mit dem zerstörten Schloss hatte ich bisher keine Antwort bekommen. Wie hätte das auch geschehen sollen? Aber ich hatte immerhin ein Lebenszeichen von mir gegeben, und das gab mir einen gewissen Mut. So war ich nicht ohne Hoffnung und glaubte daran, dass ich meinen Vater wiedersehen würde. Er war außer den Großeltern der einzige Mensch auf der Welt, der für mich Liebe, Geborgenheit und Familie bedeutete. Ihm fühlte ich mich ganz nah, auch wenn ich nicht wusste, wie weit Norwegen weg war. Aber war er überhaupt noch dort? Ganz gleich wo, er musste einfach leben, denn ich brauchte ihn doch. Bestimmt konnte er das fühlen. Wenn er aber auch tot wäre wie die anderen? Nein, das würde er mir nicht antun. Er lebte. Ich fühlte es.

Immer bei den Russen zu bleiben, war für mich unvorstellbar. Und trotzdem, auch wenn das Lager kein richtiges Zuhause war, eine gewisse Geborgenheit hatten wir Kinder dort gefunden. Umso erschrockener war ich, als ich eines Tages das Gerücht vernahm, wir sollten in ein anderes Lager verlegt werden. Von anderen Kindern, die aus dem ländlichen Ostpreußen zu uns gekommen waren, hatte ich gehört, wie es in anderen Lagern aussah. Außerdem war deren Anblick nicht gerade ermutigend. Sie hatten schlimmer Hunger gelitten als wir, steckten in zerlumpten Kleidern und sahen richtiggehend abgerissen aus. Durch sie war mir klar, dass wir vermutlich in dem besten Lager lebten, das es bei den Russen gab. Und wir wussten, dass wir das unserem Kapitan verdankten, der sich mit allen Kräften dafür einsetzte, uns am Leben zu erhalten. Wir hatten viele Kinder sterben sehen, aber diese Zeit war vorbei, bei uns hatte sich eine innere Ruhe eingestellt, wir hatten die Angst verloren, auch selbst bald sterben zu müssen. Ich musste nicht mehr ständig an die schlimmen Erlebnisse nach Kriegsende denken, an den kleinen Siegbert, der nur so kurze Zeit hatte leben dürfen und der bestimmt von halbverhungerten Hunden gefressen worden war. Ich blickte nach vorn und war froh, dass ich es vermochte, für mein Überleben zu kämpfen. In der Gemeinschaft des Lagers fühlte ich mich nicht so schrecklich allein wie nach dem Verlust der nächsten Verwandten.

Heute, da ich dies schreibe, wird der Kapitan nicht mehr am Leben sein. Ich kann mich auch an seinen Namen nicht erinnern; er war halt »der Kapitan«. Aber ich sage ihm an dieser Stelle meinen Dank. Wer weiß, ob wir ohne seine Fröhlichkeit, seine Zuneigung zu uns Kindern und seinen rastlosen Einsatz überlebt hätten. Trotz seiner Kriegsverletzung war er ständig um uns bemüht, niemals hat er uns als Feinde betrachtet, sondern als Kinder, die seine Hilfe brauchten. Und ich bin überzeugt, dass es für ihn eine große Genugtuung war, so viele wie möglich von uns durchzubringen.

Die Gerüchte, dass wir in ein anderes Lager kommen sollten, verdichteten sich. Immer häufiger hörten wir, unser Lager solle aufgelöst werden. Wir hatten Angst. Wenn wir den Kapitan danach fragten, sagte er uns nichts Genaues. Entweder wollte oder konnte er uns nichts sagen. Schließlich hatte er Vorgesetzte, nach denen er sich zu richten hatte, und die russische Armee war ein streng hierarchisch geführtes System, in dem es schlimme Repressalien gegen Abweichler gab. So schwieg er und ließ uns im Ungewissen.

Der Gedanke, von dort wegzumüssen, war schrecklich für mich. Irgendwann hieß es, dass die Kinder aus den anderen Lagern in unser Heim kommen sollten, damit es ihnen besser ging. Wir sollten dafür auf deren Lager auf dem flachen Land verteilt werden. Ich sträubte mich innerlich dagegen. Doch was ich befürchtet hatte, ließ sich nicht verhindern. Eines Tages erhielten wir Anweisung, unsere wenigen Sachen zu packen. Wir durften unsere Arbeitskleider behalten, die Paradeuniform mussten wir abgeben. Ich bedauerte dies sehr und steckte in letzter Sekunde heimlich mein geliebtes Lederkoppel ein. Es fuhren acht große Militärlastwagen, GMC-Trucks aus Amerika, vor, und wir mussten mit unseren Sachen auf die Ladeflächen klettern. Meine Gruppe, wahllos aus etwa hundert Kindern zusammengestellt, passte gerade auf zwei Lastwagen. Kaum waren wir aufgestiegen, da ging die Fahrt los. Keiner wusste, wohin es ging. Zu meinem Unglück waren meine drei Freunde Peter, Gunther und Kirpitsch nicht dabei. Es war sehr schmerzlich für mich, sie zu verlieren. Sie waren so lange Zeit eine große Hilfe gewesen. Niemand hatte auf die Kinderfreundschaften Rücksicht genommen. Die Russen hatten den Austausch rein administrativ geplant. Es hatte auch keinerlei Abschied gegeben, der Kapitan hatte nicht mehr mit uns gesprochen. Alles ging ganz schnell nach dem Motto »Befehl ist Befehl«, aus und vorbei.

In Pobethen

Sehr lange dauerte die Fahrt nicht. Schon bald erreichten wir ein Dorf von etwa zweihundert Häusern mit einem alten und einem neueren Teil. Nach dem Ortsschild zu urteilen hieß es Pobethen. Der Name sagte mir nichts, ich wusste nicht, wo wir uns befanden. Jedenfalls hatten die Russen die deutschen Namen noch nicht durch russische ersetzt. »Wo sind wir hier bloß?«, fragte ich die anderen. »Keine Ahnung, nie gehört. Wohl irgendwo auf dem platten Land«, meinten sie. Da wir wegen der im Krieg zerstörten Landstraßen oft Umwege fahren mussten – es ging dann über kleine Feldwege – , war es schwer zu sagen, wie weit wir von der Stadt entfernt waren.

Die Lastwagen bogen plötzlich nach links in einen gepflasterten Weg ein. Er führte zu einem langgestreckten Haus, das etwa hundert Meter oberhalb der Landstraße lag. Davor, gleich an der Straße, stand noch ein dreistöckiges Haus, ungewöhnlich für ein Gebäude in einem Dorf. In der Nachbarschaft stand eine Backsteinkirche, die bis auf die Grundmauern abgebrannt war – das einzige zerstörte Gebäude im Dorf. Schwer zu sagen, was dort geschehen war.

Unser Haus war vermutlich einmal das zur Kirche gehörige Gemeindehaus gewesen. Im oberen Stockwerk gab es eine Reihe kleiner Zimmer, in denen ich mit anderen Jungen untergebracht wurde. Im Parterre lag ein großer Saal, der als Ess-Saal diente. Nebenan befanden sich die Küche und einige Nebenräume. Es waren nur wenige Mädchen mitgekommen. Sie zogen in das andere Haus, das an der Straße lag. Dort wohnten auch einige Jungen, die schon vor uns in diesem Lager gewesen waren, außerdem der Kommandant und einige Russen. Die Kinder, die im Austausch von Pobethen nach Königsberg gebracht wurden, fuhren mit unseren Lastwagen los. Wir bekamen sie nicht zu sehen, konnten daher nichts von ihnen erfahren und sie auch nichts von uns.

Nach unserer Ankunft mussten wir gleich zum Appell antreten. Der Lagerkommandant, auch ein Offizier, allerdings nicht in Uniform, sondern in einer langen Lederjacke, begrüßte uns in verständlichem Deutsch. »Ihr müsst hier alle arbeiten, sonst bekommt ihr nichts zu essen«, sagte er streng. Für den Fall, dass jemand stehlen würde, drohte er Strafen an. »Wer etwas klaut, bekommt drei Tage lang kein Essen.«

Bei diesen Worten lief mir ein Schauer über den Rücken. So etwas hätte der Kommandant in Königsberg, unser Kapitan, nie gesagt. »Wenn ihr etwas zu fragen habt, könnt ihr zu mir kommen. Ich bin hier der Kommandant, und nur ich habe etwas zu sagen und niemand sonst.« Er erklärte noch, dass die russischen Soldaten nur seine Befehle ausführten. Die deutschen Frauen, die im Lager arbeiteten und unter anderem für die Küche zuständig waren, erwähnte er nicht. Mir war nach dieser Ansprache nicht sehr wohl zumute. Ich dachte sehnsüchtig an den Kapitan und wünschte, ich könnte zu ihm zurückkehren.

Zu essen gab es im Dorf weniger als in Königsberg. Wenn wir gedacht hatten, auf dem Land könne man Nahrung finden, dann irrten wir uns sehr. Schon seit 1944 war wegen des Krieges auf den früher so ertragreichen Feldern nichts mehr angebaut worden, und alle Vorräte waren von den Trecks mitgenommen worden oder die übriggebliebene Bevölkerung hatte sie verzehrt. Und was dann noch da gewesen war, hatten erst fliehende deutsche und danach russische Soldaten auf ihrem Vormarsch aufgebraucht.

Die Ställe waren längst leer, auch dort war nichts zu finden. So zog jeden Tag eine Gruppe los, um in der Umgebung Brennnesseln und Melde für eine wenigstens etwas schmackhafte Wassersuppe zu pflücken. Im Dorf gab es eine Molkerei, in der gearbeitet wurde. Es musste also irgendwo in der Umgebung Kühe und Milch geben. In großen Milchkannen holten wir dort Molke mit dem typischen säuerlichen Geschmack. In dieser Flüssigkeit wurden die Brennnesseln gekocht. Morgens und abends gab es je ein Stück Brot. Das war alles, ich hatte ständig großen Hunger. Da im Dorf ein paar russische Familien lebten, vermutete ich, dass sie es waren, die irgendwo Kühe hielten, aber die Milch war leider nicht für uns bestimmt. In Pobethen waren wir immerhin besser untergebracht als in Königsberg. Unser Zimmer war hell, es hatte richtige Fenster, die nicht zerstört waren, einen Tisch mit Stühlen und richtige Bettgestelle. Das war ein ungewohnter Luxus. Es gab sogar eine Zentralheizung, die tatsächlich funktionierte und mit Kohle beheizt wurde.

In dem Zimmer, in das ich kam, wohnten sechs Jungen, die schon vor mir dorthin gekommen waren. Ich war der Neue und wurde von ihnen zuerst mit Argwohn betrachtet. Die Kinder stammten nicht wie die meisten im Königsberger Lager aus der Stadt. Sie kamen alle aus ländlichen Gebieten und von den Trecks, die durchgezogen waren. Es dauerte eine ganze Weile, bis wir uns besser verstanden. Zunächst wollten sie von mir viel über die Stadt erfahren. So erzählte ich von meiner Heimatstadt, dem Krieg, dem Lager. Königsberg war für sie ein attraktiver Ort, zu dem es sie mächtig hinzog. Ich als »alter« Königsberger genoss plötzlich hohes Ansehen. Vermutlich hatten sie auch von ihren Eltern früher viel über das schöne Königsberg, die Hauptstadt Ostpreußens, gehört.

Auf die Frage, wo wir eigentlich seien, erklärten sie mir, wir seien nur sechs Kilometer von der Ostseeküste entfernt, südlich vom Ostseebad Neukuhren und zehn Kilometer von den Seebädern Rauschen und Cranz entfernt. Diese Namen sagten mir etwas, denn ich hatte ja die letzten Sommerferien dort verbracht. Sie zeigten mir alles auf einer zerschlissenen Landkarte, die sie auf dem Tisch ausgebreitet hatten. Sie stammte aus einem der verlassenen Häuser. Ich sah, dass es bis Königsberg ungefähr fünfundzwanzig Kilometer waren.

Die Jungen erzählten mir auch, dass sie, genau wie ich in Königsberg, sämtliche Häuser des Ortes, in die sie hineingekommen waren, weil keine Russen darin wohnten, durchstöbert hätten. Somit war mir klar, dass ich das gar nicht erst zu versuchen brauchte.

Wir überlegten, was für Nahrungsquellen wir sonst erschließen könnten, und kamen auf eine Idee: Wenn die Ostsee so nah war, müsste es doch möglich sein, dort Fische zu bekommen. Der Weg war nicht weit, vielleicht hätten wir Glück und bekämen eine ganzen Eimer voll. Die anderen Jungen vom Land waren aber noch nie an der See gewesen, und mir fiel ein, dass ich in meinen Ferien mit Mutter am Strand nie jemanden angeln gesehen hatte. Deshalb verwarfen wir den Plan. Wahrscheinlich hätte uns der Marsch nur sehr angestrengt und wir wären hungriger zurückgekommen, als wir losgegangen waren.

Feldarbeit

Die Lagerleitung hatte in der Umgebung, etwa zwei bis drei Kilometer außerhalb des Dorfes, ein Stück Acker in Beschlag genommen, durch den ein Bach floss. Auf diesem Feld war in diesem Jahr zum ersten Mal wieder etwas angebaut worden, um die Versorgung des Lagers zu verbessern. Es wurden vor allem Weißkohl, aber auch Rote Beete angebaut. In dem Teil, der sich zum Dorf hin erstreckte, hatte man große Gemüsebeete für Zwiebeln, Karotten und Kohlrabi angelegt.

Jeden Morgen zog ein Trupp Kinder mit Gartengeräten und Eimern dorthin. Die Mädchen jäteten, harkten und ernteten gelegentlich etwas, wir Jungen schleppten mit den Eimern Wasser aus dem Bach nach oben, um besonders die kleinen Pflanzen zu bewässern. Dazu wurde das Wasser in Gießkannen gefüllt, die andere Jungen ausleerten. Gegen Abend kamen wir immer sehr müde und erschöpft zurück. Die Arbeit war anstrengend für ausgehungerte Kinder, hinzu kam der Weg von zweimal zwei Kilometern.

Der längere Feldrand wurde von der Landstraße begrenzt, die nach Pobethen führte. Im rechten Winkel dazu lag ein Waldstück, und in Richtung Dorf ging das Feld in Brachland über. Zur anderen Längsseite hin fiel das Gelände erst langsam, dann immer steiler ab bis zu dem Bach, und auf der anderen Uferseite stieg es wieder leicht an. Der Bach war recht flach und etwa zwei Meter breit. Mit Anlauf konnte man hinüberspringen, leichter war es allerdings, einen Feldstein in der Bachmitte zu nutzen, um hinüberzukommen.

Ich fragte mich, wie die Russen es angestellt hatten, diese große Ackerfläche zu pflügen und die Gemüseanbaufläche zu glätten. Meine neuen Kameraden erzählten es mir. Es waren anfangs noch einige wenige deutsche Bauern auf ihrem Land geblieben und von den Russen geduldet worden. Einem von ihnen hatte der Kommandant des Lagers befohlen, das Feld zu pflügen, und hatte ihm auch den notwendigen Treibstoff besorgt. Der Bauer wurde später zusammen mit anderen Richtung Westen vertrieben.

Nach dem erfolgreichen Pflügen hatte der Kommandant eine Egge aufgetrieben, die er mit seinem Motorradgespann von der Wehrmacht, einem Zündapp-Fabrikat, bis zum Feld hinter sich hergezogen hatte, die Spieße nach oben. Es wurden ein paar Jungen, meine jetzigen Kameraden, mit Stricken davorgespannt, um die Egge zu ziehen. Das war eine schwere Arbeit, und sie waren danach sehr erschöpft.

Der Lagerleiter trank sehr viel, war motorradbegeistert und fuhr so oft wie möglich stolz mit seiner Zündapp durch die Gegend. Deshalb trug er auch die Lederjacke. Das Gefährt hatte beim Transport der Egge offenbar gelitten und einen Motorschaden bekommen, vielleicht hatte es diesen aber auch schon vorher gehabt. Jedenfalls schaffte es die winzige Steigung von der Straße auf unser Grundstück nicht. Jedes Mal, wenn der Kommandant von einer Fahrt zurückkam, hupte er laut an der Straße, und alle, die in der Nähe waren, mussten schieben helfen. Dabei fluchte er laut, was gewiss an den Unmengen Alkohol lag, die er getrunken hatte. Vielleicht kam er auch im Suff einfach nicht mit den Gängen klar.

Es war Mai geworden. Neben der Arbeit auf dem Feld und im Gemüsegarten mussten wir auch Heu ernten. Vorwiegend als Futter für die Kühe, die sich die Russen im Dorf hielten. Das war eine höchst komplizierte Angelegenheit, da die Wiesen hoch unter Wasser standen. Offenbar hatten die Russen das alte Entwässerungssystem nicht begriffen, das über sorgfältig angelegte Gräben und Wehre funktioniert hatte. So musste das Gras im knietiefen Wasser gemäht werden. Dies machten die im Lager lebenden russischen Soldaten. Wir stapften hinterher, mit Holzrechen bewaffnet, und zogen das gemähte Gras auf höhergelegenes Land, wo es zum Trocknen ausgebreitet wurde.

Eines Tages trat ich bei der Arbeit im Wasser auf einen harten Gegenstand. Es war eine russische Maschinenpistole, außen leicht verrostet, aber noch funktionsfähig. Das stellten wir fest, nachdem wir vorher sorgfältig die Trommel entfernt hatten.

»Da liegt bestimmt noch irgendwo der tote Russe, dem sie gehört hat«, sagte ein Junge. »Igitt! Nie wieder harke ich hier Gras!«, sagte ein anderer. Ich stocherte daraufhin in der Umgebung des Fundortes mit dem Rechenstiel herum, fand aber nichts. Da waren sie beruhigt. Eine Woche lang bewahrten wir die Pistole in einem Versteck auf, am Ende brachten wir sie doch zum Kommandanten.

Wenn wir auch wenig von dem Heu hatten, das wir da ernteten, denn die Milch ging ja an die Russen und wir hatten nur die Molke, so hatte doch die Arbeit im Wasser einen sehr angenehmen Nebeneffekt. Wir fanden nämlich eine Unmenge Poggen, also Frösche. Zuerst liefen sie uns nur zufällig über den Weg, bald suchten wir gezielt nach ihnen. Wenn sie vor unseren Rechen flüchteten, fing sie ein anderer von uns auf. So eine Pogge wurde an den Hinterbeinen gepackt und mit dem Kopf gegen den Rechenstiel geschlagen. Das war ein schneller Tod, und wir machten uns bei dem Hunger, unter dem wir dauernd litten, sowieso kaum Gedanken darüber. Abends, nach dem sogenannten Abendbrot, machten wir uns ein kleines Bruzzelfeuer und brieten die abgezogenen Froschschenkel. Das war mehr als eine Delikatesse. Es war sehr gute Nahrung.

Ich werde Milizionär

Als der Sommer kam und der Weißkohl und die Rote Beete halbwegs reif wurden, genoss unser Feld plötzlich die besondere Aufmerksamkeit all jener, die von Königsberg kommend über die Landstraße zwischen Pobethen und der Ostsee fuhren, also vor allem jener Russen, die sich in den ehemaligen Kurorten an der Küste einquartiert hatten. Sie klauten wie die Raben.

Der Kommandant wollte Abhilfe schaffen und das Feld bewachen lassen. Er schickte zunächst seine Lagersoldaten los, um Bäume zu fällen. Dann besorgte er Bretter und Nägel, die man in den leerstehenden Scheunen in großer Menge fand. Die Soldaten und wir Jungen schleppten sie den ansteigenden Weg zum Feld hinauf. Genau in dessen Mitte bauten wir mit den Russen einen hohen Wachturm. Als Werkzeug hatten wir nichts anderes als eine alte Bügelsäge, eine Axt und zwei Hämmer. Deswegen dauerte dieser Bau ziemlich lange.

Der Kommandant wurde ungeduldig und kam ständig mit seinem Zündapp-Gespann angefahren, um sich von der vermuteten Faulheit seiner Muschkoten zu überzeugen. Dabei stellte er meist fest, dass einfach nur Material fehlte. Dann kehrte er um und kam nach ein paar Stunden mit dem Fehlenden zurück. Bestimmt musste er manchmal bis Neukuhren oder Rauschen an der Küste fahren. Während wir tagsüber arbeiteten, wurde nie etwas gestohlen, erst in der Nacht ging es wieder los, denn es waren weit und breit kein Gehöft und kein Mensch in der Nähe.

Jeden Morgen fluchte der Kommmandant, wenn wieder eine neue kahle Stelle zu sehen war, und trieb uns an. Für den Bau des Wachturms hatten wir vier Löcher im Quadrat in den Boden gegraben, alle einen Meter tief. In jedes Loch kam ein Baumstamm, den wir alle zusammen unter lautem Geschrei langsam aufrichteten. Wir füllten das Loch mit Erde auf, sodass der Stamm einigermaßen fest stand und man ihn relativ leicht senkrecht halten konnte. Die Zusammenarbeit mit den russischen Soldaten klappte sehr gut, mit Gesten, unserem Russisch und ein paar deutschen Worten der Russen.

Nach dem ersten Stamm folgte der zweite. Die Spitzen der beiden Stämme wurden einfach nach Augenmaß leicht zueinandergedrückt, und während wir Jungen sie in dieser Position festhielten, nagelten die Russen in Kopfhöhe quer an beide Stämme ein Brett, um sie miteinander zu verbinden.

Mit dem zweiten Paar Stämme verfuhren wir ebenso. Dann wurden auch die beiden Paare mit Brettern verbunden, und die Spitzen aller vier Stämme zeigten leicht zueinander geneigt in den Himmel. Danach wurden alle vier Löcher noch mal mit Sand gefüllt, den wir feststampften. Wir nagelten Bretter ringsherum an die Stämme, legten oben Bretter als Dach darüber, und schon war das Gehäuse unserer Wachstube fertig. Als Inneneinrichtung kamen drei Pritschen hinein, die aus zwölf kurzen Pfählen bestanden, die über Eck in den Boden geschlagen und auf die Bretter genagelt wurden. Darauf kam loses Stroh, auch vom Kommandanten im Beiwagen herbeigeschleppt.

Eine andere Gruppe hatte eine Tür gebaut, die nun eingesetzt wurde und zwar mit russischen Türangeln: Lederstreifen von Pferdetrensen, die an Tür und Seitenbrettern festgenagelt wurden. Beim Öffnen musste man die Tür immer leicht anheben.

Am nächsten Tag bauten wir eine lange Leiter zusammen. Über diese stiegen zwei Russen auf das Dach und nagelten vier Balken als Rahmen rings um die senkrechten Stämme. Darauf wurden wieder Bretter festgemacht, und so entstand eine neue Etage, die mit einem Geländer umgeben wurde. Zum Schluss wurde auch diese Etage mit Brettern überdacht, und nachdem die Leiter fest angenagelt war, stand der fertige Wachturm da.

Nach dem Abendessen rief der Kommandant alle Jungen, die am Turmbau beteiligt gewesen waren, zu sich auf den Hof. Er hatte uns bei der Arbeit beobachtet, ohne dass wir es in unserem Eifer bemerkt hatten. Er lobte uns für unseren Fleiß und belohnte jeden mit einem Stück Brot. Dann zeigte er auf mich und zwei weitere Jungen und sagte: »Ihr *otschin charascho,* ihr *Milizia.*«

So wurde ich mit Horst und Gerhard Mitglied einer echten russischen Miliz. Sie waren ebenso gute Kameraden wie die, die ich in Königsberg gehabt hatte, und etwa im gleichen Alter wie ich. Wir hielten zusammen wie Pech und Schwefel. Wir waren also zum Bewachungstrupp des Wachturms ernannt worden und verantwortlich dafür, dass in Zukunft Kohlköpfe und Rote Beete prächtig weiterwachsen konnten.

Wir hatten keinerlei Aufpasser. Nach unserer Ernennung kümmerte sich niemand mehr um uns. Das lag wohl auch daran, dass der Kommandant sah, dass er mit uns eine gute Wahl getroffen hatte. Wenn er ab und zu den Feldrand entlangfuhr, gewann er den Eindruck, dass der Diebstahl abgenommen hatte.

Wir waren damit auch von der lästigen Feld- und Gartenarbeit sowie vom Heumähen befreit. Gleich am Morgen nach unserer Ernennung machten wir uns mit ein paar Sachen wie Blechnapf und Besteck und einer alten Decke auf den Weg und bezogen unsere neue Wirkungsstätte. Der Kommandant brachte mit dem Motorrad unser Bettzeug sowie eine große leere Autofelge und eine lange Eisenstange. Wir zogen die schwere eiserne Felge gemeinsam hoch und banden sie an einem überstehenden Geländebalken fest. Das war unsere Alarmglocke. Sie war laut und schallte besonders nachts weit über das Land, wenn man die Felge kräftig mit der Eisenstange bearbeitete.

Der Kommandant ermahnte uns, wachsam zu sein, besonders in der Nacht, und entschwand mit seinem Motorrad. Nachdem jeder eine Pritsche bezogen hatte, teilten wir die Wachzeiten ein. Jeder hatte einen Turnus von vier Stunden, jeder hielt also innerhalb von vierundzwanzig Stunden zweimal Wache. Mein Turnus war von zwölf bis sechzehn und von null bis vier Uhr.

Für uns fing ein neues Leben außerhalb des Lagers an. Wir genossen die Befreiung von der mühsamen Arbeit und fühlten uns sehr wohl. Tagsüber kamen unsere Lagerkameraden und besorgten die Feldarbeit, jäteten, hackten, holten Wasser aus dem Fluss. Wir genossen die langen Sommertage, an denen wir nichts zu tun brauchten, nur einer musste immer auf dem Wachturm sein. Die beiden anderen konnten Streifzüge unternehmen, mit dem ewigen Ziel, etwas Zusätzliches zu essen aufzutreiben, meistens ohne Erfolg.

Jeden Morgen brachten die Kinder, die zur Feldarbeit kamen, unser Frühstücksbrot mit. Da sie zu mehreren waren, wurde nichts von unserer Portion entwendet. Mittags wurde uns Brennnessel- oder Meldesuppe gebracht und abends das Stück »Abendbrot«. Da dann nur zwei Kinder kamen, mussten wir diese immer streng verwarnen, ja nichts von unserer Suppe und unserem Brot wegzuessen. Wir drohten ihnen schlimme Strafen an, falls etwas fehlen sollte.

Wenn die Kinder nach der Feldarbeit wieder nach Pobethen zurückgekehrt waren, beobachtete niemand, was wir machten. Wir beschlossen, gezielt etwas gegen den ständigen Hunger zu tun. Zuerst bauten wir uns eine Vorratskammer, indem wir in der Mitte unserer Hütte ein Loch aushoben, gut versteckt unter den Fußbodendielen. Wir wollten sichergehen, dass in unserer Abwesenheit niemand etwas von unseren Kostbarkeiten finden konnte. Aus der Dorfkirchenruine holten wir uns Ziegelsteine und bauten eine Feuerstelle. Ferner besorgten wir uns einen Kochtopf und eine Schöpfkelle. Wir fanden sie in den unbewohnten Häusern des Dorfes, die ein ganzes Reservoir an nützlichen Sachen boten. Man konnte nie wissen, ob wir die nicht einmal brauchen würden. Bei einer günstigen Gelegenheit, dem glücklichen Fund von etwas Essbarem, konnten wir uns auch ohne den Suppentopf aus dem Lager, den die Kinder abends immer wieder mitnahmen, dort draußen etwas kochen. Was das sein sollte, wussten wir allerdings nicht.

Wir lebten also in unserer Wachstube und sahen jeden Tag zu, wie die anderen auf dem Feld arbeiten mussten. Wir kosteten es weidlich aus, ihnen dabei zuzusehen und sparten nicht mit kleinen Neckereien. »Na, ist die Arbeit auch nicht zu schwer?« »Macht mal schön weiter, seid unbesorgt, wir passen ja auf euch auf!«

Wir selbst genossen untätig den Tag, denn kein Dieb traute sich auf das Feld, solange die vielen Kinder dort waren. Manchmal kamen der Kommandant vorbei oder russische Soldaten; auch dies hielt die Diebe davon ab, unsere Feldfrüchte zu stehlen. Damit niemand glaubte, wir täten gar nichts, stieg ab und zu einer von uns nach oben, postierte sich dort und sah sich um. So konnte niemand im Lager berichten, dass wir eine ruhige Kugel schoben.

Am Tag machte uns dreien unser neues Leben richtig Spaß. Dort draußen erlebten wir den wunderbaren ostpreußischen Sommer in all seiner Pracht – den strahlend blauen Himmel mit den wenigen weißen Wölkchen, die klare Luft, die kurzen erfrischenden Gewitter und dann wieder das wunderbare Blau. In der Nacht war es weniger angenehm. Mitten in der Nacht wachzubleiben, war nicht einfach. Zwar sah ich oft den schönen Sternenhimmel, aber jeder von uns sollte in seiner Schicht das ganze große Feld mindestens einmal umrunden. In meiner Schicht war es am dunkelsten. Bis Mitternacht nämlich war der Himmel im Hochsommer noch recht hell. Und um vier Uhr ging bereits die Sonne wieder auf. Bei meiner ersten Wache umrundete ich das Feld wie vorgeschrieben. Danach allerdings verging mir die Lust. Der Weg um dass Feld war weit und mühsam, und ein bisschen unheimlich war mir dabei auch.

Meistens saßen wir abends um unser Feuer, bis meine Wache um Mitternacht begann. Währenddessen stiegen wir abwechselnd auf den Turm und warfen einen Blick in die Runde. Wir hatten, wenn wir ums Feuer saßen, vor allem ein Gesprächsthema: Wo bekommen wir etwas zu essen her? Man kann sich kaum vorstellen, wie sehr der Gedanke an Nahrung einen beschäftigen kann, wenn man zu wenig davon bekommt. Zudem waren wir im Alter stärksten Wachstums und litten deshalb besonders unter dem Hunger.

Wir sprachen auch oft über Königsberg. Meine Kameraden, die beide vom Land stammten, wollten wissen, ob die Stadt wirklich so groß und schön sei, wie sie es von ihren Eltern gehört hatten, und ob es wirklich stimme, dass es dort Busse gibt, die ohne Motor fahren. Ich erzählte daraufhin von meiner Stadt und erklärte ihnen stolz, was ein O-Bus ist. Dabei wurden wieder die Erinnerungen an das Leben mit meinen Eltern wach und manchmal kamen mir die Tränen.

Wenn meine Wache begann, stieg ich auf den Turm. Dies war mir weniger unheimlich als das Umrunden des ganzen Feldes. Einmal ging ich herunter in Richtung Straße, kehrte zurück und schlug oben ab und zu auf die Felge. Wären wirklich Diebe gekommen, gewiss wäre uns keiner der Russen aus dem Dorf zu Hilfe gekommen. Aber der Kommandant war der Meinung, dass die Diebe das nicht wüssten und ganz bestimmt abgeschreckt würden. So war es am Ende auch.

Wann mein Turnus vorbei war, erkannte ich am Licht des Himmels. Dann weckte ich meinen Nachfolger und legte mich endlich schlafen.

Nach ein paar Tagen hatte sich alles gut eingespielt, und wir hatten Zeit, uns um zusätzliche Nahrung zu kümmern. Zuerst beschafften wir uns vom eigenen Feld Möhren, um der Suppe ein wenig Farbe zu geben. Hin und wieder entwendeten wir einen Kohlkopf. Dies alles verbargen wir in dem Vorratsloch unter den Bodendielen. Aus der Zeit am

Preyler Weg kurz vor Kriegsende erinnerte ich mich noch an das Festmahl mit den Soldaten, wo es Bratkartoffeln mit Zwiebeln, Speck und Eiern gegeben hatte. Jetzt rösteten wir Zwiebeln und verfeinerten damit unsere Suppe. Da wir keine Bratpfanne hatten und auch kein Fett, verwendeten wir einfach den Deckel des Kochtopfes, als Koch fungierte ich.

Raubzüge

Auf der anderen Seite des Baches stieg die Landschaft sanft an. Dort hatten sich russische Familien kleine Felder angelegt, und es gab etwas, was wir nicht hatten, nämlich Kartoffeln. »Wie kommen wir bloß an die Dinger ran?«, fragte Gerhard. »Das schaffen wir nie«, meinte Horst.

Tatsächlich war es unmöglich, einfach auf die Felder zu gehen und Kartoffeln auszugraben, denn immer war jemand dort, der jätete, hackte, goss oder erntete. Tagsüber waren meistens Frauen dort, erst am Nachmittag kamen auch die Männer in ihren Uniformen und halfen.

Die Gemüsebeete der Russen nachts heimzusuchen, erschien uns zu gefährlich. Vielleicht hatten auch sie nächtliche Bewacher für ihre Felder organisiert. Am Tag liefen wir Gefahr, entdeckt, eingeholt und mit dem Harken- oder Spatenstiel verprügelt zu werden. Da die Russen mit Sicherheit wussten, wer wir waren, würden sie es auch bestimmt unserem Kommandanten melden. Und dann hätten wir schlimme Strafen wie Essensentzug zu befürchten.

Wir beschlossen, es trotzdem zu versuchen. Da wir sowieso oft zum Bach gehen mussten, um Wasser zu holen, konnten wir uns, ohne Verdacht zu erregen, immerhin in der Nähe der russischen Felder aufhalten. Wir beschlossen, dass einer von uns sich dort hinsetzen und Wache halten sollte, während ein Zweiter einen kleinen Raubzug auf den Feldern versuchte.

Der Bewacher sollte laut pfeifen, falls Gefahr drohte. Der »Dieb« sollte, wenn niemand hinsah, zum Feld laufen und sich in eine Furche zwischen zwei Kartoffelreihen werfen. Dann sollte er innerhalb der Furche weiter durch die Reihen der Kartoffelpflanzen rutschen, immer flach auf dem Boden, damit die Pflanzen nicht in Bewegung gerieten.

Für diesen Auftrag wurde ich ausgewählt. Mit starkem Herzklopfen rannte ich zum Feld, legte mich flach hin und kroch dicht am Boden durch die Furchen, wobei ich sorgfältig durch die Blätter spähte, ob vielleicht ein Russe in die Nähe kam. Darauf buddelte ich Kartoffeln aus, immer nur wenige an einer Stelle, damit es niemand merkte, und steckte sie in meine alte deutsche Skihose, die um die Knöchel mit Bändern zugebunden war. Der ideale Sack für einen Kartoffeltransport. Ich steckte die Kartoffeln durch den Hosenschlitz und ließ sie in die Hosenbeine gleiten, bis diese prall gefüllt waren. Der Rückweg war nicht einfach. Wie ein Krebs bewegte ich mich rückwärts bis ans Furchenende. Dort musste ich warten, bis der Bewacher mir das Signal gab, dass ich ungesehen bis zum Bach laufen konnte. Erreichte ich den Bach, hatten wir gewonnen. Natürlich war an richtiges Laufen nicht zu denken. Wie soll man das mit vollgestopften Hosenbeinen schaffen? Ich watschelte eher wie eine wohlgenährte Ente. Mehrfach habe ich diese Diebestour unternommen, jedes Mal mit großer Aufregung, aber immer mit der guten Aussicht, dass es wieder Kartoffeln zu essen gab. Lange Zeit suchten zudem diejenigen, die keine Wache hatten, in der Umgebung nach Schmalz oder Butter, aber ohne Erfolg. Eines Tages entdeckten wir einen gerippten Behälter, eine Art Trafo, auf halber Höhe zwischen zwei Strommasten befestigt. Horst meinte: »Ich habe gehört, da soll Öl drin sein.« »Da holen wir uns welches«, sagte ich. »Aber wie kommen wir da hoch?« »Wir schlagen Nägel rein und klettern an den Masten hoch.«

Gesagt, getan. Wir besorgten im Dorf Hammer, Nägel und einen Eimer und schnitzten uns einen Holzdübel, um unsere Ölquelle immer wieder verschließen zu können. Wir kletterten also die Masten hinauf und schlugen mit dem dicken Nagel als Meißel kräftig auf das Stahlblech. Es gelang uns nicht, den Tank zu durchlöchern, wir hieben nur ein paar prächtige Dellen hinein. Am nächsten Tag unternahmen wir einen neuen Versuch, aber auch der scheiterte. Es wurde nichts mit dem Öl. Wieder hatten wir einen Schutzengel: Denn dieses technische Öl ist stark giftig, es enthält PCB, was ich natürlich damals nicht wusste. Und zum Glück für uns funktionierte die Stromversorgung noch nicht, sonst wären wir bei unserem Versuch, den Umspanntrafo zu öffnen, als Aschehäufchen zur Erde gerieselt.

Ein Festmahl

Seit es unseren Wachturm gab, hatte der Diebstahl an unserem Feld fast aufgehört. Ein bisschen Schwund war unvermeidlich, aber er war kaum zu sehen. Umso überraschter waren wir, als eines Abends ein T34-Panzer oben am Feldrand hielt. Die Soldaten stiegen aus und sahen sich um, einer kam über das Feld zu uns. Gerhard war schnell auf den Turm geklettert, um Alarm zu schlagen, und hatte schon den Eisenklöppel in der Hand. Der Soldat erklärte jedoch, die Mannschaft wolle neben ihrem Panzer im Straßengraben übernachten und sich vorher eine Suppe kochen. Er schlug uns einen Handel vor. Sie hätten Fleischkonserven im Panzer, und wenn wir ihnen *kapusta,* Weißkohl, geben würden, dürften wir mitessen. Uns gefiel die Idee, endlich mal wieder Fleisch zu essen, sehr gut, und so boten wir ihnen auch noch *kartoschki,* Kartoffeln, an. So war der Handel perfekt.

»Wir haben nur wenig Holz für das Feuer«, sagte ich ihnen, denn ich hatte gesehen, dass sie auch keines hatten. »Nix Problem«, sagten sie daraufhin und führten uns gleich vor, wie man mühelos und schnell an Feuerholz kommt.

Der Panzerfahrer ließ den Motor an, visierte den nächsten Telegrafenmast und drückte ihn um, sodass er quer über dem Straßengraben lag. Er fuhr einige Male vor und zurück und zermalmte den Mast zu handlichem Feuerholz.

Damit richtete er keinen größeren Schaden an, denn dort draußen auf dem Land war, wie gesagt, die Stromversorgung noch nicht wiederhergestellt, und telefonieren konnte man ebenfalls noch nicht wieder. Alles war zerschossen, umgestürzt, die Kabel zerrissen. Die Russen sahen uns ob ihres Einfallsreichtums stolz an, als erwarteten sie Lob. Offenbar war dies nicht das erste Mal, dass sie sich auf diese Art ihr Feuerholz beschafften. Wir konnten uns das Lachen kaum verbeißen.

Darauf fuhren die Soldaten ihren T34 von der Straße mit der linken Kette in den Graben, mit der rechten stand er am Feldrand. Einer von ihnen ging mit seinem Kochtopf zum Bach, um Wasser zu schöpfen, während wir zwei Kohlköpfe aus der Mitte des Feldes und Kartoffeln aus unserer Vorratskammer holten.

Sie hatten mit ein paar Feldsteinen eine Feuerstelle gebaut, dazwischen brannte das Feuer. Wegen der Teerimprägnierung an den Masten blakte es allerdings ziemlich. Wir putzten den Kohl und die Kartoffeln, und ein Russe öffnete mit dem Seitengewehr zwei Fleischbüchsen aus deutschen Wehrmachtsbeständen. Wir ließen Kohl und Kartoffeln kochen, gaben das Fleisch dazu, und ein Russe schüttete noch aus einem deutschen Wehrmachtskochgeschirr Graupenkascha dazu.

Es wurde ein wahres Festessen. Seit 1944 hatte ich nicht mehr eine so prächtige Mahlzeit bekommen, die freilich auch damals schon eine Seltenheit gewesen war. Wir Jungen aßen mit Genuss und viel mehr als die Russen. Zum ersten Mal seit langem wurde ich richtig satt.

Nach dem Essen wuschen wir den Topf der Russen im Bach ab, um uns dankbar zu erweisen. Sie hatten inzwischen aus dem Kochfeuer ein richtig großes Lagerfeuer gemacht. Dann zog einer seine Mundharmonika heraus, eine »*germanski* Hohner«, wie er stolz sagte, und nun sangen die Russen Soldatenlieder, meistens etwas melancholisch, immer in Moll. Zu ihrem großen Erstaunen sang ich mit. Schließlich hatte ich all diese Lieder im Lager des Kapitan in Königsberg gelernt und trotz aller schlimmen Erlebnisse liebgewonnnen. Wie oft hatte ich gehört, wie die Soldaten und oft auch Soldatinnen diese schwermütigen Gesänge anschlugen, mit kehliger Stimme und in dem ungewohnten Tonfall. So wurde es ein beinahe romantischer Abend in dieser seltsamen Gemeinschaft aus russischen Soldaten und deutschen Kindern. Nach ein paar Stunden verabschiedeten wir uns, dankten den Russen und gingen zu unserem Turm zurück. In dieser Nacht konnten wir uns die Wache sparen. Angesichts des Panzers würde wohl niemand versuchen, etwas vom Feld zu klauen.

Sobald die Russen am nächsten Morgen weggefahren waren, liefen wir zum Feldrand und sammelten eilig die Reste Feuerholz ein. Eines hatte ich in den letzten Jahren gelernt: Man musste immer sehr schnell sein, bevor andere kamen und die ersehnte Beute mitnahmen.

Noch ein zweites Mal wurde uns das Vergnügen zuteil, mit Russen gemeinsam zu essen. Zwei Soldaten kamen wenig später mit einem russischen LKW, einem Uralt-Modell ohne Anlasser und Batterie, mit Magnetzündung und Kurbelstart. Auch sie hielten am Feldrand. Wir liefen zu ihnen und fragten, ob sie etwas von unserem Feld haben wollten. Sie erklärten, sie hätten deutsches Dosenfleisch, Brot und Schmalz, und wir dürften mitessen, wenn wir wollten. Wir erhielten eine Einladung zum Essen ohne Gegenleistung, das war nahezu undenkbar.

Sie hatten sogar eigenes Feuerholz dabei, wie ich gleich mit Kennerblick sah. Sie hätten immer welches, um sich ihren *tschai* zu kochen, erklärten sie mir. Ich ahnte, dass das Holzbündel hinten auf der Ladefläche einmal ein Gartenzaun gewesen war. Warum auch nicht? Wir holten den Russen Wasser für den Tee aus dem Bach und verbrachten wieder ein paar angenehme Stunden.

Auch diese Russen hatten wie die meisten anderen, die wir kennenlernten, nichts gegen deutsche Kinder. Sie waren sehr nett zu uns und sagten etwas, was wir immer wieder gehört haben: »*Germanski gut – Chitler kaputt.*« Für sie waren längst nicht alle Deutschen Nazis. Und dass sie so dachten, war unser Glück.

Als die Erntezeit näherkam, wurde uns bewusst, dass unser schönes Leben in der Freiheit dort draußen bald zu Ende sein würde. Es gäbe bald nichts mehr zu bewachen. Wir stellten uns vor, dass wir bald wieder in der Stube hocken würden und womöglich Brennholz für den Winter sammeln und andere mühselige Dinge tun müssten. Zunächst aber wurde geerntet. Alle Kinder mussten aufs Feld. Sie schnitten sämtliche Kohlköpfe ab und zogen die Rote Beete heraus. Auch Kohlrabi, Karotten und Zwiebeln verschwanden und damit die Quelle unserer heimlichen Vorräte.

Für den Transport hatte der Kommandant einen Panjewagen mit Pferd und Kutscher aufgetrieben, vermutlich aus einem der Küstenorte, denn in unserer Gegend sah man so etwas nie. Damit wurde die Ernte ins Dorf gefahren und bis auf den Kohl im Keller des Haupthauses untergebracht. Die *kapusta* wurde verarbeitet.

Wir kamen zum ersten Mal seit langer Zeit wieder ins Lager zurück. Mit Erstaunen stellten wir fest, dass dort ein zwei Meter tiefes, dreimal vier Meter großes Bassin aus Ziegelsteinen entstanden war, innen ordentlich verputzt. Es war von deutschen Kriegsgefangenen errichtet worden, die der

Kommandant sich eigens dafür ins Lager geholt hatte. Zu dieser Zeit gab es noch einige deutsche Kriegsgefangene in der Gegend, die nicht nach Russland gebracht worden waren. Sie dienten bei diversen Truppenverbänden und waren besonders wegen ihrer Qualifikation sehr geschätzt. Manche hatten sich Vertrauensstellungen geschaffen, waren nützlich und unentbehrlich für die Russen wie zum Beispiel Herr Düsselbach und Sigismund.

Das Becken sollte zur Herstellung und Aufbewahrung von Sauerkraut dienen. Der Kommandant hatte eine regelrechte Manufaktur, man müsste eigentlich eher sagen »Pedifaktur« eingerichtet. Im großen Saal standen die Mädchen und schnitten in stundenlanger Arbeit die Kohlköpfe zu Schnitzeln. Wir trugen diese zum Becken und füllten eine etwa dreißig Zentimeter dicke Schicht ein. Aus einem Sack schütteten wir kräftig Salz darüber. Andere Jungen sprangen hinein und stampften barfuß im Kohl herum, bis sich aus Kohlsaft, Salz und Fußdreck eine Lake zu bilden begann. Wem die Füße zu sehr brannten, der wurde abgelöst.

Danach kam die nächste Kohlschicht darüber, dann wieder Salz, und so ging es weiter, bis das ganze Becken voll war. Je voller es wurde, desto schwieriger wurde das Stampfen. Als es schließlich bis zum Rand gefüllt war, wurde es mit Brettern abgedeckt, die mit Feldsteinen beschwert wurden. Der Kohl sollte für den Winter zu Sauerkraut reifen, wegen der Vitamine ein wichtiges Mittel gegen Skorbut.

Die Sauna

Auch für unsere Gesundheit war zwischenzeitlich etwas getan worden. Unter fachkundiger russischer Anleitung hatten die deutschen Kriegsgefangenen aus Holz ein großes Saunahaus errichtet. Dort gab es einen großen Umkleideraum, in dem man seine Kleider aufbewahren konnte, und einen großen Saunaraum für etwa fünfundzwanzig Leute mit Liegebrettern in drei Etagen an der Längswand. Durch ein Fenster an der Stirnwand drang Licht herein. Dieses Fenster diente auch als Belüftung. In einer der Ecken war ein Geviert aufgemauert, auf dem ein schwerer Rost lag. Darauf waren in mehreren Schichten Granitpflastersteine aus der Dorfstraße aufgestapelt. Unter dem Rost befand sich eine Feuerstelle, die vom kleinen Eingangsflur her beschickt wurde. Rauch und Flammen zogen durch die Steine erst in den Raum und dann zur Saunadecke. Dort war eine Luke, die von unten mit einer Stange geöffnet werden konnte. Bis die Steine heiß genug waren, konnte so wenigstens ein Teil des Rauchs abziehen. Dann wurde die Luke geschlossen und das Saunen begann im noch halbverqualmten Raum. Wenn der Rauch uns zu sehr in die Augen biss und die Tränen zu sehr liefen, musste zwischendurch erneut gelüftet werden. Das Feuer brannte fast den ganzen Tag. Das Brennholz stammte aus verlassenen Häusern und Scheunen. Zum Abkühlen waren hinter dem Haus in Verlängerung der Giebelwände rechts und links etwa drei Meter lange Holzwände errichtet worden. Eine Tür führte vom Umkleideraum dorthin. Hier gab es eine Schwengelpumpe mit eiskaltem Wasser, das wir, wenn wir aus der Sauna kamen, eimerweise über uns schütteten. Wasser zu pumpen und auszugießen war bei uns Jungen äußerst beliebt. Es machte einfach Spaß, das eiskalte Wasser auf kreischende Kinder zu kippen.

Während wir uns wieder anzogen, war schon die nächste Gruppe in der Sauna. Wahrscheinlich wollte der Kommandant uns und seine Leute gegen die Kälte des Winters abhärten. Jedenfalls mussten wir von da an einmal pro Woche in die Sauna, Mädchen und Jungen getrennt. Abends war dann das ganze Lager in der Sauna gewesen.

Das Saunen war das schönste und lustigste Erlebnis in Pobethen und für uns alle etwas völlig Neues. Allein die

Vorbereitungen wie Holzsammeln, Heizen, Wasser zum Aufgießen auf die glühenden Pflastersteine Holen, geschahen immer mit großem Gejohle und fröhlichem Geschrei. Es machte uns allen Spaß, und das Saunen selbst erst recht. Auf welche Etage traute man sich? Wie lange konnte man den brennenden Qualm in den Augen aushalten, wer durfte diesmal den vollen Wassereimer in einem Schwall auf die Steine gießen und damit das herrliche Zischen und die große heiße Dampfwolke erzeugen?

Wer zuerst zum Fenster lief und es öffnete, galt als schwächlich und wurde gehänselt. Wir lachten und redeten die ganze Zeit, und manche trauten sich sogar, sich gegenseitig vorsichtig mit Birkenreisigbündeln zu schlagen. Wenn die nächste Gruppe ungeduldig im Vorraum lärmte und hin und wieder die Tür aufriss, war der schöne Spaß fast zu Ende. Es folgte nur noch der Abkühllauf, der gefiel uns weniger.

Wir Jungen mussten auch für die Mädchen, die Russen und die wenigen deutschen Frauen das Saunahaus aufheizen. Natürlich durften wir uns dann aber nicht im Innern sehen lassen.

Ein Ausbruchsversuch

Mittlerweile war es Herbst geworden. Die Tage waren kühl, die Nächte schon recht kalt. Wieder einmal hörten wir seltsame Gerüchte. Diesmal hieß es, die Kinder aus dem Königsberger Lager sollten nach Deutschland geschickt werden. Wie diese Nachricht durch das vollständige Informationsvakuum zu uns gelangen konnte, weiß ich nicht mehr. Nach Deutschland zu kommen, das war ein Gedanke, der uns mit Begeisterung erfüllte. Wenn wir bloß auch dorthin könnten! Uns wurde ganz warm ums Herz. Aber nur die Königsberger Kinder sollten angeblich dorthin. Was mit uns Kindern in

Pobethen geschehen sollte, darüber hörten wir nichts. Horst und Gerhard fragten mich daraufhin, ob wir nicht nach Königsberg abhauen sollten. »Mensch, Burkhard, du kennst das Lager doch! Und da ist doch auch der nette Kapitan, von dem du so viel erzählt hast. Der schickt uns bestimmt mit den anderen nach Hause!«

Zwei Tage dachten wir über eine solche Flucht nach, am Ende beschlossen wir, es zu wagen. Mehrere Tage lang hoben wir uns etwas Brot auf, steckten uns die alte Landkarte meiner Kameraden ein und zogen schließlich eines Morgens nach dem Frühstück von den anderen unbemerkt los. Außer den kleinen Brotreserven und drei dreieckigen Wehrmachtszeltbahnen, die man wie einen Poncho tragen konnte, und der alten Landkarte nahmen wir nichts mit. Wir rechneten damit, dass wir zwei Tage unterwegs sein und die eine Nacht entweder draußen oder in einem verlassenen Haus verbringen würden.

Da ich die Strecke Königsberg–Pobethen schon einmal gefahren war, aus Königsberg stammte und dort im Lager gewesen war, meinten die anderen, ich würde den Weg schon finden. Die Straße führte meistens geradeaus, es waren etwa zweiundzwanzig Kilometer, an drei Kreuzungen musste man in die richtige Richtung abbiegen, zweimal links, einmal rechts.

Die zerstörte Kirche auf unserem Gelände war damals noch von großen Eichen umgeben. Dort trafen wir uns an dem Morgen unserer Flucht und warteten eine Weile, ob jemand bemerkt hatte, dass wir uns davongeschlichen hatten. Dass wir auch ein paar Zweifel in uns trugen, ob unser Unternehmen richtig war, gestanden wir uns nicht ein. Als alles ruhig blieb, zogen wir los. Wir hatten abgesprochen, immer dicht am Rand der Straße zu gehen, damit wir uns jederzeit im Straßengraben verstecken konnten. Jedes Mal, wenn wir ein Auto kommen hörten, warfen wir uns hinein.

Wir waren sehr gespannt, wann man wohl unsere Flucht bemerken würde.

Am Nachmittag begann es, stark zu regnen. Wir wären im Nu durchnässt gewesen, hätten wir nicht unsere Zeltbahnen dabeigehabt. Wir knöpften den Schlitz ein wenig auf und steckten die Köpfe hinaus, und es war, als trügen wir einen Poncho.

Wir fanden unseren Weg und kamen immer näher an Königsberg heran. Wir hatten auf der Karte gesehen, dass wir die dritte Kreuzung erreicht hatten. Als es Abend wurde, beschlossen wir, in der Scheune eines verlassenen Bauernhofs zu übernachten. »Es ist besser, wir kommen nicht zu spät im Lager an, wer weiß, was die sagen? Besser wir gehen morgens hin und können in Ruhe mit dem Kapitan verhandeln«, sagte ich.

In der Scheune sah es ebenso trostlos und gespenstisch aus wie in allen anderen verlassenen Scheunen. Man konnte sich nicht vorstellen, dass da vor ein paar Jahren noch Korn und Heu gewesen waren, dass auf dem Hof Bauern mit ihren Familien und ihrem Vieh ein recht gutes Leben geführt hatten. Vor dem Einschlafen kauten wir an unserem bisschen Brot, unseren Hunger konnten wir damit nicht stillen. Wir schliefen erschöpft ein.

Am nächsten Tag wachten wir müde und durchgefroren auf. Gegen Mittag erreichten wir das Oberteichufer und waren ganz in der Nähe meines alten Lagers. Es regnete noch immer kräftig und wir bauten zunächst ein Zelt auf. Mit den drei Bahnen konnte man, wenn man sie richtig zusammenknöpfte, mit einem dicken Ast als Mittelpfahl ein dreieckiges Pyramidenzelt schaffen. Wir krochen hinein, waren pitschnass und froren jämmerlich. Dann machte ich mich bangen Herzens auf zu meinem alten Lager. Dort fand ich tatsächlich den Kapitan und ging in einer Mischung aus Wiedersehensfreude und Angst auf ihn zu.

Er erkannte mich sogleich und sah nicht so aus, als ob er mir böse sei, sagte aber: »Warum habt ihr das gemacht?« Ich sagte: »Das ist doch mein altes Lager, ich gehöre doch hierher! Und wir haben gehört, dass die Kinder aus dem Lager hier nach Deutschland kommen. Dürfen Gerhard, Horst und ich hierbleiben, damit wir auch dorthin fahren können?«

»Das ist leider unmöglich«, sagte er. »Ihr seid in dem anderen Lager registriert und könnt nicht einfach tauschen. Ich kann daran nichts ändern. Geht wieder nach Pobethen zurück, dort fragen sie sich bestimmt schon, wo ihr geblieben seid.«

»Aber wir möchten auch nach Deutschland und deshalb wollen wir hierbleiben.«

»Nicht nur die Kinder aus Königsberg, alle deutschen Kinder können dorthin, auch ihr aus Pobethen.«

Ich ließ den Kopf hängen und verabschiedete mich traurig vom Kapitan. Sollte ich ihm wirklich glauben? Als ich zu meinen Freunden kam, waren sie sehr niedergeschlagen. »Davon stimmt kein Wort, der will uns nur loswerden«, sagten sie. Und ich gab ihnen im Grunde Recht. Der Kapitan sah in mir nicht mehr den Jungen, der ihm anvertraut war, sondern den Ausreißer, der seinen Offizierskollegen in Pobethen hinters Licht geführt hatte. Und das veränderte alles. Meine Zuneigung zum Kapitan bekam einen Knacks. Ich spürte so etwas wie Trotz. Schließlich war ich eines der ersten Kinder gewesen, die ins Lager gekommen waren. Ich hatte mit Herrn Düsselbach die ganze Elektrik des Lagers repariert, hatte die Sachen aus Leningrad betreut und verwaltet, hatte mit an dem alten Steyr, dem liebsten Stück des Kapitan, gebaut, und das galt jetzt alles nichts mehr! Mein Gerechtigkeitsgefühl litt schwer. Aber was sollte ich tun?

Wenn meine Kameraden nicht so gebettelt hätten, es am nächsten Tag noch einmal zu versuchen, wäre ich auf der Stelle nach Pobethen zurückgegangen. Aber ich sagte ihnen nichts davon, um sie nicht zu enttäuschen. Wir beschlossen also, es am nächsten Tag wieder zu versuchen und noch eine Nacht dort zu verbringen. Müde und hungrig krochen wir in unser Zelt.

Am Morgen sahen wir einen Lastwagen ins Lager fahren. Wir kannten zwar das Auto nicht, aber sehr wohl die beiden russischen Soldaten auf der Ladefläche. In der Fahrerkabine saßen der Kommandant und ein weiterer Russe. Ganz offensichtlich waren sie gekommen, um uns wieder einzufangen. Vier Leute waren für diesen Job eigentlich zu viele, aber vermutlich hatten die Männer die Gelegenheit genutzt, einmal nach Königsberg zu kommen. Blitzschnell bauten wir unser Zelt ab und liefen in die Ruine der Hauswirtschaftsschule, um uns dort zu verstecken und erst einmal abzuwarten.

Wie das Lager in Pobethen herausbekommen hat, wo wir waren, ist mir schleierhaft. Vielleicht hatte uns jemand belauscht und unsere Pläne verraten, vielleicht hat sich der Kommandant gedacht, dass wir dorthin gegangen seien, weil ich aus Königsberg stammte und dort im Lager gewesen war. Da wir verschwunden waren und niemand wusste, wo wir uns hingewandt hatten, suchte er mit seinen drei Leuten die Gegend ab. Lange konnten wir uns nicht verstecken. Wir waren durchgefroren, hatten furchtbaren Hunger und waren mutlos, sodass wir uns bald freiwillig zu erkennen gaben, obwohl wir eine schlimme Strafe befürchteten.

Unser Kommandant war in der Tat sehr verärgert, aber mein alter Kapitan kam zu uns, als wir schlotternd und ängstlich dastanden, und redete beschwichtigend auf ihn ein. Er hatte Verständnis für unsere Flucht nach Königsberg und überzeugte seinen Kollegen offenbar, dass unser Vergehen nicht allzu gravierend war. Dessen Wut schien sich etwas zu legen. Wir kletterten schließlich auf die Ladefläche. Der Kapitan blickte dem Wagen hinterher, der schnell um die Ecke verschwand. Es war das letzte Mal, dass ich ihn sah.

Der LKW brachte uns nach Pobethen zurück. Während wir müde, frierend und deprimiert auf der Ladefläche durch die Landschaft fuhren, sagte Gerhard: »Vielleicht hat der Kapitan doch die Wahrheit gesagt und alle Kinder, auch die aus Pobethen, dürfen nach Deutschland zurück. Uns lassen sie jetzt vielleicht nicht weg, weil wir ausgerissen sind.« Wir erschraken. Das konnte tatsächlich passieren. Wir machten uns ernsthaft Sorgen, trauten uns aber nicht, als wir wieder in Pobethen waren, den Kommandanten danach zu fragen.

Im Lager bekamen wir drei Tage Stubenarrest ohne Essen. Das war zwar eine schlimme Strafe, aber an Hunger waren wir gewöhnt. Trotzdem war es bitter, denn wir waren ja auch vorher schon halbverhungert gewesen.

Eine klare Entscheidung

Mein alter Kapitan hatte doch nicht gelogen. Mitten im Oktober – inzwischen war es schon winterlich kalt und hatte bereits geschneit – wurden alle Kinder im großen Saal zusammengerufen. Der Raum war brechend voll. Vorn stand der Kommandant und neben ihm drei höhere russische Offiziere.

Der Kommandant sagte feierlich: »Der Genosse Josef Stalin, Führer der ruhmreichen Sowjetunion, hat beschlossen: Alle deutschen Kinder aus Ostpreußen, die keine Eltern mehr haben, dürfen in der schönen siegreichen Sowjetunion bleiben. Russische Offiziersfamilien werden euch adoptieren, ihr bekommt alle neue Eltern und werdet Bürger der ruhmreichen Sowjetunion.«

Während er sprach, hätte man eine Stecknadel fallen hören können. Wir waren alle starr vor Schreck und Verblüffung.

Während wir ihn stumm anblickten, sagte er: »Wer neue Eltern bekommen und immer in Russland bleiben will, der soll die Hand heben.« Es herrschte eine unheimliche Stille im Raum, nichts regte sich. Dann fragte einer der Offiziere: »Wer will denn nach Deutschland?« Und in diesem Moment schossen alle Finger dieser verlorenen, verlausten, verkrätzten und unterernährten Kinder zwischen sieben und vierzehn Jahren blitzschnell in die Höhe.

Da sahen die russischen Offiziere einander an, und wieder herrschte Stille im Saal. Es war eine beängstigende Ruhe. Ob sie uns jetzt böse sind, fragten wir uns und warteten gespannt, wie sie reagieren würden. Nach einer Weile sagte der Offizier: »*Nu charascho, saftra damoi,* na gut, morgen alle Kinder nach Hause.« Darauf brach ein lauter Jubel los, mehr als hundert Kinder weinten, jauchzten, schluchzten und lachten. Voller Begeisterung liefen wir zu den Offizieren hin. Und plötzlich lachten auch sie und wehrten uns Kinder nur ganz sachte ab. Dann verabschiedeten sie sich und gingen.

Der Weg nach Hause

Wenn Kinder hören, dass sie nach langer Abwesenheit nach Hause kommen, denken sie an ihre Eltern, ihre gewohnte Umgebung, ihre Spielsachen, ihre Freunde. Ihnen wird warm ums Herz, ihre Freude kennt keine Grenzen und der Wunsch, alles möge ganz schnell gehen, ist riesengroß. So erging es wohl uns allen, wir waren aufgeregt und voller Freude und Hoffnung.

Was aber bedeutet »zu Hause« für Waisenkinder, die alles verloren haben außer dem nackten Leben? Was war das für uns jubelnde Kinderschar im großen Saal des Russenlagers eigentlich? Darüber dachte ich im ersten Moment gar nicht nach, und die anderen wohl ebenso wenig. Erst später, als ich abends in unserem Zimmer war und auf meiner Pritsche lag, begann ich, mir Gedanken zu machen. In mir war eine riesengroße Freude, zugleich zitterte ich innerlich. Mich beschäftigten viele Fragen, sodass ich nicht einschlafen konnte. Wann würden sie uns in Pobethen abholen und nach Königsberg bringen? Würden die Russen Wort halten? Oder würde das ewige *saftra, saftra* auch jetzt wieder gelten? Na ja, vielleicht morgen, aber es konnte auch übermorgen heißen oder noch viel später oder gar nicht.

Wir hatten schon so viel von verschleppten Menschen gehört, die nicht wieder aufgetaucht waren, ich hatte es selbst bei meiner Tante Christel erlebt, und so war ich von tiefem Misstrauen. Vielleicht war das alles nur eine Finte, um uns ruhigzuhalten, vielleicht sollten wir alle doch nach Russland gebracht werden. Meine Zweifel waren so groß, dass ich gar nicht auf den Gedanken kam, mir »zu Hause« vorzustellen. Das war noch zu weit weg. Ich hatte gelernt, meine ganze Kraft darauf zu konzentrieren, das Nächstliegende zu tun. Damit war ich bisher gutgefahren, ich hatte überlebt, und daran hielt ich mich auch jetzt. Irgendwann schlief ich in dieser Nacht doch noch ein.

Die nächsten Tage waren für uns alle sehr aufregend. Wir wussten, dass das Leben dort im Lager bald zu Ende sein würde, dass wir nie wieder dort arbeiten mussten. Zugleich spürten wir eine gewisse Beunruhigung. Was wäre, wenn die Russen uns am Ende doch nicht gehen ließen? Jeden Tag warteten wir mit Spannung darauf, wann wir wohl endlich, endlich abgeholt würden. Viel vorzubereiten gab es nicht. Das machte das Warten noch schwerer. Wir hatten kaum etwas, das wir einpacken und mitnehmen konnten. Jedes Kind besaß einen russischen Rucksack aus braunem Stoff für seine wenigen persönlichen Dinge.

Wir erfuhren von der Lagerleitung, dass wir unsere blauen Arbeitsanzüge abgeben sollten und auf keinen Fall auch nur

Teile davon behalten durften. Ich hatte schon beim Abschied aus dem Königsberger Lager mit Bedauern die Komsomolzenuniform zurückgegeben und nur heimlich zur Erinnerung das Koppel mitgenommen. Jetzt legte ich es zu dem blauen Anzug, aus Angst, sonst vielleicht zur Strafe bei den Russen bleiben zu müssen. Alle Kinder waren in diesen Tagen vorbildlich und gehorsam, um ja nicht von den Russen festgehalten zu werden. Auch die Schuhe sollten wir abgeben, aber viele von uns hatten keine anderen und durften sie schließlich behalten. Nachdem wir den blauen Anzug nicht mehr hatten, zogen wir unsere alten Sachen an, die uns eigentlich gar nicht mehr hätten passen können. Ich hatte noch meine Joppe und die Skihose aus dem Jahr 1944, das war drei Jahre her. Die Sachen passten mir recht gut, so wenig war ich aufgrund der Mangelernährung gewachsen. Ich machte mir darüber keine Gedanken.

Eine Woche nachdem wir erfahren hatten, dass wir nach Hause durften, fuhren drei Lastwagen auf unseren Hof, amerikanische GMC-Trucks. Wie üblich sollten wir auch jetzt während der Fahrt hinten auf der Ladefläche sitzen. Gemeinsam mit uns fuhren die älteren deutschen Frauen, die im Lager gearbeitet hatten. Ich war schon aufgestiegen und saß neben meinen beiden Freunden, als mir plötzlich in den Sinn kam, wie schade es sei, ohne mein Koppel abzureisen. Ich sprang noch einmal vom Wagen, rannte nach oben in unser Zimmer und steckte es unter meine Jacke. Mein geliebtes Koppel war später der einzige Gegenstand, der mich an die Zeit bei den Russen erinnerte.

Der Abschied von Pobethen war kurz und schmerzlos. Der Kommandant war nicht einmal da, als wir abfuhren, und die anderen Russen standen nur neugierig herum. Es war ganz anders als in Königsberg, wo sich wenigstens so etwas wie eine Beziehung zwischen dem Kapitan und uns Kindern entwickelt hatte. Umso leichter fiel es uns, Pobethen endlich den Rücken zu kehren.

Im Vorüberfahren warfen wir drei einen letzten Blick auf »unseren« Wachturm, und dann hatten wir fürs Erste alles vergessen, was mit diesem Lager zusammenhing. Das alles war nun Vergangenheit. Wir redeten von da an nur noch über die Zukunft, überlegten, wie es in Deutschland wohl aussehen würde, ob wir Angehörige treffen, wo und wie wir dort leben würden.

Ich hatte immer noch die zaghafte Hoffnung, dass mein Vater am Leben war. Aber es gab viele Kinder, deren Vater schon früh im Krieg gefallen war und die nicht wussten, ob ihre in Ostpreußen verlorengegangene Mutter noch lebte. Andere wieder waren Vollwaisen und fuhren in eine ungewisse Zukunft, in irgendeinem Kinderheim. Diesen Gedanken fand ich schrecklich und hoffte, dass mir das nicht passieren würde. Am schlimmsten war es auch jetzt wieder für die Kinder, die bei Kriegsende zu klein gewesen waren, um sich zu erinnern, wer ihre Eltern waren, woher sie kamen, wie sie hießen. Sie waren immer noch ohne jede Orientierung und ganz auf die Hilfe anderer angewiesen.

Nach etwa zwei Stunden Fahrt über größere und kleinere Straßen erreichten wir Königsberg. Dort wurden wir gleich zu einem Güterbahnhof gebracht. Wir waren nicht die Ersten, die eintrafen. Vor uns waren bereits Kinder aus anderen Teilen Ostpreußens hergebracht worden, auch aus meinem alten Königsberger Lager. Die Russen hatten einen riesigen Sammeltransport organisiert. Immer mehr LKWs kamen, und am Ende waren wir etwa tausend Kinder, Mädchen und Jungen, zwischen sieben und fünfzehn Jahren, alle blass, hager und müde, alle mit dem braunen russischen Zich auf dem Rücken. Es herrschte große Aufregung unter uns, wir waren neugierig auf unseren Zug und darauf, was es wohl zu essen geben würde. Überall Gemurmel, Schreien, Lachen, helle Kinderstimmen, die durcheinandersprachen. Wir standen in der Kälte und warteten und warteten. Neben uns Kindern waren auch noch Erwachsene da, aber nur alte Männer und Frauen.

Auf einem der Gleise stand ein langer Güterzug, mit dem wir fahren sollten. Noch aber durften wir nicht einsteigen. Die Schiebetüren auf der einen Seite der Waggons waren zugenagelt. Drinnen waren deutsche Kriegsgefangene damit beschäftigt, eiserne Kanonenöfen einzubauen. Neben den Ofen schaufelten sie einen Berg Lokomotivensteinkohle und legten auch Brennholz hin. Auf jede Seite des Ofens stellten sie einen Eimer, einen für Trinkwasser, den anderen als Kübel.

In der einen Hälfte des Waggons hatten sie auf halber Höhe eine hölzerne Zwischendecke eingebaut, auf der die Reiseverpflegung lag: ein Stapel Brote, etwas Margarine und Zucker zum Draufstreuen. So viel Nahrung auf einmal hatten wir schon lange nicht mehr gesehen. Margarine und Zucker zu bekommen, das war zudem etwas ganz Besonderes. Am Boden lag Stroh, um darauf zu sitzen und zu schlafen. Die Waggons waren also recht zweckmäßig eingerichtet. Das war für damalige Verhältnisse erstaunlich. Die Russen hatten dafür gesorgt, dass wir einigermaßen bequem reisen konnten.

Nach langem Warten durften wir endlich einsteigen. Froh und aufgeregt kletterten wir in die Waggons. Meine zwei Freunde und ich suchten uns schnell einen guten Platz auf dem Stroh. Die Seite unter der eingezogenen Decke mit den Lebensmitteln war für die Jungen, die andere für die Mädchen bestimmt. Im Ganzen waren wir sechsundfünfzig Jungen und Mädchen mit einem alten Mann und einer alten Frau als Betreuer. »56 + 2« war mit Kreide auf unsere Waggontür geschrieben. Der gesamte Zug bestand aus zwanzig Wagen, am Ende war der mit dem Bremserhäuschen angehängt, von dem aus man über die Dächer des Zuges schauen konnte. In diesem Wagen fuhren mehrere russische Soldaten als

Bewacher mit. Auf ihrem Dach hatten sie ein Maschinengewehr montiert.

Wir hätten gern etwas mehr über unseren Weg und unser Ziel gewusst, aber da war niemand, den wir fragen konnten. Unser Begleitkommando war selbst uninformiert, sie wussten nur, dass sie den Zug bewachen sollten und auf jeden Verdächtigen zu schießen hatten, der sich bewaffnet dem Zug näherte. Es dauerte endlos lange, aber wir fuhren nicht ab. Wir hatten viel Zeit zum Nachdenken. Wo kamen wir jetzt eigentlich hin? Ob es überall in Deutschland so zerbombt aussah wie in Königsberg?

Wir hatten keine Ahnung davon, dass Deutschland im Begriff war, zweigeteilt zu werden in ein östliches, unter sowjetischen Einfluss, und ein westliches, unter Einfluss der Westmächte, und dass überall Soldaten der Besatzungsmächte stationiert waren. Ich kannte von Deutschland nur Königsberg, seine Umgebung und das Sauerland. Meine Heimat war russisch geworden. Wie würde die neue Heimat aussehen? Was stand mir bevor? Die Kinder, deren Eltern mit Sicherheit beide tot waren, hofften, irgendwo ein Zuhause mit lieben Menschen zu finden. Da hatte ich es doch einfacher, sagte ich mir. Im Grunde blickte ich zuversichtlich nach vorn und ohne Bitterkeit zurück.

Zweieinhalb Jahre hatte ich unter Russen gelebt und auch mit ihrer Hilfe überlebt. Wie hatte sich mein Verhältnis zu ihnen doch geändert! Die deutsche Propaganda hatte sie immer als blutrünstige Untiere dargestellt und mein Bild von ihnen während des Krieges geprägt. Sie waren einfach nur Feinde gewesen. Das Verhalten der Sowjetarmee nach ihrem Sieg bestätigte manches. Und trotzdem, mit der Zeit lernte ich Russen kennen, die kinderlieb waren, die von dem wenigen, das sie selbst besaßen, oft etwas abgaben. Langsam, ganz langsam wurden mir die Russen vertraut, einfache Soldaten wie Offiziere. Mein Misstrauen schwand. Ich war immer häufiger unter Russen, lernte mit ihnen umzugehen. Sie gehörten zu meinem Leben, ich stand ihnen in gewisser Weise nahe, ohne dass ich begonnen hätte, mich als Russe zu fühlen. Ihre Sprache war nicht meine Sprache geworden, aber ich verstand sie, ich mochte die so anders klingenden Wörter, die fremde Satzmelodie, ich lernte die richtige Aussprache ohne Mühe. Langsam war das Russische nicht mehr die Sprache der Feinde, der Sieger. Und ich liebte die russischen Lieder.

Davon galt es Abschied zu nehmen, und das war nach der langen Zeit ein merkwürdiges Gefühl. Erst in meinem neuen Heimatort sollte ich merken, wie viele Dinge des Lebens ich besser russisch als deutsch ausdrücken konnte. Das war nicht verwunderlich, denn ich war ja erst neun Jahre alt gewesen, als ich zu den Russen gekommen war.

Eine abenteuerliche Reise

Immer noch standen wir auf dem Königsberger Güterbahnhof herum, der Zug fuhr und fuhr nicht los. Es war noch keine Lokomotive davorgespannt worden. So blieben die Waggons geöffnet und wir saßen oder lagen stundenlang herum und warteten, dass die Fahrt endlich losging. Von unseren Waggons durften wir uns nicht entfernen. Irgendwann wurden wir müde und wachten erst am nächsten Morgen wieder auf. Da standen wir immer noch da.

Dann kam endlich die Lok, und die Russen schoben von außen die Waggontüren zu. Unsere Bewacher wollten sie von außen zuriegeln, aber da schrien wir vor Angst und protestierten so laut, dass sie sie während der gesamten Reise zumeist unverschlossen ließen.

Es ruckelte und quietschte, und der Zug fuhr los. Wir waren erleichtert. Er fuhr nicht sonderlich schnell, und so öffneten wir während der Fahrt die Wagentür, setzten uns an den Rand und ließen die Beine baumeln. Auf diese Weise konnten wir die Fahrt sogar ein bisschen genießen. Die beiden Alten schwiegen. Sie hatten gleich begriffen, wie selbständig wir waren und dass wir uns von niemandem etwas sagen ließen.

Jedes Mal, wenn wir uns einem Ort näherten, hielt der Zug. Dann kamen die Russen, und wir mussten die Türen zuschieben. Für die Zeit des Aufenthalts verriegelten sie die Türen, offenbar um zu verhindern, dass wir flohen, oder um uns vor möglichen Eindringlingen zu schützen.

Gelegentlich durften wir auch aussteigen, aber nur, um Trinkwasser oder Kohle für den Ofen zu holen. Waren wir durch den Ort durchgefahren, hielt der Zug wieder und die Türen wurden entriegelt. So blieben wir von der Außenwelt abgeschirmt. Das störte uns vor allem deshalb, weil wir gern gewusst hätten, wohin wir fuhren. Wir hatten das Gefühl, dass wir den Russen nicht trauen konnten. Wir fürchteten, sie würden uns gar nicht nach Deutschland, sondern vielleicht nach Sibirien bringen.

»Hoffentlich ist das die richtige Richtung«, sagte jemand.

»Das kriegen wir schon irgendwie raus«, erwiderte ich. Die Waggons hatten in jeder der vier Ecken kleine vergitterte Fensterlöcher mit einer verschiebbaren Klappe gleich unterhalb der Decke über dem Zwischendeck. Obwohl wir nicht auf das Zwischendeck steigen durften, nutzte ich jede Gelegenheit, wenn der Zug hielt, hinauszusehen, um herauszufinden, wo wir waren. Der Zug stoppte ziemlich oft auf freier Strecke, manchmal sogar stundenlang oder auch einen ganzen Tag. Der Grund dafür war meistens, dass man unsere Lok abkoppelte, weil sie für andere Züge gebraucht wurde. Wir mussten warten, bis eine neue kam. Bei dieser Gelegenheit durften wir auch nach draußen, um die Kackeimer, wie wir sie nannten, auszukippen; man konnte auch »ins Gebüsch« gehen.

Hin und wieder fuhr der Zug, nachdem er wieder fahrtüchtig war, in entgegengesetzter Richtung weiter. Dann wurden wir besonders misstrauisch. Einmal gelang es uns schließlich, auf einem Bahnhof ein original deutsches Schild zu lesen. Darauf stand »Preußisch Eylau«. »Das liegt westlich von Königsberg«, sagte der alte Mann, »wir sind also wirklich nach Deutschland unterwegs.« Da waren wir alle sehr beruhigt.

Doch unser Misstrauen wuchs jedes Mal, wenn der Zug wieder in Gegenrichtung fuhr. Wir nahmen offenbar nicht die direkte Strecke nach Westen, vielmehr fuhren wir in einem wirren Zickzackkurs, erst durch das inzwischen von Polen besetzte südliche Ostpreußen, dann durch andere Gegenden, von denen ich noch nicht gehört hatte. Im Ganzen dauerte die Fahrt vierzehn Tage. Auch die russischen Behörden hatten wohl jegliche Orientierung verloren und nicht mit einer so langen Reisedauer gerechnet, denn unser Brot begann knapp zu werden.

Die vielen Umleitungen hatten einen konkreten Grund. Es gab immer noch polnische Partisanengruppen oder antisowjetische Einheiten polnischer Patrioten. Diese nutzten jede Gelegenheit, russische Züge zu überfallen oder Gleise zu verminen. Deshalb hatten wir auch unsere Bewacher dabei. In mehreren Nächten kam es tatsächlich zu Überfällen. Wir wurden zumeist durch wilde Schießereien wach. Das MG ratterte, und die russischen Soldaten gingen mit ihren Maschinenpistolen im Anschlag gebückt an den Waggons entlang und gaben von Zeit zu Zeit auf Verdacht ein paar Feuerstöße aus ihrer *aftomat* ab, um mögliche Partisanen darunter aufzuspüren. Erst wenn niemand unter den Wagen oder auf den Puffern oder Dächern gefunden worden war, hörte die Schießerei wieder auf. Wir schoben die Türen auf, die Russen überprüften die Innenräume, und wir fuhren weiter.

Diese nächtlichen Zwischenfälle waren natürlich beängstigend, aber nach allem, was wir Kinder erlebt hatten, konnte uns nichts mehr so leicht aus der Ruhe bringen. Und wir hatten gelernt, blitzschnell zu handeln. Die Russen brauchten gar nicht erst zu schreien, dass wir uns auf den Boden der Waggons legen sollten, wir lagen bereits da, auch die Kleinen, die auf den Befehl der Älteren sofort reagierten. Dass wir danach die Türen aufschoben, nachdem wir die uns vertrauten russischen Stimmen hörten, war reine Neugierde, und wir fragten die Russen, was denn los gewesen wäre. Welche Antwort gaben die Russen? Alles gut, schlafen!

Die Ankunft

Nach einer uns endlos erscheinenden Fahrt hielt der Zug an einem Bahnhof in Mecklenburg, alle Türen wurden geöffnet, und es hieß: »Aussteigen, wir sind da.« Wir waren in einem Quarantänelager angekommen. Wie der Ort hieß, daran kann ich mich nicht mehr erinnern. Nach dem Aussteigen reckten und streckten wir uns, unsere Arme und Beine waren steif vom langen Sitzen. Wir waren froh, dass die Fahrt in dem engen Waggon endlich zu Ende war, und wir waren überglücklich, dass wir tatsächlich Deutschland erreicht hatten. Das merkten wir unmittelbar daran, dass wir sofort mit deutschen Krankenschwestern und Ärzten zu tun hatten. Wir hörten sie Deutsch sprechen, und das war sensationell für uns.

Wie sollte es mit uns weitergehen? Wir Kinder hatten nicht die geringste Vorstellung davon. Wir ließen alles, was passierte, wortlos über uns ergehen. Zuerst wurden wir in das Lager geführt und dort in einen Raum, in dem wir unsere Kleidungsstücke ausziehen und auf Drahtbügel hängen mussten. Diese Bügel kamen auf fahrbare Kleiderständer, die wir in einen Raum von der Größe einer Garage schoben. Es war ein blecherner Hitzeraum, in dem all die lieben Parasiten, die uns so lange und ausdauernd begleitet hatten, abgetötet wurden. Nachdem alles abgekühlt war, wurden die Ständer wieder nach draußen geschoben.

Wir selbst wurden in einem anderen Raum behandelt. Krankenpfleger bliesen uns aus großen Holzspritzen mit Unmengen DDT-Pulver voll, besonders zwischen den Beinen und unter den Achseln. Dann hieß es: »Augen zu!«, und auch unser kahler Kopf wurde gründlich eingestäubt.

Nachdem wir vom Ungeziefer befreit waren, durften wir zu unseren Baracken gehen. Am nächsten Tag wurden Blut, Urin und Stuhl auf Parasiten, Viren, Würmer und Bakterien untersucht. Es folgten zwei todlangweilige Wochen, in denen wir die Baracke nicht verlassen durften. Das war eine schrecklich lange Zeit, die unsere Geduld schwer auf die Probe stellte, nachdem wir gerade erst die endlose Zugfahrt hinter uns gebracht hatten. Die Tage wollten einfach nicht vergehen. Natürlich redeten wir viel über das, was uns erwartete, aber konnten uns nur wenig konkret vorstellen. Wir fragten uns, ob wir immer etwas zu essen bekommen und Verwandte wiederfinden würden und wie es wohl in Deutschland, von dem wir bislang so wenig erfahren hatten, aussähe.

In dieser Zeit betreuten uns die Krankenschwestern rührend. Sie redeten mit uns, machten uns Mut und spielten auch Spiele mit uns wie »Halma« oder »Mensch ärgere dich nicht«. Wie lange hatten wir so etwas nicht mehr erlebt. Überhaupt, das gesamte Personal ging mit uns sehr nett und rücksichtsvoll um. Als endlich die Quarantäne aufgehoben wurde und wir als seuchenfrei galten, durften wir schließlich nach draußen. Es hieß, dass wir weitertransportiert würden und zwar nach Erfurt in Thüringen. Wo das war und wie es dort war, konnten wir Kinder uns nicht vorstellen. Wir sahen uns gegenseitig fragend an. Immerhin, Erfurt war eine Stadt in Deutschland, und das allein war unendlich viel wert.

Vor unserer Weiterreise wurden wir in einen großen Backsteinbau, womöglich eine Kaserne, geführt, und dort für den Kindersuchdienst des Deutschen Roten Kreuzes fotografiert und gefilmt. Ich fand das großartig, denn wenn mein Vater noch lebte, würde er sicher mein Bild sehen. Jedes Kind musste eine Schultafel vor seine Brust halten, auf der seine persönlichen Daten und der Name der Person standen, von der es glaubte, sie sei noch am Leben. Auf vielen Tafeln stand nicht mehr als der Ort, an dem das Kind nach dem Krieg in Ostpreußen gefunden worden war. Manchmal stand auch gar nichts auf der Tafel oder nur das geschätzte Alter. Diese Filmsequenzen liefen wenig später in allen deutschen Kinos in der Wochenschau. Ich hoffte inständig, dass mein Vater sehr, sehr bald dort hingehen und mich sehen würde.

Am nächsten Tag gingen wir alle zu Fuß zum Bahnhof. Wir waren auf verschiedene Kinderheime in der sowjetischen Besatzungszone verteilt worden. Ich kam nach Bad Elgersburg im Thüringer Wald. Die anderen Kinder, die mit mir dahin gebracht wurden, kannte ich nicht. Schon wieder war ich allein und musste mich auf eine neue Umgebung einstellen. Aber ich war nicht mutlos, sondern dachte unentwegt an meinen Vater, voller Hoffnung, ihn bald wiederzusehen.

In Bad Elgersburg gab es ein Erholungsheim der Volkssolidarität, dem Wohlfahrtsverband der Ostzone, das in einer ehemaligen Villa eines Feuerzeug-Fabrikanten untergebracht war. Die Fabrik stand gleich gegenüber auf der anderen Straßenseite. Wir waren ungefähr dreißig Kinder. Bei unserer Ankunft machte das Heim einen seltsam leeren und unbewohnten Eindruck. Zum ersten Mal seit drei Jahren bekam ich ein richtiges Bett. Es stand in einem Zimmer, in dem noch drei andere Kinder untergebracht waren. Wir kamen gut miteinander aus. Wer keine Fairness besaß, hatte im russischen Lager keine Chance gehabt zu überleben.

Zu meiner großen Freude gab es dreimal am Tag etwas zu essen, ohne dass ich dafür arbeiten musste. Ich fühlte mich wie im Paradies. Es gab beispielsweise Béchamelkartoffeln, die ich noch nie vorher gegessen hatte, und ich fand dieses Wort urkomisch.

In dem Heim waren eine Heimleiterin und drei Betreuerinnen. Sie waren alle sehr jung und kümmerten sich in einer Weise um uns, wie wir es in den letzten Jahren nie erlebt hatten. Abends nach dem Essen saßen wir mit ihnen in einem Kreis zusammen und sangen zur Mandoline oder Gitarre Lieder wie »Hohe Nacht der klaren Sterne«, oder wir beschäftigten uns mit Spielen. Das war so ungewohnt, so schön, dass es einem ganz unwirklich vorkam. Wir genossen all diese normalen Dinge, die wir so lange entbehrt hatten, über die Maßen.

Obwohl ich mich in diesem Heim sehr wohl fühlte, wuchs in mir die Sehnsucht nach meinem Vater und meiner Familie. Mit den anderen Kindern redeten wir dauernd darüber, wann wir endlich unsere Verwandten wiedersehen würden. Wir erzählten uns gegenseitig, wer noch lebte, wer gestorben war, zu wem wir wohl bald kommen würden. Es war mittlerweile tiefer Winter, und draußen lag hoher Schnee. Fast jeden Tag zogen wir mit kleinen Schlitten die Straße hinauf, die am Heim vorbeiführte. Nach einer Stunde erreichten wir im Wald eine Rodelbahn. Wenn es dunkel wurde, fuhren wir mit den Schlitten vergnügt wieder die Straße bis zum Heim hinunter. Autos gab es nicht. Im Garten der Villa bauten wir Schneemänner. Wir waren endlich wieder richtige Kinder, unbeschwert, fröhlich, zu jedem Spaß bereit und geradezu wild darauf, uns mit den anderen zu amüsieren, und dennoch oft einsam.

Immer wieder kam es in diesem Winter vor, dass in der holzgetäfelten Empfangshalle der Villa Eltern standen, die ihr Kind abholten. Wir anderen sahen traurig und auch ein wenig neidisch zu, auch wenn wir uns für das andere Kind freuten. Wie oft dachte ich dann abends im Bett: Lebt Vati überhaupt noch? Konnte er nicht kommen? Hatte er meine Karte überhaupt bekommen und wusste er, dass ich am Leben war? War er vielleicht nicht im Kino gewesen und hatte die Wochenschau gar nicht gesehen? Und was wäre, wenn Vater nicht mehr lebte? Waren wenigstens meine Großeltern sicher über das Haff gekommen? Mit jedem Tag, der verging, mit jedem Mal, dass wieder Eltern ein Kind abholten, wurde meine Traurigkeit größer, wuchs meine Ungeduld.

Inzwischen rückte Weihnachten näher. Im Heim wurde alles für das Fest vorbereitet. Zum ersten Mal seit Jahren würde ich wieder einen Weihnachtsbaum sehen, vielleicht auch Sterne und Engel, bestimmt käme sogar der Weihnachtsmann. Ich hatte das alles in den letzten Jahren ganz vergessen. Als uns die Betreuerinnen sagten, wir dürften uns etwas zu Weihnachten wünschen, fiel mir nichts ein. Ich hatte das Wünschen einfach verlernt. Ich bekam jeden Tag zu essen, man war lieb zu mir. Mehr konnte ich mir nicht vorstellen.

Als das Fest vor der Tür stand, rief mich die Heimleiterin in ihr Büro. Sie saß auf dem Sofa und forderte mich auf, mich neben sie zu setzen. Was war das für ein Unterschied zu den Gesprächen mit dem Kapitan, bei dem man bestenfalls stehenblieb, froh war, wenn er nichts zu bemängeln hatte, und einen außerdem das ständige Hungergefühl plagte! Ich saß also neben der Heimleiterin auf dem warmen Sofa, und dann sagte sie freundlich: »Burkhard, ich habe ein ganz besonders schönes Weihnachtsgeschenk für dich. Kannst du dir vorstellen, was das wohl sein könnte?« Ich hatte keine Ahnung, überlegte eine Weile und sagte schließlich, nein, ich wüsste es nicht. »Du wirst es auch noch nicht zu Weihnachten bekommen können, sondern etwas später«, meinte sie. Es folgte ein Satz, den ich nie vergessen werde: »Dein Vater hat heute ein Telegramm geschickt, er holt dich am zehnten Januar ab.«

Ich war so überrascht, dass es mir die Sprache verschlug. Ich hatte seit Monaten an nichts anderes gedacht, doch jetzt war ich ganz außer mir vor Erstaunen. Nach einer Weile heulte ich vor Freude los, und die Heimleiterin hielt mich ganz fest in den Armen. Wenn ich mich an diesen Moment erinnere, heule ich heute mit meinen über siebzig Jahren immer noch.

Es wurde Weihnachten, es gab eine schöne Feier im Haus, wir freuten uns über den Glanz der Lichter, über das Weihnachtsessen, die Plätzchen und kleinen Geschenke, aber ich musste unablässig an meinen Vater denken. Mir gingen diese eigentlich so schönen Tage viel zu langsam vorbei.

Währenddessen trieb mich vor allem eine Frage um: Würde mein Vater mich wiedererkennen? Als wir uns zum letzten Mal gesehen hatten, vor dreieinhalb Jahren, war ich sieben gewesen, jetzt war ich elf. Damals war ich ein schlanker Junge, jetzt hatte ich wegen des Hungerns, der fehlenden wasserbindenden Eiweißstoffe, einen von Wasser aufgedunsenen Körper und dazu einen kahlgeschorenen Kopf. Und würde ich ihn wiedererkennen? Damals hatte ich ihn in seiner Soldatenuniform gesehen. Wie sah er wohl jetzt aus?

Am Abend des 9. Januar konnte ich vor Aufregung kaum einschlafen, am 10. selber trieb ich mich nach dem Frühstück in der Empfangshalle herum und platzte bald vor Ungeduld. Da ich allen im Weg war, schickten sie mich nach oben in mein Zimmer. Ich ließ die Zimmertür offen, um auch ja nichts zu verpassen, und lief aufgeregt hin und her. Mein

Herz klopfte wie wild. Das war mir selbst in den schlimmsten Situationen der letzten Jahre nie passiert. Außerdem zitterte ich wie Espenlaub und fragte mich die ganze Zeit: Ob er auch wirklich kommt?

Nach einer Ewigkeit rief endlich jemand: »Burkhard, komm runter!« Mit zitternden Knien schlich ich langsam die Stufen bis zum ersten Treppenabsatz hinunter und schaute ängstlich, erwartungsvoll um die Ecke. Es konnte keinen Zweifel geben: Der Mann unten in der Halle war mein Vater, ich erkannte ihn sofort. »Er ist es, er ist es, er ist es«, dachte ich nur und flog förmlich den unteren Teil der Treppe hinab, nahm drei Stufen auf einmal und mit dem letzten Sprung landete ich in seinen Armen. »Papi, Papi!« Ich schrie, ich weinte, ich lachte. Vater drückte mich fest an sich, jetzt endlich war alles gut. Mein Vater war wirklich da, ich war bei ihm, niemand würde ihn mir je wieder nehmen können.

Fahrt in ein unbekanntes Land

Vater war in Begleitung seiner Freundin gekommen. Sie nannte sich Tante Ilse. Er erklärte mir, sie habe ihn auf der beschwerlichen Reise begleitet, es sei nicht einfach gewesen, vom Westen in die Ostzone zu kommen. So erfuhr ich zum ersten Mal von der Teilung Deutschlands. Ich schenkte Tante Ilse keine weitere Aufmerksamkeit. Ich war einfach nur froh, dass ich meinen Vater wiederhatte. Nach dem Abschied von den Betreuerinnen im Heim machten wir uns zu dritt auf den Weg in mein neues Zuhause. Vater erklärte mir, dass wir nach Norddeutschland gingen. »Da sind auch Oma und Opa, sie haben die Flucht über die zugefrorene Ostsee geschafft, und es geht ihnen gut. Ich wohne im selben Ort. Er heißt Soltau und liegt in der Lüneburger Heide.«

Vater hatte amerikanische Zigaretten bei sich, mit deren Hilfe wir die sowjetisch besetzte Zone ohne Fahrkarten mit der Bahn durchqueren konnten. Zunächst fuhren wir bis Erfurt, wo ein Kriegskamerad von Vater eine Buchhandlung hatte. Wir übernachteten bei ihm und fuhren am nächsten Tag nach Norden bis in die Nähe der Elbe. Zum Abschied schenkte mir der Buchhändler ein Bändchen mit dem Titel »Der gepfefferte Spruchbeutel«, eine Sammlung alter Bauern- und Volksweisheiten, manchmal poetisch, manchmal derb, auf jeden Fall amüsant und informativ. Ich war begeistert, zum ersten Mal besaß ich ein Buch. Ich las es auf der Reise und betrachtete es als große Kostbarkeit.

Irgendwann fuhr der Zug nicht weiter, eine Eisenbahnbrücke war gesprengt worden. Auf der anderen Seite begann die britische Zone. Es war unvermeidlich, wir mussten zu Fuß über die zerstörte Brücke gehen. Das war gefährlich und außerdem verboten. Niemand durfte damals einfach von der sowjetischen Zone in die Westzonen wechseln. Vater erklärte mir, eigentlich hätte er gar nicht kommen dürfen, um mich abzuholen, aber so ginge es vielen, die deswegen heimlich die Grenzen überquerten.

Im Schutz der Nacht schlichen wir mit vielen anderen Leuten, die auch gen Westen wollten, über die große Brücke. An manchen Stellen hingen die Schienen und die Schwellen frei in der Luft, hoch über dem dunklen Wasser des Flusses. Da ich so oft über die zerstörten Pregelbrücken in Königsberg geklettert war, fiel mir das nicht schwer. Ich nahm sogar Tante Ilse an der Hand, weil sie Angst hatte. Langsam, ganz langsam erreichten wir das andere Ufer. »Jetzt haben wir es geschafft«, sagte Vater. »Jetzt sind wir in Westdeutschland und können mit dem Zug bis nach Hause fahren.«

So fuhren wir von dort ganz legal mit der Eisenbahn nach Soltau. Während der Reise begannen wir, uns gegenseitig zu erzählen, was wir erlebt hatten. Ich wusste gar nicht, wo ich anfangen sollte. Und auch ich wollte viele Dinge wissen: wohin wir fuhren, wie es dort sei, wie groß die Stadt sei und wo die Großeltern wohnten?

Vater versuchte, meine Neugier zu befriedigen, so gut er konnte. Ich war von den neuen Erlebnissen überwältigt. Was im Krieg und seit dem Krieg alles geschehen war, das musste ich erst noch begreifen. Dazu kamen die vielen Fragen, die mein Vater mir stellte und die meine Erinnerungen wieder wachriefen. Ich war so angespannt, dass ich Tante Ilse kaum wahrnahm.

Sie hielt sich auch immer im Hintergrund, sodass ich das Gefühl hatte, Vater ganz für mich allein zu haben. Doch so schemenhaft ich Tante Ilse zunächst wahrnahm, sie gefiel mir und war wirklich nett zu mir. Ihren hellgrünen Mantel mit dem schlauchartigen Gürtel, der einfach zugeknotet wurde, fand ich richtig lustig.

Vater erzählte mir genau, wie er es geschafft hatte, mich wiederzufinden. Meine Postkarte aus Königsberg war tatsächlich bei den Verwandten im Sauerland angekommen, und zwar ein halbes Jahr, nachdem ich sie abgeschickt hatte. Wie an den Stempeln zu erkennen, hatte sie einen Umweg über Moskau genommen. Wahrscheinlich musste sie dort erst von der GPU, dem damaligen Geheimdienst, freigegeben werden. Die Verwandten schickten sie an meinen Vater weiter, der inzwischen aus britischer Kriegsgefangenschaft entlassen worden war und so, wie ich geahnt und gehofft hatte, dort gewesen war, um seine und meiner Großeltern Sachen abzuholen. In diesen Zeiten war es wie ein Wunder, wenn ein verlorenes Familienmitglied wieder auftauchte. Vater stellte gleich einen Suchantrag beim Roten Kreuz, aber jahrelang hörte er nichts von mir und war sich nicht sicher, ob ich immer noch am Leben war. »Ich habe immer sehr gehofft, dass ich dich bald finde«, sagte er. Offenbar war der Kindertransport aus Russland zwischen den Russen und dem Roten

Kreuz ausgehandelt worden. Ich stand auf der Liste, die das Rote Kreuz von den Russen bekommen hatte, und so erfuhr Vater, dass ich noch lebte und in Deutschland war. Er hatte also auch ohne die Suchbilder in der Wochenschau von mir erfahren.

Die Fahrt nach Soltau dauerte viele Stunden. Erst spät am Abend kamen wir an. Je näher wir dem Ziel kamen, desto größer wurde meine Aufregung. Die Bahnhöfe an der Strecke waren kaum beleuchtet, der Zug fuhr lange durch absolute Dunkelheit, und mir wurde ganz unheimlich zumute. Auf einem Bahnhof las ich das Schild »Wintermoor«. Vater legte beruhigend den Arm um mich und sagte: »Die Landschaft hier ist sehr schön, das wirst du am Tag sehen. Es ist so wie in der Rominter Heide zu Hause in Ostpreußen.«

Meine neue Heimat

Einfach war der Beginn meines neuen Lebens in der Lüneburger Heide nicht. Ich durfte wieder Kind sein, das tat mir sehr gut, ich traf meine Großeltern wieder, das war eine Freude. Aber eine richtige Wohnung, wie ich sie früher mit meinen Eltern gehabt hatte und wie es mir normal erschien, bekamen wir nicht. Vater hatte als Flüchtling ein kleines Zimmer in einem großen und geräumigen Privathaus zugewiesen bekommen. Auch Tante Ilse mit ihrer siebenjährigen Tochter hatte ein Zimmer, aber am anderen Ende der Stadt. Wir schliefen zunächst gemeinsam zu viert in Tante Ilses Zimmer, weil mein Vater mich nicht alleinlassen wollte. Ich schlief auf einer Luftmatratze am Boden.

In den nächsten Wochen erfuhr ich, was es bedeutete, Flüchtling zu sein. In der Nachkriegsgesellschaft gab es zwei Gruppen: die Einheimischen und eben die Flüchtlinge, auf die man herabsah. Sie waren unerwünscht, weil man mit ihnen teilen musste. Die Menschen, die in ihrer Heimat hatten bleiben können, machten sich, glaube ich, nicht klar, was es hieß, alles verloren zu haben.

Natürlich ist es auch zu verstehen, dass es für die Bewohner einer Stadt nicht einfach ist, wenn sich die Einwohnerzahl plötzlich verdoppelt und lauter Fremde da sind. So entwickelten sie die Vorstellung, Flüchtlinge kämen aus dem Sumpf oder der Steppe und seien weniger zivilisiert. Es war schwer, gegen solche Vorurteile anzukommen, und es dauerte dann auch Jahre, bis sich das Verhältnis zwischen beiden Gruppen normalisierte. Zunächst brauchten die Fremden sehr viel Kraft, um durchzuhalten und ihren Stolz nicht zu verlieren.

Mein Vater hatte wieder ein Ledergeschäft eröffnet. In den ersten Jahren kauften fast ausschließlich Flüchtlinge bei ihm. Was meinem Vater widerfuhr, übertrug sich auch auf mich, und es fiel mir schwer, mir mein in den Jahren zuvor stark gewachsenes Selbstwertgefühl zu bewahren. Doch mein Vater war in seinem Verhalten vorbildlich. Er ging seinen Weg und versuchte, sich nicht demütigen zu lassen, und irgendwann kam der Tag, an dem er anerkannt wurde und ein Bürger Soltaus war wie die anderen.

Trotz der Mühen des täglichen Lebens tat Vater für mich, was er nur konnte. Zuerst ließ er mich im Krankenhaus gründlich untersuchen. Auch der Amtsarzt wurde eingeschaltet. Ich war hochgradig unterernährt, und als Folge hatte sich, wie gesagt, Wasser im ganzen Körper eingelagert. Man konnte mit dem Finger Druckstellen in Armen und Beinen erzeugen, die sich nur langsam wieder zurückbildeten. Die Jahre im Krieg und im Russenlager hatten auch darüber hinaus meiner Gesundheit geschadet. Meine Nieren, an langjährige Hungernahrung gewöhnt, konnten nicht alle Reststoffe verarbeiten. So bekam ich bald einen Nierenstein, dem im Laufe der Jahre über einhundert folgen sollten.

Der Amtsarzt war der Meinung, meine Gesundheit lasse es noch nicht zu, in die Schule zu gehen. Ich bekam jeden zweiten Tag Vitaminspritzen in die Oberschenkel, und mit der guten und reichlichen Nahrung, die mein besorgter Vater unter erheblichem Aufwand für mich beschaffte, erholte ich mich allmählich. Den Sommer 1948 verbrachte ich damit, einfach nur zu spielen. Vater besorgte mir einen Holzroller, den ich in Grund und Boden fuhr. Ich lernte die Kinder in meiner Straße kennen, und wir beschäftigten uns nachmittags draußen mit Schlagball-Werfen, Kibbeln und Hüpfekästchen. Nicht alle diese Spiele passten zu meinem Alter, aber ich hatte einiges nachzuholen.

Die Volksschule, in die ich bald gehen sollte, lag auf der unserem Haus gegenüberliegenden Straßenseite. Dieses Gebäude übte auf mich magische Anziehungskraft aus. Jeden Tag wagte ich mich ein wenig näher heran. Zuerst beobachtete ich über den Zaun hinweg die Kinder dahinter, dann schlich ich mich durch das Tor, wenn der Schulhof leer war, nachmittags ging ich sogar in das verlassene Gebäude. Und nahm nach Jahren wieder den typischen Schulgeruch wahr, jene Mischung aus geölten Holzdielen, Putzmitteln und Schweiß.

Meine Großeltern besuchte ich oft und musste ihnen immer wieder von Königsberg erzählen. Es war bitter für sie zu erfahren, was aus ihrem Haus und Garten geworden war. In Soltau lebten sie in sehr beengten Verhältnissen. Manchmal kam Vater auch mit, und dann saßen wir, drei Generationen, in einem winzigen Zimmer unter dem Dach, das man den beiden alten Leuten zugewiesen hatte. Großmutter kochte wacker auf einer einzigen Kochplatte und nahm das Leben, wie es war.

Ich verbrachte auch viel Zeit in Vaters Geschäft und unterhielt mich dort mit seinem Kompagnon, Herrn Kiehne, der mir immer bereitwillig auf alle Fragen antwortete. Er war ein alter Freund aus Königsberg, und es machte ihm Spaß, sich mit mir zu unterhalten. Als mein Vater einmal meinte, er solle sich nicht durch mich stören lassen, sagte er nur, ich könne ihn gar nicht so viel fragen, wie er mir erzählen wolle. Irgendwann heiratete Herr Kiehne eine Imkerin und züchtete fortan Bienen. Vater betrieb danach das Geschäft allein.

Im Herbst 1948 sollte ich in die Schule kommen. Ich freute mich sehr darauf. Bei der Anmeldung stellten wir fest, dass ich keine Geburtsurkunde mehr besaß. Unsere Papiere waren dank der Frau von der Heißmangel, die Omas Brustbeutel mitgenommen hatte, verschwunden. Statt einer Geburtsurkunde musste Vater eidesstattlich erklären, dass ich sein Sohn sei. Er selbst hatte nur noch seinen Wehrpass.

Später, als ich erwachsen war und heiraten wollte, stellte sich heraus, dass alle Akten des Standesamtes I von Königsberg gerettet worden waren und sich in Ost-Berlin befanden. Ein doppeltes Wunder: die Akten gab es noch, und die Behörden schickten mir eine Kopie in die Bundesrepublik.

Zunächst aber heiratete in jenem Herbst 1948 mein Vater Tante Ilse. Um das zu ermöglichen, musste erst seine erste Frau, meine Mutter, für tot erklärt werden. Ich wurde von einem Amtsrichter befragt, der genau wissen wollte, wann, wie und wo meine Mutter gestorben war. Es war ein furchtbarer Moment. Weinend erzählte ich ihm, was vorgefallen war, und da stand mir die Situation wieder so vor Augen, als sei alles gerade erst passiert.

Nach der Hochzeit hatten Vater und Tante Ilse weiterhin je ein Zimmer in zwei verschiedenen Gegenden der Stadt. Es dauerte lange, bis sie endlich eine Zwei-Zimmer-Wohnung bekamen. Die war nicht sehr komfortabel, ohne Heizung und warmes Wasser, aber es gefiel uns sehr, wieder eine Familie zu sein.

Meine Vorfreude auf die Schule hielt unvermindert an. Ich erinnerte mich, wie mich mein Großvater in seiner Pförtnerloge unterrichtet und wie sehr er sich gewünscht hatte, dass ich eines Tages Professor werde. Auch wenn ich das nicht unbedingt vorhatte, lernbegierig war ich auf jeden Fall nach so vielen Jahren ohne geistige Anregungen. Nun ging es um die Frage, in welche Klasse ich gehen sollte. Ich hatte in Königsberg ja nur die erste Klasse besucht. Da ich elf Jahre alt war und wohl einen ganz aufgeweckten Eindruck machte, steckte man mich in die fünfte Klasse der damals Volksschule genannten Grundschule. Wir waren dreißig Kinder, und ich wurde zu meiner Freude Klassensprecher. Nach einem Jahr war ich zudem auch noch der Klassenbeste. Mir machte das Lernen großen Spaß. Ich kam danach ins Gymnasium und machte 1958 Abitur.

Äußerlich wurde ich ein ganz normaler Jugendlicher mit einer schulischen Laufbahn wie andere auch. Gleichwohl haben die Jahre in Ostpreußen zur Zeit der russischen Besatzung mein ganzes Leben geprägt. Noch heute steckt in mir dieses alleingelassene Kind, dem nichts anderes übrigbleibt, als weiterzukämpfen. Die Erlebnisse haben mich stark gemacht, haben mich gelehrt, wie wichtig es ist, erfinderisch zu sein, wenn alles aussichtslos scheint. Und sie haben mich mit großer Dankbarkeit erfüllt, Dankbarkeit, überlebt zu haben, nicht verzweifelt zu sein, und Dankbarkeit gegenüber all den Menschen, die mir geholfen haben, den Schwestern, dem Priester, dem Kapitan, Herrn Düsselbach und den Frauen im Kinderlager, Dankbarkeit auch gegenüber meinem Vater, der mich so gut aufgefangen und mir mit den wenigen Mitteln, die er besaß, den Weg in ein normales Leben geebnet hat. Dank auch an die zweite Frau meines Vaters, die zu meiner Mutter Ilse wurde und viel dazu beitrug, dass wir eine glückliche Familie wurden, mit Höhen und Tiefen, aber immer mit viel Verständnis für mich.

Herrn Düsselbach, meinen Elektriker-Lehrmeister, habe ich übrigens wiedergesehen. Ich traf ihn eines Tages rein zufällig gleich vor dem Geschäft meines Vaters. Er war gerade aus der Gefangenschaft gekommen und hatte in Soltau nach Verwandten gesucht, sie aber nicht gefunden. Er trug noch seine abgerissene Wehrmachtsuniform. Als wir einander gegenüberstanden, fielen wir uns in die Arme und weinten lange. Dann musste er gehen, sein Zug fuhr bald. So hatte ich keine Gelegenheit mehr, meinen vorübergehenden Ersatzvater meinem richtigen Vater vorzustellen. Später habe ich ihn ausfindig machen wollen, fand aber nur seine Schwägerin, die mir erzählte, dass er drei Jahre zuvor gestorben sei. Er habe oft davon erzählt, dass er sich in Königsberg um deutsche Kinder gekümmert hat.

Epilog
Wiedersehen mit Königsberg

Viele Jahre oder vielmehr Jahrzehnte habe ich nur selten oder kaum an meine Kindheitserlebnisse in Königsberg gedacht. Es war mir lieber, all diese Dinge nicht zu sehr an mich heranzulassen. Ich verdrängte alles, was mich an die schlimme Zeit hätte erinnern können. Dieses »Vergessen« setzte sehr bald nach den Ereignissen ein. Nachdem mein Vater mich im Erholungsheim abgeholt hatte, begann ein neues Leben. Auch wenn damals, so relativ kurz nach dem Krieg, die Zeiten in Deutschland noch recht schwer waren, in besonderer Weise auch für uns Flüchtlinge, so genoss ich doch ein Gefühl der Unbeschwertheit, wie ich es lange nicht mehr gekannt hatte. Vater hatte es mir ermöglicht. Mit seiner Hilfe kehrte ich zurück in die Kindheit und konnte mich weiterentwickeln. Er war stolz auf mich und freute sich über meine Fortschritte.

Großvater vermochte den Verlust seiner Heimat, seines Hauses und all der Dinge, die ihm wichtig und wertvoll gewesen waren, immer besser zu verkraften. Er blickte nach vorn und freute sich, seinen einzigen Enkel zu erleben und zu beobachten, wie es mit ihm weiterging.

Nach dem Abitur studierte ich Wirtschaftsingenieurwesen in Graz, Hamburg und Berlin. Das Studium verdiente ich mir als freier Mitarbeiter beim SFB-Fernsehen und als freier Dozent für Tonaufnahmetechnik an der damals gerade gegründeten Deutschen Film- und Fernsehakademie. Ich wurde dann Verkaufsdirektor und später Geschäftsführer einer Firma für professionelle Aufnahmegeräte der Tonstudiotechnik. In den letzten zwanzig Jahren meiner Berufstätigkeit betrieb ich ein eigenes Ingenieurbüro.

Nachdem ich mich zur Ruhe gesetzt, die Hektik des Berufslebens sich gelegt hatte, begann sich der dichte Vorhang, der sich nach meiner Heimkehr 1948 hinter mir und meinen furchtbaren Erlebnissen für fast sechzig Jahre gesenkt hatte, zu heben. Ich beschäftigte mich mehr mit den Ereignissen und lernte, sie näher an mich heranzulassen. Langsam zunächst, dann aber immer schneller, immer drängender, immer fordernder, fing ich an zu schreiben. Die Erinnerungen stürmten auf mich ein, die Fragen, die ich mir dann selbst stellte, häuften sich.

Wer war ich damals, 1944 und später? Ein kleiner, achtjähriger Junge, wenngleich in der Familie behütet, jedoch aufgewachsen in einer zutiefst militarisierten Umwelt, der seine Vaterstadt liebte, der allen Parolen der Regierung glaubte, der neugierig und technisch interessiert das Geschehen um sich herum verfolgte, dabei allmählich ahnte, dass sich ein großes Unheil auf ihn zuwälzte, und der deshalb in seiner Naivität gewillt war, das ihm Mögliche beizutragen, seine Vaterstadt gegen die Eindringlinge, die Russen, zu verteidigen und seine Mutter zu beschützen.

War es also unter den damaligen Umständen verständlich, unseren Soldaten zu helfen, wo immer es sich anbot? Ihre Waffen zu putzen? Ihnen die Dynamitstangen zu reichen, mit denen sie die Brücken über den Pregel zur Sprengung vorbereiteten? Artillerie-Munition mit dem Schlitten zu den Geschützen zu schleppen und die Zielkoordinaten des Artilleriebeobachters auf dem Kirchturm zu den Geschützen zu bringen? Keinen Unterschied zu machen – wie hätte ich überhaupt den Unterschied wissen können – zwischen den Einheiten der Wehrmacht und der kämpfenden Abteilung einer SS-Panzerdivision? Ich meine ja!

Heute weiß ich, dass vieles Propaganda, Indoktrination war, dass die edelsten Gefühle skrupellos missbraucht wurden. Aber damals erschien alles so logisch, so folgerichtig, so richtig. Auch im demokratischen Nachkriegsdeutschland wurde erst nach Jahren des Schweigens sehr zögerlich über die Vergangenheit, die Verbrechen, die Untaten gesprochen. Und nur ganz allmählich zeichnete sich die ganze Wahrheit ab.

Wie allen anderen Deutschen wurde mir mit den Jahren immer klarer, dass der Zweite Weltkrieg und die NS-Verbrechen unser Land für immer verändert hatten. Dies wurde vor allem mit der Teilung des Landes und dem Verlust der Ostgebiete, also meiner Heimat, deutlich. Nur allmählich und mühsam lernte ich, mich mit diesem Verlust abzufinden. In Berlin erlebte man alles intensiver, da man die Mauer vor Augen hatte, alliierte Truppen in der Stadt waren und man so nah an der Grenze lebte. Selbst wenn ich es gewollt hätte, Königsberg zu besuchen war in der Zeit des Kalten Krieges undenkbar. Die Stadt war russisch geworden, und es war sehr schwierig, wenn nicht unmöglich, ein Einreisevisum zu bekommen.

Je mehr Zeit verging, desto öfter fragte ich mich, was wohl aus meiner Heimatstadt geworden war. Erinnerungen an früher kamen mir immer häufiger in den Sinn. Gerne hätte ich Königsberg, das nun Kaliningrad hieß, wiedergesehen. Dann kamen die Ära Gorbatschow, der Zusammenbruch des Ostblocks, der Fall der Mauer. Noch ein paar Jahre länger dauerte es, bis sich auch das militärische Sperrgebiet Kaliningrad öffnete. Fünfzig Jahre nach Kriegsende, achtundvierzig Jahre, nachdem ich meine Vaterstadt verlassen hatte, wurde es endlich möglich, sie wieder zu besuchen – was ich schließlich auch tat. Mein vierundzwanzigjähriger Sohn Alexander begleitete mich. Ich hatte ihm im Laufe der Jahre von meinen Erlebnissen, meinen Abenteuern, meinem Glück im Unglück erzählt, und er war nicht nur begierig, die Schauplätze zu sehen, sondern wollte auch den Ort kennenlernen, aus dem seine Familie herkam und wo seine Wurzeln sind.

Im Oktober 1995 flogen wir in einer Aeroflot-Maschine von Berlin nach Kaliningrad. Selten im Leben war ich so aufgeregt wie auf diesem Flug, sehr gemischte Gefühle begleiteten mich. Ich fürchtete mich vor schlimmen Erinnerungen und starken Emotionen. Ich hatte zudem Zweifel, ob ich ein guter Reiseführer für meinen Sohn sein würde. Zugleich war ich nicht ohne Zuversicht, denn dieses Vorhaben war wichtig für uns beide, Vater und Sohn, und ich wollte, dass es uns gemeinsam gelang. Aber würde ich mich noch in meiner jetzt russisch gewordenen Vaterstadt zurechtfinden? Würde ich die Plätze wiederfinden, die einmal mein Leben bestimmt und meiner Großmutter, Mutter und meinem Bruder den Tod gebracht hatten? All dies beschäftigte mich, als sich die Iljuschin von Norden über die südliche Ostsee kurvend Königsberg näherte. Noch über dem Wasser durchstießen wir die Wolkenschicht unter uns und hatten auf einmal die Samlandküste mit ihrem breiten Sandstrand und die Kurische Nehrung mit dem Haff vor Augen.

War ich wieder zu Hause? Wohl kaum. Gleich nach der Landung holte uns die Realität ein. Das beim Hotel vorab bestellte Taxi war nicht da, ich musste wieder an das berühmte *saftra, saftra* denken: morgen, morgen oder überhaupt nicht. Mit Mühe und Not bekamen wir eines der wenigen Taxis, gegen einen Spitzenpreis, versteht sich. Es war ein Pkw sowjetischer Herkunft, der auf seinem Weg die Landstraße entlang schepperte, holperte und beim Bremsen zur Seite rutschte. Da es gerade vorher einen der kurzen, aber heftigen Regengüsse gegeben hatte, endete unsere Fahrt zunächst knapp vor der Stadtgrenze. Die Straße zum Flughafen hatten die Russen auf eine Überführung gelegt, die klugerweise in einer nicht entwässerbaren Senke endete. Darin stand das Wasser mehr als einen Meter hoch. Ein alter Kesselpumpwagen brauchte eine Stunde, bis die Straße wieder passierbar war. Derweil schauten alle zum Warten gezwungenen Autofahrer gleichmütig zu. *Saftra, saftra*!

Unser Hotel mit dem Namen »Hansa« war ein ehemaliges kleines Flusskreuzfahrtschiff eines österreichischen Reiseunternehmens, das auf dem Pregel ganz in der Nähe des Doms seinen festen Liegeplatz gefunden hatte. An der Hotelrezeption erhielt ich nur ausweichende Antworten, als ich nach meinem Taxi fragte. Dann aber bot sich ein älterer Mann an, ein – wie er sagte – pensionierter Marineoffizier namens Michail, uns für wenig Geld in deutscher Währung drei Tage lang dahin zu fahren, wo wir wollten. Er besaß ein uraltes Mercedes-Taxi vom Typ 180, das er, wie er stolz berichtete, auf einem Automarkt in Hannover-Langenhagen erstanden hatte. Das Motoröl habe er schon gewechselt, nach 350 000 Kilometern. Und da es ein deutsches Auto sei, könne ich als Deutscher ihm doch mit Sicherheit sagen, ob er das Öl des Automatikgetriebes ebenfalls wechseln solle. Solche Fragen an mich kamen mir seltsam bekannt vor.

Unseren ersten Tag nutzten wir, um die Stadt zu Fuß zu entdecken. Erstaunlicherweise fand ich mich noch gut zurecht, obwohl die Russen den Kriegsschutt der Stadt einfach planiert, Senken damit ausgefüllt und die Straßenführung zum Teil gravierend verändert hatten.

Als Erstes zog es mich in das Viertel, in dem wir in meiner Kindheit zunächst gewohnt hatten. Der Nordbahnhof stand noch, war jetzt aber ein Hotel für Seeleute geworden. Es verkehrten wieder Züge Richtung Küste. Die Bahnsteige sahen aus wie zu deutscher Zeit, waren allerdings in schlechtem Zustand.

Aus dem früheren großen Parkplatz vor dem Hauptgebäude war ein riesiger kahler Platz für Aufmärsche mit einem großen Lenin-Denkmal geworden. Im nahegelegenen Stadthaus war die sowjetische zivile Stadtverwaltung untergebracht. Damals waren dort deutsche Verwaltungen und Banken gewesen. Zu gerne hätte ich nachgesehen, ob der Paternoster noch fuhr, in dem wir als Jungen immer heimlich gefahren und ständig vom Pförtner verscheucht worden waren. Aber ich traute mich in das Gebäude nicht hinein.

Die stehengebliebenen Hallen der Ostmesse, die meisten ohne Dach, waren zum Basar geworden. Alte Mütterchen boten gebrauchte westdeutsche Plastiktüten und selbstgestrickte Socken an. Männer breiteten verrostetes Werkzeug auf dem matschigen Erdboden vor sich aus. Es war ein Anblick des Elends. So hatte auch der Schwarzmarkt zu meiner Zeit ausgesehen, ärmlich und überall dieser Schlamm. Viel hatte sich nicht geändert. Die Busse der Verkehrsbetriebe waren überfüllt, zumeist fuhren sie ohne Motorhauben wegen der besseren Kühlung. Die eigentlich selbstschließenden Türen standen während der Fahrt weit offen, aus dem Auspuff quoll dicker Qualm. Beim Anfahren erzitterten sie, als würden sie von Presslufthämmern angetrieben. »Vater, da hast du mir den Zustand Königsbergs aber ein bisschen anders geschildert, selbst nach den Bombardierungen«, sagte mein Sohn. »Da musst du durch«, erwiderte ich nur und meinte damit auch mich selbst.

Am nächsten Tag begannen unsere Rundfahrten mit Michail. Zunächst fuhren wir zum Preyler Weg. Ich konnte ihm genau sagen, wie man dahin kam. Von dem großen vierseitigen Wohnblock war nichts mehr zu sehen. An seiner Stelle stand eine Lastwagenfabrik, zu der auch das frühere Mercedes-Ausbesserungswerk gehörte, umgeben von meterhohen Mauern. Der kleine Rodelberg oberhalb meiner Volksschule war verschwunden, die Umgebung mit Schutt aufgefüllt. Allerdings stand die Schule noch, unversehrt, selbst der kleine Uhrturm auf dem Dach des Haupthauses war noch da. Nun war es eine russische Schule geworden.

»Hier ist dein Vater gerodelt, hier hat er unter deutschen Panzern gelegen und Anti-Minenkitt daruntergeschmiert, hier hat er das einzige Schuljahr in vier Jahren absolviert ... Und hier war mal ein schöner Park mit hohen alten Laubbäumen.« Jetzt waren alle abgeholzt und nichts war nachgepflanzt. Immer wieder berichtete ich meinem Sohn, wo ich was erlebt hatte, und er hörte interessiert und manchmal auch verwundert zu.

Nächste Station war das nördliche Oberteichufer, um das Gelände des Lagers zu besuchen, in dem ich zweieinhalb Jahre gelebt hatte. Auf dem Weg dorthin zeigte ich meinem Sohn das Krankenhaus, in dem Siegbert geboren und meine Mutter gestorben war und das ebenfalls noch stand. Ich führte ihn zur alten Schlossteichpromenade an der Hinterseite des großen Gebäudes und zeigte ihm das kleine, jetzt in scheußlichem Rosa gestrichene Gartenhaus, in dem damals alle Kinder, deren Mütter im Krankenhaus verstorben waren, gesammelt wurden, darunter auch ich. Am Oberteichufer war von den Lagergebäuden noch das Haupthaus übrig, in dem ich so verschiedene Tätigkeiten wie Messdiener und Elektriker ausgeübt hatte. Wie viele Kinder waren hier in der ersten Zeit gestorben! Dies alles kam mir wieder in den Sinn. Ich zeigte meinem Sohn das Fenster im Souterrain, durch das wir »vier Musketiere« nachts so oft zu Beutezügen bei den Russen aufgebrochen waren.

Das Haus war bewohnt. Allerdings hatte man das Hauptportal zugemauert und betrat es nun durch den Kellereingang. Misstrauisch folgten mir die Blicke der Bewohner, als ich mir alles genau ansah und mit dem Zustand von damals verglich. Aus den beiden Garagen, Sigismunds sowie Herrn Düsselbachs und meiner Werkstatt, war im Laufe der langen Zeit ein kleines Wohnhaus geworden. An der Stelle der Hauswirtschaftsschule und auf den Grundstücken daneben wurde gerade eine moderne Wohnanlage gebaut, die vom Aussehen her eher Festungscharakter hatte. Sie war von schweren Eisengittern umgeben. Riesige Scheinwerfer überall, Gitter an den Fenstern. Würden hier bald neureiche Russen einziehen, die sich vor Einbrechern schützen wollten?

Als nächstes besuchten wir den Quitzow Weg, an dem das zerbombte Haus meiner Großeltern gestanden hatte. Auch den Weg dorthin fand ich mühelos, sodass unser Fahrer schon ganz nervös wurde. »Wann warst du wirklich zuletzt hier?«, fragte er. »Du kennst die Stadt besser als ich! Bestimmt warst du schon öfter hier, und du sprichst unsere Sprache bestimmt noch besser, als du vorgibst.« Ich versicherte ihm, dass ich zuletzt als Kind in Königsberg gewesen sei, und er war sehr erstaunt. Ich weiß nicht, ob er mir glaubte, vielleicht hielt er mich auch für einen ehemaligen Spion.

Die Häuser im Quitzow Weg waren verschwunden. An ihrer Stelle stand etwas zurückgesetzt ein dreistöckiger Plattenbau. Die ehemals gepflegten Gärten glichen einer Wüste. Über der alten Asphaltstraße lag eine dicke Sandschicht. Und plötzlich war ich weit fort. Ich vergaß meinen Sohn, vergaß Michail, den Fahrer, war wieder der Junge von früher. Dort hatte ich 1943 Fahrradfahren gelernt. In den Sommerferien war meine vier Jahre ältere Cousine Brigitte wie immer für zwei Wochen zu unseren Großeltern gekommen; von mir schon ungeduldig erwartet, denn sie brachte ihr Fahrrad mit. Mutter saß mit den Großeltern im Garten, und ich hörte sie rufen: »Pass auf, verletz dir nicht das Knie! Nachher gibt es gezuckerte Erdbeeren aus dem Garten.« Großmutter meinte, ängstlich wie sie war: »Das ist alles viel zu früh für Bullerchen.«

Brigitte lief ein Stück hinter mir her und führte mich am Gepäckträger, bis ich ihr wackelnd davonfuhr. Auch den Wendekreis am Ende der Straße schaffte ich, aber als ich zu ihr zurückkam, musste ich abspringen; auf der schmalen Straße zu wenden, erschien mir unmöglich. »Du musst einfach um diesen Deckel herumfahren«, sagte sie und zeigte auf den Kanaldeckel, der genau vor unserem Garteneingang fast mitten auf der Straße lag. Als ich erneut zu ihr zurückkam, achtete ich auf den Deckel und umrundete ihn. »Du hast es geschafft«, rief meine Cousine begeistert und klatschte in die Hände. »Morgen machen wir weiter, jetzt gehen wir Erdbeeren essen.« Gehorsam folgte ich ihr.

Ich kehrte zurück in die Gegenwart. Da, wo ich stand, musste der Kanaldeckel sein. Wie in Trance begann ich den Sand fortzuscharren, während mich mein Sohn und Michail ziemlich entgeistert ansahen. Und da war er tatsächlich. Nur mühsam konnte ich meine Tränen unterdrücken, während ich den beiden erzählte, woran ich eben gedacht hatte. »Komm, Vater, wir fahren besser weiter«, meinte mein Sohn unsicher, und da lachte ich plötzlich. »Mein Geburtstags-Fahrrad liegt bestimmt noch unter dem Schutt, auf den die Russen diesen grässlichen Plattenbau gestellt haben.«

Am nächsten Tag fuhren wir zum Oberhaberberg, wo wir gemeinsam mit Großmutter Bertha unsere letzte Königsberger Wohnung gehabt hatten. Die Kirche, in deren Turm der Artilleriebeobachter gesessen hatte, war verschwunden. Jetzt stand ein Kino da. Wo das Haus gestanden hatte, von dem aus wir über die brennende Straße geflohen waren, klaffte eine Lücke, die als Parkplatz diente. So gelangten wir unmittelbar zur Hinterseite des großen Backsteinbaus, in dem Tante Christel gearbeitet hatte. Den Mauerdurchbruch, durch den wir damals in dieses Gebäude geflohen waren, hatte man zugemauert, die Treppenstufen zu dem ehemaligen Durchbruch standen ziemlich nutzlos an ihrer alten Stelle.

Durch den Torbogen vom Oberhaberberg aus ging ich mit meinem Sohn auf den dahinterliegenden Hof. Ich wollte ihm den Ort zeigen, an dem wir nach der Begegnung mit den ersten Russen durch den mit Glut gefüllten Durchgang getrieben worden waren, und wir maßen seine Länge aus, fünfzehn Meter!

Mehr konnte ich an diesem Tag nicht besichtigen. Die Reise kostete Kraft. So machten wir uns erst am nächsten

Tag nach Pobethen auf. Dort fand ich unsere Lagergebäude sofort, wenn auch in recht verfallenem Zustand. Die alte ausgebrannte Kirche stand zwar noch, doch der schöne Eichenhain, der sie umgeben hatte, war abgeholzt, die Grube, in der wir Sauerkraut getreten hatten, war eine Schrottdeponie, das Saunagebäude war vermutlich zu Brennholz verarbeitet worden. Der Rest des Dorfes war verfallen, an die zweihundert Häuser in schlimmem Zustand. Wo es früher Felder gegeben hatte, war jetzt Ödland. In ein paar halbverfallenen Katen hausten Menschen, hie und da stand in einem verunkrauteten Vorgarten eine Kuh. Auch dort überall ein Anblick des Elends. Michail fuhr nicht allzu gern durch diese Gegend. Es war ihm peinlich, dass alles so verwahrlost aussah.

Ich zeigte meinem Sohn auch Cranz und Rauschen, die Ostseebäder, in denen ich als Kind oft gewesen war. Dort gab es noch das alte Granitsteinpflaster, und die einzige Tankstelle aus deutschen Tagen mit der Schwengelpumpe funktionierte noch. Am Strand standen Russen mit Keschern in der Brandung und fischten nach Bernstein. Auch dort herrschte eine Atmosphäre der Trostlosigkeit. Alles war vollkommen geschmacklos in abblätternden blässlich-blauen Farben gestrichen. Von dem früheren Ambiente war nichts mehr zu spüren.

Ich bat Michail, uns zum Hotel zu bringen. Er fuhr einen großen Umweg an der Küste entlang, zunächst in westlicher und dann in südlicher Richtung. Dabei kamen wir dicht an das Bernsteingebiet Palmnicken heran, das auch in meiner Kindheit schon von Bedeutung gewesen war. Ganz hineinfahren wollte er nicht; es sei strikt verboten, dieses Sperrgebiet zu betreten, sagte er. Auch einen Marinestützpunkt passierten wir, an dem eine ganze Reihe mittelgroßer Marineschiffe im Wasser vor sich hin rottete, von einem dicken Ölfilm umgeben. Die große Rote Baltische Flotte – welch deprimierender Anblick.

Als wir wieder in die Stadt kamen, fühlte ich mich besser. Der Königsberger Dom und das Grabmal von Immanuel Kant brachten mich auf andere Gedanken. Man hatte gerade begonnen, den Dom mit deutschen Spendengeldern wiederaufzubauen. Mein Sohn und ich saßen zu Füßen des Gebäudes und sahen den beiden Bauarbeitern zu, die kleine Mengen Baumaterial mit einem Seil per Hand nach oben zogen, wie im Mittelalter. Wir hingen unseren Gedanken nach. Dann gingen wir zur Hinterseite des Doms, wo das Grabmal Immanuel Kants steht. Ein junges russisches Hochzeitspaar nach dem anderen ließ sich dort fotografieren, trank mit seinen Gästen ein Glas Sekt und prostete Kant zu. Dort begann ihr neues Leben, ihr neues Glück – kein schlechter Ort.

Als wir abends in unseren Betten in der winzigen Schiffskabine lagen, die Fenster weitgeöffnet, konnten wir, aufgewühlt wie wir waren, lange nicht einschlafen. Alexander stellte mir Fragen über Fragen; ich beantwortete sie, so gut ich konnte.

»Wo war die Stelle, an der du deine Mutter so blamiert hast?«, fragte er und wollte mich an ein lustiges Ereignis erinnern.

»Das war hier ganz in der Nähe, ungefähr dort, wo wir vorhin in diesem Containerbasar neben dem nie fertiggewordenen Betonklotz, dem Monument des Größenwahns der Kommunistischen Partei, Rubel getauscht haben.« Und wieder fing ich an, von damals zu erzählen. Mutter war mit mir in der Straßenbahn gefahren, ich muss noch recht klein gewesen sein. Wir hatten uns unterhalten, und plötzlich hatte ich laut und mit gutvernehmbarer Stimme behauptet – und ich war davon nicht abzubringen gewesen –, dass ich mich noch ganz genau an Mutters Hochzeit erinnern könne. Die Leute grinsten, Mutter wurde puterrot und verließ mit mir an der nächsten Haltestelle am Kaiser-Wilhelm-Platz unterhalb des Schlosses fluchtartig die Bahn. Es war die Hochzeit von Freunden gewesen, und Mutter war zu diesem Anlass festlich gekleidet. Sie war mir so schön erschienen, dass nur sie die Braut sein konnte. Nach dieser heiteren Erinnerung schliefen wir endlich ein.

Für den letzten Tag hatten wir einen Ausflug auf die Kurische Nehrung geplant, an Rossitten, der alten deutschen Vogelwarte, vorbei bis zur russisch-litauischen Grenze. Ich hatte schon bei »Inturist« dafür gezahlt, aber die russische Bürokratie gewährte uns keinen Zugang. So fuhren wir enttäuscht von Cranz nach Königsberg zurück. Wir liefen noch einmal zum Dom; die Nachmittagssonne ließ seine Vorderfront glühendrot erstrahlen, und der immer noch so vertraute blaue ostpreußische Himmel mit seinem schneeweißen Wolkenkranz über der See schaute wie seit Jahrhunderten auf dieses Bauwerk. So wollte ich es in Erinnerung behalten.

Gegen Abend ging unser Rückflug nach Berlin. Die Reise, die ich mit so vielen Befürchtungen und Emotionen begonnen hatte, endete in tiefer Ernüchterung. Königsberg, so zerstört es auch am Kriegsende gewesen war, war damals noch meine Stadt gewesen. Jetzt gab es sie nicht mehr. Es würde sie niemals mehr geben.

Inhalt